不退轉法輪經講義

——第十輯

平實導師　述著

ISBN:978-626-7517-19-2

佛法是具體可證的，三乘菩提也都是可以親證的義學，並非不可證的思想、玄學或哲學。而三乘菩提的實證，都要依第八識如來藏的實存及常住不壞性，才能成立；否則二乘無學聖者所證的無餘涅槃即不免成爲斷滅空，而大乘菩薩所證的佛菩提道即成爲不可實證之戲論。如來藏心常住於一切有情五蘊之中，光明顯耀而不曾有絲毫遮隱；但因無明遮障的緣故，所以無法證得；只要親隨眞善知識建立正知正見，並且習得參禪功夫以及努力修集福德以後，親證如來藏而發起實相般若勝妙智慧，是指日可待的事。古來中國禪宗祖師的勝妙智慧，全都藉由參禪證得第八識如來藏而發起；佛世迴心大乘的阿羅漢們能成爲實義菩薩，也都是緣於實證如來藏才能發起實相般若勝妙智慧。如今這種勝妙智慧的實證法門，已經重現於臺灣寶地，有大心的學佛人，當思自身是否願意空來人間一世而學無所成？或應奮起求證而成爲實義菩薩，頓超二乘無學及大乘凡夫之位？然後行所當爲，亦不行於所不當爲，則不唐生一世也。

——平實導師

如聖教所言，成佛之道以親證阿賴耶識心體（如來藏）爲因，《華嚴經》亦說**證得阿賴耶識者獲得本覺智**，則可證實：證得阿賴耶識者方是大乘宗門之開悟者，方是大乘佛菩提之眞見道者。經中、論中又說：證得阿賴耶識而轉依**識上所顯眞實性**、**如如性**，能安忍而不退失者即是**證眞如**，即是大乘賢聖，在二乘法解脫道中至少爲初果聖人。由此聖教，當知親證阿賴耶識而確認不疑時即是開悟眞見道也；除此以外，別無大乘宗門之眞見道。若別以他法作爲大乘見道者，或堅執**離念靈知**亦是實相心者（堅持意識覺知心離念時亦可作爲明心見道者），則成爲實相般若之見道內涵有多種，則成爲實相有多種，則違**實相絕待**之聖教也！故知宗門之悟唯有一種：親證第八識如來藏而轉依如來藏所顯眞如性，除此別無悟處。此理正眞，放諸往世、後世亦皆準，無人能否定之，則堅持離念靈知意識心是眞心者，其言誠屬妄語也。

——平實導師

目次

自序

正覺同修會諸同修們證悟的事實，藉由《我的菩提路》第一輯披露以後，在臺灣與大陸某些自稱證悟者跟著仿效，也開始舉辦四天三夜的禪三，並且也要求學員同樣撰寫見道報告，模仿本會同修們寫的報告；然而都只是徒具表相似是而非的假佛法報告，與三乘菩提中的見道全然無關，因爲所證的所謂第八識如來藏，全都仍墮五陰之中，未曾脫離，只能說是末法時代佛門外史的又一章罷了，並無實質。

此乃因於大乘佛法之見道極爲甚難，何況能以相似的表相佛法而撰寫見道報告。衡之以第八識如來藏的妙法深妙難解，乃至聞者亦難信受，難有實證者出現於世；觀乎釋印順等一派學人，主動承嗣於天竺部派佛教諸聲聞僧的六識論邪見，與密宗應成派中觀古今所有諸師的六識論常見同一步伐，所說並無絲毫差異，然而至死不肯認錯；反而以其見取見而發起鬥爭之業，對所有評論其法之人大力撻伐，不遺餘力，唯獨放過平實一人，對於平實十餘年來於書中多方面公開評論其謬等事，似如一無所知、一無所見，默然以對。由是可知大乘佛法實證之義極難可知、可思、可議、可證、可傳。

而此一法即是第八識如來藏，亦名眞如、阿賴耶識、異熟識、無垢識，教外別傳的禪宗名之爲本地風光、莫邪劍、花藥欄、綠瓦、父母未生前的本來面目……等無數名，於《佛藏經》中 世尊說之爲「無名相法、無分別法」，以如來藏運行之一切時中皆不墮於名相及分別之中故。若人滅其無明，則此識隨時可證，證已即時發起般若正觀，佛菩提中名之爲「諦現觀」，即入第七住位而無退失；若人往昔無量阿僧祇劫前曾謗此第八識妙法，則是已墮無間地獄而次第輪轉三惡道中，其數無量阿僧祇劫受諸苦惱，終於業盡受生人間，歷經九十九億佛所奉事、供養、勤心修學，來到 釋迦世尊座下重新受學已，而仍然不得順忍；每聞第八識如來藏妙法心便不喜，連聲聞果的實證都不可能，遑論大乘菩提，由是故說此第八識妙法難聞、難信、難解、難證、難持、難忍。今於此《不退轉法輪經》中重說此法，令一切學人聞「此經」及「釋迦牟尼佛」聖名已，盡未來際不復退轉於此第八識妙法，未來當得不退轉於大乘法輪；以是緣故，特爲學人講授之。今以講授圓滿而整理完畢，用饗佛門四眾，普願皆得早立信心，殷重受學，有日必得證悟，得階菩薩僧數之中，是所至盼。

佛子　平實　謹序

公元二〇二二年小暑　誌於松柏山居

《不退轉法輪經》卷第四

〈現見品〉第九（上承第九輯未完內容）

接下來：「假使滿百劫，精進常不坐，經行已過時，除去於睡眠，智者修是經，應爲人演說，則得無所畏，是名勝精進。」如來說：「假使滿足一百個大劫，」這一百個大劫很長，我們這個賢劫的住劫，也就是一個中劫，住劫只是一個中劫，就有一千佛，現在才過去了四尊，後面還有九百九十六尊佛；諸位想想看，這一劫有多久？現在說：「假使整整一百劫，他很精進永遠都不坐下來，每天很精進去修行，那樣每天精進經行去修行，修到時間都已經過了，也就是到初夜了，就不再經行；」因爲晚上不經行，要睡覺休息，但是末悟的人晚上卻不許睡太久，所以要「除去於睡眠」。不要一看天暗了，馬上就去睡覺，還要繼續修行不睡覺，佛說：「有智慧的人要修學這一部經典。」請問「是經」這兩個字是指這一部經的經文嗎？不是的！因爲在佛世所有的道場，到了晚上都沒有點燈的，那這一部經典要怎麼讀？所以不是叫你讀這一部經典。因此有智慧的人修這一部經，修的就是如來藏這一部經。

當你修好這一部經的時候，還要爲別人來演說。如果你修學如來藏經有所成就，你可以爲別人來演說，你心中就可以得到「無所畏」，也就是於法沒有畏懼。如果還不能「爲人演說」，那你就繼續努力、繼續修持；是說你已經證得「此經」了，要繼續努力修持，使智慧通達，將來可以「爲人演說」，因爲在三大阿僧祇劫的成佛過程中，每一個人都要經歷過當法主的階段。你們可別說：「哎呀！我算老幾，怎麼能當法主！」我告訴你，每一個人都必須經歷這個階段，都有一段時間會當法主。未來世當法主的時候，你就爲人演說「此經」；當你能爲人演說「此經」，就得到無所畏懼的智慧境界。所以我常說：「不管誰來見我，我都接見，來質疑的也好，來問法的也好；凡是禮拜二來了，有因緣，我都接見。」除非沒時間，不然我都盡量接見。

所以，以前密宗有個很有名的喇嘛約好了說要來見，結果也沒來；但我們總是喜樂接見發起善根的人，不管誰，我們都可以見。南洋假使還有阿羅漢，我也見，只是他們不敢來見，不是我不見，因爲南洋現在沒有阿羅漢。就算有，我也見，不管什麼人，我都可以見，因爲我無所畏懼。所以每一次退轉的人，我都求見他們；我派人去求見他們、要約時間地點，而他們都不見我，就是這樣啊！其實應該是他們要來見我才對，因爲我幫他們證得第八識了，那他們宣稱有證得佛地眞如，總該回報我一下，對吧？對啊！因爲他們如果不是由我來幫助證得第八識如來藏，哪有機會證佛地眞如，他們是連入門都作不到，所以我縱使沒有功勞也有苦勞。

說到我有這個苦勞，所以我求見他們，也該讓我見一見吧！就算不能幫我證佛地眞如，至少爲我點個方向也好；可是他們都不見，前後三批人都一樣，三次發動法難的人都不肯見我。但我爲什麼求見他們？因爲我無所畏懼，想要與他們論法；這個就是能夠爲人演說「此經」如來藏的人所得到的果報，就是「得無所畏」。那這樣子，前面說布施、持戒、忍辱，你看精進修持「此經」的人，可以「爲人演說」而得到了「無所畏」的時候，他就是眞正的而且是殊勝的精進，「是名勝精進」。你看布施、持戒、忍辱、精進都依於「此經」而說；也就是說，你修學六度波羅蜜多，必須依止「此經」如來藏來修，否則都是外門修六度萬行，那只是在培植福德資糧，沒有功德可說，只有福德罷了。

現在布施、持戒、忍辱、精進，而且是「勝精進」，全都是依「此經」而修行的，接下來要講禪定：「**假使滿百劫，而得五神通，若不聞此經，不名勝神通；**」佛講得這麼明白，假使經過整整一百大劫，他這一百大劫中都有五種神通，這樣的境界在人間可以很囂張吧？一定可以啊！不管去到哪裡，大眾都是聞名前來、恭敬禮拜供養。你們看看現在只要有個眞正的、不說五神通，只要一個天眼通就好，或者只要一個宿命通，大家就聞風而來。

可是他具足五種神通一百劫，這可以很囂張，在人間走到哪裡去，誰都不敢奈何他；因爲如果有五神通，遇到了總統，這總統心裡面懷疑說：「**你是眞的嗎？**」馬上把他點出來：「**你現在爲什麼懷疑我？**」對啊！馬上就知道了，因爲他有五通，他心通是一定有的。所以有五神通的人走到哪裡去，眾生都崇拜得不得了；可是佛說了，「**若不聞此經**」，說你如果沒有聽聞到這一部經如來藏，那五種神通都不是勝妙的神通。佛講這麼白了，是因爲五通每一個人過去無量劫來都曾經得過，而且得過很多次，因爲每一個人過去都有無量世；但是證悟「此經」如來藏的事，過去世不曾有過，所以說五神通不稀奇。一百劫都有五神通不稀奇，如果他能夠聽聞到「此經」而且有五神通，那就稀奇了；所以說「不聞此經」的人縱使具足「五神通」，也不能稱之爲殊勝的神通。

「若能持此經，是名勝神通，神通中最上，知義而不著。」如果能夠受持「此經」如來藏；受持的道理就不再解釋了，《法華經講義》講了很多，諸位都聽過了；這樣受持「此經」如來藏的人，他的五神通才叫作「勝神通」；而他的神通是所有神通裡面至高無上的，是最頂級的神通，爲什麼呢？因爲他的五神通有漏盡通來支持。這個漏盡通可以通三乘菩提，所以我常常說：「**南洋縱使有阿羅漢，來到正覺講堂也開不了口。**」眞的是如此，因爲他有五神通，別人也可以有；可是證得「此經」如來藏，別人卻沒有，就只有你有；因此，這時候配合如來藏而有的五種神通，就變成無漏的五神通，所以這個五神通就變成「神通中最上」。

爲什麼能成爲「神通中最上」呢？因爲「知義而不著」，知道「此經」的眞實義，轉依「此經」如來藏之後就不會再執著了；因爲當你知道「此經」的眞實義了就可以現觀：自己所緣的六塵、所取的六塵，也是自己的空性如來藏所變生的；而能取這六塵的七轉識見分，也是自己的如來藏所變生的；這樣看起來，就是如來藏生的見分執取如來藏生的相分，這不就是自心取自心嗎？所以有人聽到臺中有一家新的素食餐館好好吃，就這樣百里迢迢趕了去，有沒有兩百公里？差不多喔！結果吃完了回來還在高興，卻不知道就只是自己玩自己，只是藉那個廚師的緣弄出了好吃的食物，其實他嚐到的味道還是如來藏變給他的，並不是那個廚師變給他的；因爲那個味道他的覺知心嚐不到，是舌根嚐到了，可是舌根又無知無覺，舌根怎麼會知道那個好味道？是如來藏藉這個舌根在勝義根裡面變出內相分的味塵給他，然後他的六識接觸那個內相分的味塵說好好吃、好好吃，其實是如來藏變生給他的。

如來藏變的見分去取如來藏變的六塵相分，那不就是自心取自心嗎？說白了，就是自己玩自己，眾生就在如來藏裡面這樣自己玩自己，玩了一世轉到下一世繼續玩；就這樣自己玩自己，玩了無量阿僧祇劫來到這一世，也該醒了吧！該不該醒？（有人答：該。）對啊！總有醒來的一天，不要一直作夢作到底。作夢作到底，即使是好夢也會被人糟蹋，說你這個人一天到晚在作夢。有沒有被老人家罵過說「**你一天到晚在作夢**」？小時候，有沒有？很多人被老人家罵過，所以那不是好話。

但我們無量阿僧祇劫中，在不可計數、不可計數的無量阿僧祇劫中不斷的在作人生大夢，就是在如來藏中自己取自己，這樣一世又一世都在如來藏裡面悲歡離合，其實就是自己玩自己，到了這一世來到正覺，是該醒過來了。所以好好修學佛法的人都要親證「**此經**」如來藏，親證了以後，可以現觀原來我這六塵是如來藏變現的，我這相分六塵就是空性如來藏；而我這能取的七轉識也是如來藏變現的，所以這能取的見分也是如來藏空性。當你證悟的時候，就是把四加行所建立、所印定的道理，加以證實果然如此，這就是大乘的眞見道。可是如果退轉了就不是眞見道，叫作假見道，就算知道密意也是假見道，因爲不信，所以沒有轉依成功。如果像張志成還在主張實有外六塵被自己的覺知心所覺知，他是連四加行的粗淺法義都不懂的人，你們就別聽他胡言亂語了。

如來也說過「**此經**」第八識很難信解，所以說「**聞已能信解**」，特地講了這一句，因為眞的不容易信解。從我出來弘法到現在大約三十年，正覺同修會成立之前我就開始弘法了，後來有好多人退轉，因為他們對「**此經**」如來藏不能信解，無法生忍；即使到現在都還有退轉者，所以「**此經**」不容易信受，不容易生起勝解，更不容易生忍。所以很多人自稱悟了，我都說他們沒悟，即使他們講的密意對了也還是沒悟，因為他們所謂的密意都是落在五陰的境界裡面，並沒有跳脫於五陰之外。所悟一定得是如來藏，而所謂的如來藏是不在五陰裡面的，並且悟後還得生忍而成功轉依，那才叫作證悟。所以縱使知道表相的密意，講出來好像對，其實也不對，因為那是意識的境界，要瞭解這一點。

接著說「**知義而不著**」，這一點才是重點。以前有人批評我說：「**蕭平實證得如來藏以後，一天到晚想著如來藏，在解說如來藏，那就是執著如來藏。**」可是你轉依如來藏以後，還會執著如來藏嗎？根本不會，因為如來藏不需要你照顧，根本不用擔心如來藏會丟掉，只有錯悟的傻瓜才擔心如來藏會丟掉，因為他落入離念靈知中。我告訴你：「**如來藏是你的侍者，祂奉事你一生一世，絕對不會中途**

離開，除非你要祂離開。」但是你嘴上說說不算數，祂知道你只是說說，不是當眞，所以祂不離開的。那你要怎麼讓祂離開？刀子往脖子這麼一抹，眞的死了祂就離開了，因爲祂不得不離開；你都不要命了，祂只好離開。但是如果倒楣，旁邊有人把你送到醫院去救回來，祂又不離開了；被救醒了，就由祂來照顧你，不是你來照顧祂，祂不需要你照顧。所以你證悟了就證悟了，不必一天到晚看著說：「我這如來藏，眞的不錯！這是我的如來藏。」這才叫作執著如來藏。

因爲轉依的人是親證「無所得」的境界，怎麼會執著呢？所以，只要如實知道如來藏的正義，轉依成功了就不會再生起執著，乃至於自我的執著、外我所的執著也會次第消失。因爲如來藏無所得的功德，而你這個五陰有所得，這個有所得也是暫時的，終究帶不去未來世。而如來藏現前的每一刹那都是無所得，一直到死、到下一世還是無所得，過去的無量世也無所得。如來藏既然都無所得，你轉依如來藏就是無所得的境界；你懂得這個道理、能現觀這個道理，那你就不會執著了。所以，如果誰說：「你們正覺都是證如來藏以後，就抱著如來藏不捨棄，很執著。」那我就說他沒有開悟，因爲他不懂證悟如來藏後的轉依境界。

接下來說：「假設滿百劫，常作明智人，成就世間智，決了於世間；若不學此經，不名爲智者；若能持此經，乃名爲勇健。」這裡是在講般若，是說：「假設你有整整一百劫的時間，在世間裡都作很聰明、很有智慧的人，也成就了世間種種的智慧，所以在世間可以爲人『決了』，只要人家對世間法有所不懂的，你都可以爲他們決了，都可以告訴他們：『怎麼樣才是對、怎麼樣才是錯，爲什麼對、爲什麼錯等。』」你可以爲他們「決了」，這很厲害喔！可是有個附帶說：「如果有這樣的世間智，但是他如果不學習『此經』如來藏，就不是眞正的智者。」你看，是世間最聰明的人，結果不學「此經」第八識就不是智者，因爲他只是世間智而已，佛法說的智慧得要是函蓋世出世間法，所以那樣的人不學「此經」而無實相般若，他就不算是智者。

「如果他能受持『此經』如來藏，他就是很勇健的人。」因爲受持的前提是要會讀誦，讀誦的前提要是實證才行，所以實證以後可以受持、可以讀誦。讀誦就是每天觀察「此經」如來藏怎麼運作，有什麼自性、有什麼功德等；讀誦之後永遠都不捨棄，還可以爲人解說，那叫作受持。也就是說，你如果想要當一個在佛法中很勇健的人，什麼都不怕而且很強健，就得要受持讀誦「**此經**」如來藏，還要能爲人解說。譬如我要問諸位，當今全球佛教誰最勇健？對啊！說大聲一點！對啊！是咱家最勇健！不管誰來挑戰，我都接受。你看，十幾年前，將近二十年了，我那本《邪見與佛法》裡面就放著那篇〈法義辨正無遮大會〉的聲明，公開徵求挑戰，所以我那時候就開始當蕭不敗（大眾笑…），我是東方求敗，求海峽西方的諸大法師前來挑戰，也包括臺灣的諸大法師們，然而求不可得。但我爲什麼能夠這麼勇健？因爲有「**此經**」如來藏。

如果證得「**此經**」如來藏而轉依成功的人，他不可能來挑戰我。所以假使有個比我證量更高的菩薩來，他也不會挑戰我，因爲我的修證跟他的修證是一樣的，要怎麼挑戰呢？如果是沒有證得「**此經**」如來藏的人，他無法跟我挑戰，因爲我是知己知彼、百戰百勝，他是不知己也不知彼，一戰必敗；因爲他對自己的落處不很清楚，我比他更清楚。天下那些假名善知識的落處，我都知道，沒有不知道的；可是我的立足之處，他們完全不知，要如何來挑戰？所以我才敢誇口說：「**當代佛教界，我最勇健。**」但現在這話不是誇口，這是說如實話來作譬喻，爲大眾說明親證「此經」如來藏的重要性。

因此，我那篇〈法義辨正無遮大會〉的聲明，登出去到現在還繼續在印，每一刷都有印進去；不但如此，隨後《正覺電子報》每一期還把它登上去，可是有哪個阿貓阿狗上門來挑戰？一個也沒有！也就是說，你要受持「此經」，因為「此經」是萬法的根源，實相般若的修證就是要證得宇宙一切萬法的根源；既然是最究竟法，天上天下除了「此經」如來藏，再也沒有別的一個究竟法了。如果不是究竟法，你要得來，最多不過一世就喪失了，例如印順思想或張志成思想；可是「此經」如來藏是最究竟法，你證得以後，未來世繼續再把祂找回來就好了。如果進修到未來世發起意生身，永遠離開胎昧，不必再找回來，你就能把這智慧延續下去，一直繼續修到佛地。所以說如果能受持「此經」，才能夠說他叫作很「勇健」的人，這就是實證了般若。

「若能如是知，是名為智者，受持此經典，聞則能信解；顯示於此經，智者所行處；若能持此經，應加勤精進。」結果說到最後又回到精進度來，告訴大家說：「如果能夠了知我釋迦牟尼佛前面所說的這一些道理，這樣就叫作有智慧的人。」在佛法中被稱為有智慧的人是不容易的，至少得要證得「**此經**」而生起實相般若，並且要轉依「**此經**」成功，才能被稱為有智慧的人。這個有智慧的人受持這一部經典如來藏，所以當他聽到善知識演說如來藏妙義的時候，就能信受、就能生起勝解，能生起勝解的人就是能現觀的人。

現觀很重要，從第十住到第七地總共十種現觀中的第一種現觀叫作如幻觀，如幻觀是要先在第七住位證得如來藏，現前觀行如來藏於六塵中離見聞覺知，而且能生五陰十八界等萬法，這是現觀如來藏的第一個層面；可是這還不夠，因為這只是靠證得如來藏以後，用如來藏來現觀三界一切諸法虛幻不實，還不是真正的如幻觀，還得進到第十住位，於滿心位親眼看見佛性，才知道原來如來藏還有另一個面向，跟七住位明心所證的如來藏截然不同，這才叫作真見道的圓滿具足；因為你見到的佛性就是如來藏的另一種體性，是如來藏總相上的另一個層面，跟明心時所見的如來藏截然不同，那根本是一個完全相反的方向。

所以說，要瞭解如來藏，沒那麼容易的！不是第七住位證得如來藏，轉依成功不退轉就全部知道了。那麼三賢位中有三種現觀；進修到地上以後，對如來藏又有不同的七種現觀，所以法不是那麼簡單的，不是三言兩語就可以講得完的。因此說，能夠這樣知道的人，受持了這一部如來藏經典，當他聽聞更高層次的善知識在演說，譬如 佛在演說或者妙覺菩薩在演說如來藏的時候，他聽了就能懂。「聞則能信解」，這表示什麼？表示他有這個智慧；這也顯示說，這一部經如來藏是有智慧的人所行的處所。

換句話說，你證悟如來藏以後，現觀身行、口行、意行都在如來藏裡面，那你不是行於如來藏處嗎？想想看，你所取的六塵有在如來藏外嗎？沒有啊！都在如來藏裡面；而能取的七識自己不也在如來藏中嗎？你覺得好像看見了外境，其實是看見如來藏變現給你的所謂外境，它根本是如來藏變出來給你的，只是跟外境一模一樣，所以你之前誤以爲有接觸外境，而你其實從來都活在如來藏裡面。這就顯示說，有智慧的人，身口意行所行之處，都顯示出來就是「此經」如來藏。所以懂這個道理之後，如果能夠受持「此經」如來藏，那就應該要殷勤的、更精進的在「此經」如來藏去好好的作觀行，這樣才能夠次第往前邁進。接下來，阿難尊者又說了什麼？

經文：【爾時阿難復說偈言：「
行滿百由旬，或至千由旬，當詣於智者，有是經法處；
常應到彼所，爲聽是經故；聽已而信解，其心恒隨順。
假滿世界火，百千億由旬；若有此經處，智者宜疾聽；
若求聖禪定，諸禪中最上；當說如是經，爲滅諸結使；
若有欲捨去，樂著於世間；爲顯示此經，如佛之所說。
若欲見諸佛，阿閦爲最上；於諸受持中，此經爲第一。
欲得一切樂，修諸菩薩行；應當說此經，速到安樂處。
欲見三佛陀，安養難思議；應爲演此經，如佛之所說。」】

語譯：【佛陀的偈說完了，這時阿難尊者又說了一首偈：「
不論所需行路是滿足一百由旬，或者乃至到達一千由旬之遠，他應當前進去面見有智慧的人，就是有這一部經法如來藏的處所；
時常都應該到那樣有智慧者的所在，目的是爲了聽受這一部如來藏經的緣故；聽完以後而生起了信受和勝解，心中永遠都隨順於智者所說的如來藏經。

假使滿世界都有大火，遍滿了一百由旬、千億由旬之廣大；假使其中有這一部經的處所，有智慧的人也不要推遲閃避而直接走過去趕快聽聞此經如來藏；如果有人尋求證得神聖的禪定，是各種禪定中至高無上的境界；應當爲大眾演說像這樣的經典，爲了滅除各種的結與使；

如果有人想要捨去正法，而樂著於世間諸法；就爲他顯示此經如來藏，猶如佛陀之所說一般。

如果想要面見諸佛，諸佛之中以阿閦佛爲至高無上；如果想要受持諸經的話，此經如來藏是爲第一。

如果想要得到一切的快樂，而修學各種的菩薩行；就應當要演說此經如來藏，可以使人快速地到達安樂之處。

如果想要面見眞正的佛陀如來藏，奉養佛陀如來藏而獲得難以思議的功德；就應該要爲他人演說此經如來藏，猶如佛陀之所說。」】

講義：這是阿難尊者勸勉大家，說如果有人行腳可以走很遠，滿足一百由旬；一由旬好像是四十華里，應當大約差不多二十公里，那麼百由旬就是二千公里。

二千公里算是很遠了，從臺灣最北端到最南端，也不過才約四百公里，所以二千公里超過繞臺灣一圈了；如果有善知識在演說「**此經**」第八識妙法，縱使你沒有車子可坐，只能走路也得要去。如果是一千由旬之遠呢？那是二萬公里，二萬公里，從臺灣快要可以往返美國了吧？差不多喔？那假使一萬公里外有人演說「**此經**」如來藏，並且他還可以幫你實證，那你走路也要去，不說搭飛機、搭輪船，為什麼呢？因為親證「**此經**」在大乘法的修行上實在太重要，所以親證如來藏而使你能現觀祂的眞如法性，這是佛法中最重要的事，因爲佛法裡面最重要的事就是證眞如；然而想要現觀眞如就必須要證得「**此經**」如來藏，如果不能證得「**此經**」如來藏阿賴耶識，哪有眞如可以現觀？

所以只要有聽到誰在演說「**此經**」如來藏，一定要設法去聽；有車開車，有飛機搭飛機，沒有飛機坐船，飛機、車子什麼都沒有時，那你就走路也要去，不論有多遠。就像《華嚴經》講的，說善知識出於世間，很難遇見！總共講了好幾個難，乃至最後你遇見了善知識，能跟他共住了，這共住也很難，想要跟善知識共住是很不簡單的。乃至你能跟他共住了，又說「**得其意難**」，因爲他的法也不是隨便就放給你的，你還得要有一些因緣，要讓善知識知道你有實證的因緣，他才會放手給你，便可以證眞如而進入見道位中，以後的修行才是眞修。所以說有「此經」在演說的時候，你不論搭飛機、乘船、走路，說比較難聽一點，爬也要爬去！因為你要實證佛法就是要證「此經」如來藏，若沒有證得「此經」如來藏，像釋印順那樣說了一大堆的佛法，全都落在法相中，一生都是取相，講的全都是名言，永遠都只是思想而與實證無關；可是一旦實證了「此經」，你就入門了。

何況咱們正覺跟外面的道場不一樣，外面的道場都怎麼講的？「師父引進門，修行在個人。」他幫你引進門以後就不管了，剩下的悟後進修就是你自個兒的事了。可是咱們正覺不這樣，幫你引進門以後，悟後怎麼修的，都還次第編排好，一步一步拉著你往上走，那叫作手把手拉上來，哪裡去找這麼好的共修團體？所以你看，禪淨班上完了有進階班，進階班證悟後還有增上班，增上班一直把你拉拔上去，不斷提升至今沒有停止過。所以「有是經法處」，你就應當要詣於智者的處所，表示他是有智慧的人，才能演說「此經」如來藏。不能演說「此經」如來藏的人就是沒智慧的人，因為他只是聞慧、思慧、修慧，而他的聞思修慧可能還是錯的。所以「當詣於智者，有是經法處」，你應當前往面見。

而且「常應到彼所」，常就是經常性的、永遠不改變，永遠都要到他住的地方去，目的是爲了聽取這一部經的緣故。爲什麼要聽取這一部經？有的人也許想：「我去了，他幫我證悟就好了。」其實不然！他無法幫你證悟。你必須要先聽聞，到底「此經」如來藏是怎麼回事？必須要先聽聞，聽完了你才有正見；否則腦袋裡面沒正見，幫你悟了以後，到時候你問說：「師父！您幫我悟得這個是要幹什麼？」證悟後還不懂得現觀如來藏的眞實如如法性，不懂得什麼是證眞如，世間怎麼會有這樣「聰明」的學佛人？我就曾被一位姓許的師姊當面這樣問過啊！你說多冤枉！這樣的師父當得還眞窩囊，不過我也當過了；而問那個問題的人，慈慧老師還認得她，應該都還記得她。

這意思就是告訴我們，佛勸你應該要聽聞「此經」，目的是要幫你建立智慧。《成唯識論》裡面說得很明白：「你想要進入眞見道位必須修兩個資糧：一個叫智慧，一個叫作福德。」所以你必須修智修福、修福修智，這是連在一起的，也就是先要聽聞般若度的正理。所以有個密宗外道組織了一個團體叫作福智，有沒有？

那個命名是命得很好的，可惜的是他們只叫你在他們的邪見團體上修福，不肯利樂眾生；這樣的修福不但無福，而且是幫助邪見在人間增長而荼毒眾生，是大大的損福；而他們也從來沒有教你修智，因爲他們所教導的所謂的「智」，全都是常見外道法，實修無上瑜伽以後將來死了還會墮落三惡道。

《成唯識論》很明白告訴你：「你想要進入眞見道位就必須要先修福修慧。」這兩個都要修！那修慧當然不只是實證如來藏的智慧，也就是說，你要不斷地聽聞如來藏究竟是怎麼回事，如來藏在佛法中的地位是什麼，如來藏在佛法中跟諸法的關聯又是如何，最後成佛時跟如來藏又是什麼關聯；你要修行這一些，就是修學般若度；這一些修學好了，你才會懂：「喔！原來一切佛法都繞著如來藏在轉，三乘菩提一切諸法都跟如來藏有關係。」外於如來藏阿賴耶識，且不說三乘菩提全都不見了，連內世間、外世間也都不見了，何況有眾生？一法都無！所以一切都要靠「此經」如來藏，而你修學佛法就是要實證萬法的本源，然後次第進修才能成佛。可是你要成佛必須先證如來藏，才懂得萬法到底是怎麼回事；也就是說，萬法如何出生？萬法出生之後如何存在、有何所依？然後是如何運行，有何所緣？

如何間斷、消滅，又如何重新再出生？你要懂這個道理；可是要懂這個道理，就必須實證如來藏，所以說：「常應到彼所，為聽是經故。」

也就是說，你必須要不斷地聽聞這一部經典，建立起正見來，如果你否定了「此經」第八識如來藏，像張志成那樣否定說：「大乘見道不是證第八識如來藏。」那就是邪見。否定「此經」如來藏的人而說他能證得佛法，講一句比較通俗的話，叫作「假語村言」。賈雨村知道嗎？《紅樓夢》的作者是曹雪芹，他在書中寫出一個人名叫作賈雨村，說這故事是賈雨村講的。賈雨村說的話就是「賈語村言」，諧音就是「假語村言」，說他講的話是假的，都是村莊裡不識字的老人家胡說的，叫作「假語村言」，所以大家讀讀就好，別信以為眞，就去追究是哪個人家曾經發生過這些事情。懂了沒？懂了喔！你們都不讀那些章回小說，中國文學都不懂，我還得要解釋什麼叫作「賈語村言」。

也就是說，你必須要親證第八識如來藏，可是親證之前，必須要先懂如來藏究竟是怎麼回事，也就是要先學般若。當你知道：「喔！如來藏原來是這樣、這樣、這樣。」很多方面的知見都具足了，這時你可以修四加行了。修四加行就是能取、所取都是空性如來藏，要先思惟與觀察所取的六塵是如來藏空性變生的，因爲五陰中的十八界諸法，無有一法不是由自己尚未實證的第八識變生的，也因爲十八界的一一界都沒有變生五陰十八界諸法的能力；能夠印順這個正見以後，繼續再重新思惟觀察「所取」的六塵確實是如來藏變生的，可以加以印定，完全信受而不懷疑；然後再來思惟觀察「能取」，能取的七轉識見分也是空性如來藏變生出來的，祂就是空性如來藏中的一部分；接著再來重觀能取的七識心確實是屬於空性如來藏，也把它印定，印定的時候同時把所取也是空性如來藏一起印定。印定之後就等著開悟了，因爲這一印定的時候，你的疑情是濃到不得了，心裡面老是記掛著：「**我的如來藏在哪裡？**」這樣繼續參究，有一天碰著、磕著、撞著，你就悟了，所以這就是修慧，就是禪宗的開悟、大乘佛法的眞見道。

也就是說，你得到證慧之前要先有修慧；修學這些智慧，你才會有實證的智慧。但是想要實證之前一定先要有正知見，這正見沒有建立起來，對如來藏完全不了知，對於所取及能取都是空性的事完全不知，那你要怎麼去證「**此經**」如來藏？所以一定要先修慧，但修慧的同時也就得修福，「**爲了利樂眾生、爲了護持正**

法，我該幹嘛就去幹嘛。」就努力去作，去修福；同時就來聽經聞法，這就是修福慧。這福也修了、慧也修了，有一天你可以修四加行了；四加行修完，世第一法完成的時候，就是什麼時候要開悟的事了；這時保不定下一秒就開悟，也保不定明天或明年開悟，這都不一定。所以應當要先修福修慧，所有佛菩提道的修行人都必須修福修慧，《成唯識論》已經明白告訴我們，佛在經中也明白告訴我們，彌勒菩薩在《根本論》，無著菩薩在《顯揚聖教論》，世親菩薩在《攝大乘論釋》中也都這麼講，舍利弗在《阿毘達磨集異門足論》，提婆在《百論》中也是這麼講，我今天蕭平實還是這麼講：「**不修福就想要實證如來藏，門都沒有！**」

這意思就是說，佛法以如來藏阿賴耶識為中心，乃至成佛時還是依第八識如來藏，改名為無垢識；因為成佛的時候四智圓明，另一個名稱就叫作一切種智，而一切種智就是如來藏所含藏一切種子的智慧，那麼請問：「**你沒有找到如來藏，如何去觀察如來藏中的一切種子？**」所以否定如來藏的人就是外道，叫作佛門外道，不管他們在佛門內、佛門外，依舊是外道，因為他們永遠不可能眞的進入佛門。現在退轉者張先生否定如來藏說：「**大乘見道不是證如來藏、不是證第八識。**」

可是有哪一部經、那一部論這麼講的？從來都沒有！每一部經、每一部論都反過來告訴你：「大乘的見道是要證第八識如來藏。」也都說「眞如就是第八識運行時顯示出來的自性」，所以想要證眞如而聽受正知見，爲了證眞如而想要聽這一部經如來藏的人，「常應到彼所」。

可是，去聽善知識宣說如來藏的時候，千萬要有信心，不要一面聽一面懷疑。有的人就是一面聽一面用釋印順的見解來檢查：「你蕭老師講的對不對？」釋印順又沒有證得如來藏，從來都沒有見道，那他用釋印順的知見如何能檢查蕭老師講的如來藏對不對？所以那個邏輯很奇怪，眞的很奇怪！一定是要已經親證如來藏的人，他依照自己所證來檢驗蕭平實講的如來藏對不對，這才有道理啊！如果那個人，他所謂的證如來藏或證眞如是證錯了，那也不能檢驗蕭平實說的是否正確；一定是他證的也是對的，然後他講的道理才是正確的，你拿來檢驗蕭平實，這樣才對！然而說到檢驗，其中也還有證量高低的差別存在，下位菩薩也不能憑著自己的證量來檢驗上位菩薩；如今釋印順沒有證如來藏，他否定第八識如來藏，那麼張先生用他講的六識論，還沒進入十信位中，也就是落到意識境界的思想要來檢驗第八識如來藏，這個邏輯去到哪裡都講不通。

如果外國人聽了他的說法就會說：「你這個人沒有邏輯。」就不跟他講話了。沒有邏輯的人，人家不跟他講話的。就好像我以前有個鄰居，她的年紀大概跟我差不多，她講話都沒有邏輯的，所以我不跟她講話。不論她講什麼，我都回應她說「嗯、呵、哈哈」，不跟她講道理；就是應付、應付就好，因爲她的邏輯不通。譬如說，妳買房子，本來土地就應該要完整，結果後來是人家把土地要過戶給她（地主要過給她），她還嫌說每年還要多繳幾百塊地價稅，並且還嫌多了一張所有權狀。你說天下有這種人嗎？就是有！但我不是，我說這地可以完整取得才是應該的；結果代書一算，說我要繳兩百多萬增值稅，我當場接受，願意自己繳那兩百多萬的增值稅，不要求原地主來繳，而我的土地可以完整。好在後來過戶的時候，才知那地不必繳增值稅，幾乎等於白賺那兩百多萬元。結果她不是，還當場笑我說：「代書說你要繳兩百多萬元，你還那麼歡喜。」我說：「對啊！我的地可以完整，我願意繳。」但她不是，人家地主說可以過戶給她完整的土地，她每年只要繳幾百元的地價稅；但她不願意繳，而且還有一個理由很奇怪，竟說：「那我過户好土地以後，不是又多了一張所有權狀嗎？多麻煩！」（大眾笑…）這也可以成爲理由，你說那到底是什麼邏輯？所以那個人，我從來不跟她講話，因爲沒辦法溝通啊！

也就是說，當你知道佛法全部繞著「此經」如來藏在轉，所有的法都跟如來藏有連結，只是直接、間接、輾轉的差別而已，沒有不跟如來藏連結的；乃至將來成佛也是依如來藏而成佛，那你想如來藏就好像一棵菩提大樹的根一樣，但是有人說：「我要買這一棵大樹，這棵大樹好美，我很喜歡。」花了一千萬、二千萬元買回家，結果他說：「我跟老闆說，我不要樹根，我只要上面的枝葉就好。」這就不成其爲邏輯啊！所以否定如來藏的人而說他懂佛法，而我們弘揚如來藏的人，他說我們不懂佛法，這個邏輯能成立嗎？不能成立。意思就是說，你一定要先修慧，善知識講如來藏的時候一定要去聽，去從多方面、不同的層面瞭解如來藏到底是怎麼回事，又爲何名爲阿賴耶識、異熟識，整體的佛法究竟是怎麼回事；然後在求證的過程同時去修福，讓自己實證的條件可以滿足；這樣福慧雙修，到達有一天四加行修完時就該你實證了。

所以說：「常應到彼所，爲聽是經故；」有講解「此經」如來藏的地方，你一定要去聽，聽了以後要信解：「其心恒隨順」，千萬別老是挑毛病說：「你說如來藏離見聞覺知，這個不可能啦！這個我不信啦！」有的人聽了說：「什麼？如來藏自性清淨而有染污？染污就染污，清淨就清淨，怎麼會自性清淨又有染污？」他就不信，釋印順就是如此。所以善知識告訴你說：「如來藏心體自身是清淨性的，祂在跟你配合運作的過程當中沒有任何染污，就是眞如；可是祂所含藏的種子，正是你七識心相應的種子，是染污的；不是祂染污，是說祂含藏了你七識心相應的染污種子，所以才說祂心地清淨而有染污。所以這個清淨心而有染污，這是法界中的一個事實。」結果他不信，因此他讀了《勝鬘經》以後就說：「勝鬘夫人亂講。」

釋印順就是這樣啊！所以他認爲大乘經不是 佛說，因爲他認爲這個不合邏輯，可是他自己的邏輯才不合邏輯呢！因此說「聽已而信解，其心恒隨順」，這個事情很重要；不要一面聽一面就懷疑，一面聽著一面就用釋印順的六識論觀點來檢驗說：「蕭老師這裡講錯了，蕭老師那裡又講錯了，跟釋印順講的都不一樣。」張先生正是這樣，如果有人是效法他的言行，那麼我說這樣你不用來正覺修學，你去跟釋印順學就好了，只要把他的《妙雲集》等著作共四十一冊抱緊緊就行了，每天去讀，不用來正覺了。

接著說：「假滿世界火，百千億由旬；若有此經處，智者宜疾聽；若求聖禪定，諸禪中最上；當說如是經，爲滅諸結使；若有欲捨去，樂著於世間；爲顯示此經，如佛之所說。」假設整個世界裡面都是火，那個火的範圍達到百千億由旬之廣。火災有一百由旬就不得了，那個火的範圍就已經很大了，結果竟然到百千億由旬滿世界都是火；可是如果有個人在演說「此經」如來藏，你如果是有智慧的人，就應該趕快前往聽聞；你就買消防車開進去，一部不夠就兩部，一百部不夠就一萬部，就一面走一面灑水滅火，只要能夠通過都划得來，不論要花多少錢。

試想，只要親證如來藏轉依成功，那就滅除異生性，盡未來際永遠不墮三惡道，這是多麼殊勝的異熟果報，結果有人在那邊計較說：「我要去正覺學第八識妙法，還要修福德，多辛苦！不然我得要護持錢財，也是很辛苦！」問題是，你來正覺修福德，又不是修給我得的；你護持的款項又不是進到我口袋裡來，全都用在弘揚正法上面，也是用在你身上，這也是爲了未來世的你自己；所以不用那樣想，那樣想都是愚癡人。而這個證悟「此經」如來藏的果報，可以令你盡未來際永不入三惡道；諸佛、諸菩薩都這麼說，因爲證得「**此經**」以後就有般若智慧了，所以親證「**此經**」是多麼重要的事；而他們竟然在那邊嫌棄，嫌這個又嫌那個，那都叫作愚癡人，所以有智慧的人想方設法都要前往聽聞。

如果有人是「**求聖禪定**」，現在就牽涉到「**聖禪定**」了。那什麼叫作「**聖禪定**」？禪定還有分賢聖與凡夫的禪定喔？有的，譬如說你證得未到地定，又證「**此經**」如來藏，那你的未到地定就是聖未到地定；因爲你這個未到地定跟證如來藏的智慧相應，跟第一義諦智慧相應。如果梵行已立，發起初禪了，而你證得如來藏，或者你還有解脫果的三果或四果，或者你還有無生法忍，那你這個初禪就是「**聖禪定**」，因爲你這個定力是跟三乘菩提智慧相應的，所以叫作「**聖禪定**」。外道與佛門凡夫都沒有三乘菩提的實證，他們縱使證得禪定了，也只有世間的禪定，跟無漏慧不相應，那就是世間禪定，不是「**聖禪定**」。「**聖禪定**」是諸禪定中最殊勝的定，沒有任何禪定可以超越這個定，所以說是「**諸禪中最上**」。

求這個「**聖禪定**」的人，想要獲得「**諸禪中最上**」的「**聖禪定**」之人，當他來了，你就爲他演說這一部經。爲什麼要演說「**此經**」如來藏呢？因爲當你爲他演說這部經時，他實證了以後「**為滅諸結使**」，依於第八識這一部經可以滅三縛結、五下分結、五上分結，可以滅五利使（就是惡見，惡見分為五利使，就是邊見等總共五個邪見）。所以這一部經很重要，特別是我們弘法的最早期，那時並沒有先殺大家的薩迦耶見，來上課時直接就是親證「**此經**」。那時就是這樣，都還沒有辦禪三，總是平常在我上課之前，當大家在共修拜佛時，我就找個小房間坐下來說：「好！**現在叫誰上來。**」我就引導他實證「**此經**」如來藏。那時就是這樣，是後來才發覺不行，有人會退轉，於是改為先上課半年再幫他引導而印證；結果後來發覺也是不行，就改為共修一年，再改為二年半的共修，然後才幫忙引導及印證。現在是要先共修二年半，結果後來上了四次、五次禪三還會退轉，你說「**此經**」容不容易信受？難信受啦！

可是你看我們早期有些同修們，例如最早期的張老師，最早期還有盧老師，還有陸老師、乃鈞老師，他們都是很早期的；那時候我都沒有先殺我見，就直接引導而證「**此經**」，他們證「**此經**」如來藏以後，結果我見就自然斷滅了。這表示什麼？表示他們利根而可以這樣。游老師也是很早就悟了，文翰老師也是很早來，他們都是很早期就來了，他們追隨我快三十年了；還有一位慈慧老師，也還有其他的老師，我忘記講了。所以，他們是還沒有正覺同修會以前就跟著我學的，結果證得「此經」以後，他們並沒有猶豫，也沒有懷疑，就這樣斷了薩迦耶見，轉依「此經」如來藏繼續往前走；然後跟隨我很久了，我說的法越來越多、越來越廣、越來越深，他們就不斷的快速進步，這就是在正覺同修會裡面共修的事實。他們這一世的所證所修，可以超越往昔幾百世的所證所修，這就是正覺的特質。「此經」如來藏的實證可以使人滅掉三縛結，滅掉五下分結、五上分結，最開始就是先滅掉惡見，惡見就是五利使—身見等五個結使—它可以使人流轉生死；但是一見道就斷了，這就是證得「此經」如來藏的重要所在。

如果遇到有人想要捨棄正法，他想要回到世間法去，因為他「樂著於世間」；這時候善知識就為他「顯示此經」如來藏，就像 佛所說的那樣，讓他可以又回到正法中來繼續往前進；但是在末法時代這就不容易了，因為根器已經不同了。如果是在正法時代、像法時代，像我這樣講經說法弘法度眾，我告訴你：「這種大樓，我再買兩棟來共修還不夠。」但我們現在臺北才六個講堂，我看看有沒有坐滿？

也還有一些空位，這表示什麼？表示這是末法時代，很多人不信第八識如來藏；因爲他們對阿賴耶識如來藏的道理不懂，所以產生這個結果。如果是在正法時期的後期、或者像法時期的早期，我這樣弘法的話，一定三棟這樣的大樓坐到滿滿，可是現在不可能；但是在不可能中，我們還是要勉爲其難繼續去努力。

接著說：「若欲見諸佛，阿閦爲最上；於諸受持中，此經爲第一。」阿難尊者說：「如果想要面見諸佛，第一位應該最先見的是阿閦如來，正是過無量無邊不可思議阿僧祇劫之前就已經成佛的阿閦佛。」現在也許有人想：「那麼早以前成佛，都入無餘涅槃去了，我哪裡去見祂？」千萬別這麼想，因爲諸佛永遠不入無餘涅槃，諸佛如來都有四種涅槃，就是二乘所證的有餘涅槃、無餘涅槃，大乘法中所證的本來自性清淨涅槃、無住處涅槃；諸佛證得無住處涅槃之前都要先證得本來自性清淨涅槃，也要證得有餘、無餘涅槃，才能證得無住處涅槃，再依止於無住處涅槃，所以永遠不入無餘涅槃，不斷的在各處的三界中，只要有因緣的地方就去示現成佛、去利樂眾生；但有時候不一定示現爲佛的身相，只示現爲菩薩的身相，也是一樣去利樂眾生，這個就是諸佛之所行。

我們不要被那一些六識論的釋印順等人所誤導，他們都是部派佛教聲聞凡夫僧的遺緒，他們認爲說：「釋迦牟尼佛已經入涅槃，灰飛煙滅了，不存在了。」相信釋印順的人就會信這一點。但我們不信，因爲知道諸佛如來永遠不入無餘涅槃，永遠都在三界中不斷地利樂有情永無窮盡，因爲入地時就發了這個大願。且不說入地，說諸位三歸的時候有沒有發了四宏誓願？（有人答：有。）第一句是什麼？（大眾答：眾生無邊誓願度。）那請問你：「眾生度得盡嗎？」度不盡就繼續度，那就永遠不入無餘涅槃；而且現觀本來就已經究竟解脫了，那麼繼續三界中來來去去又有什麼關係。所以 阿閦如來即使過無量無邊不可思議阿僧祇劫之前已經示現入涅槃，其實並沒有入無餘涅槃，只是繼續轉變身分在三界中四處利樂眾生，何況還有色究竟天宮可以住，可以繼續利樂諸地菩薩，怎麼會見不到呢？所以不應該說見不到，那是釋印順的邪見。

那麼以諸佛中善願無上最妙的 阿閦如來作譬喻，阿難尊者說「於諸受持中」，不管你受持什麼樣的法，因爲佛法中有很多的法可以受持；可是你受持各種的法裡面，「此經」最爲第一，「此經」就是第八識如來藏。那爲什麼如來藏最爲第一？

因爲如來藏就是總持；就好像過端午節，煮一大鍋粽子，那粽子煮熟了以後要拿起來時，不必一顆一顆拿，只要拿根筷子在裡面撈，撈到了一條繩子，從那個繩子循線找到綁著所有粽子的繩頭，將那繩頭一抓起來，整串就都提起來了。也就是說，你如果能受持「**此經**」如來藏，那你就是受持一切諸法了。所以如來藏就是一切法，一切法就是如來藏，就是這個緣故；因爲一切法都在如來藏所含攝當中，所以你只要找到如來藏，從如來藏循線而去，循著各條線去尋找時，想要找到什麼法都可以找到，所以說「**於諸受持中，此經**（如來藏）**爲第一**」。

接著說：「**欲得一切樂，修諸菩薩行；應當說此經，速到安樂處。**」如果有人想要得到一切的快樂，因此而修菩薩行；現在有個問題就是：「**什麼叫作一切樂？有什麼快樂可以函蓋一切法？**」就是如來藏啊！因爲不管是苦樂憂喜捨，全都在如來藏裡面，從來不外於如來藏。人間所有的快樂無過於轉輪聖王的境界，轉輪聖王有四品，最高級的金輪王，他的快樂就算是人間最快樂的境界了，而且他那七寶全都是最頂級的七寶；可是你去追究那個快樂的由來，不也是他的如來藏從上一世執持種子來到這一世，才能當轉輪聖王嗎？而且你總持佛法，以如來藏作爲總持的時候，一切法種全部都在裡面，你要得什麼法樂而不能得？

譬如說，今天我如果開放接受供養，可以擁有多少錢？很多的！但是我不會開放，諸位不要妄想，因爲此例不可開。如果我今天要開放說：「**我就像古印度婆羅門那樣，可以討四個老婆，那我現在還可以再討三個，我開放登記。**」會不會有人登記？會啦！因爲沒有結婚或配偶已經離去的人，如果希望未來世再跟我結緣時，在這一世就可以先結緣，未來世跑不掉，對不對？但我不要。我也可以有其他的方法來獲得世間樂，因爲證得「**此經**」如來藏以後，就有這個福德，但是我們仍然說要惜福、惜福。所以說「**一切樂**」是要函蓋什麼？函蓋世間樂跟出世間樂。世間樂、出世間樂都函蓋完了以後，要講世出世間樂，因爲大乘佛法是世出世間法，所以不管要得天界的樂、人間的樂都可以得，只是你當菩薩不想得而已，因爲菩薩覺得法樂就夠了，眞的法樂就夠了。

順便跟諸位報告，每天我在享受法樂，所以現在《成唯識論釋》進度，第二階段的潤飾已經作完百分之八十五，所以預計再不用兩個月就可以完成，然後就進入判教的階段；判教完成，那個目錄就可以出來了。也就是說，寫《成唯識論釋》每天都很快樂，因為有好多的法在其中不斷的冒出來；一面寫一面冒出來，有時候怕忘了，等一下要寫時會忘了，因為現在正在寫一些法，另一個法冒出來，怕忘了，只好先去那裡寫兩個字提示一下，不然會忘記；然後就回到原來的法繼續寫，寫到那裡看到有提示兩個字，就會想起來說「還有這個法要寫」，就繼續寫。

以前用那六百字的稿紙寫，寫到後來都忘了剛才想到有什麼法要寫，不知道怎麼會忘了？就沒辦法寫。但現在電腦真的很方便，可先到後面註記幾個字，就不會忘了。這就是法樂無窮，這個法樂是世出世間樂，函蓋一切的樂。如果有人想要得到「一切樂」，所以來修各種的菩薩行，不管他是修六度菩薩行或十度菩薩行都一樣，那時你就應當為他演說「此經」如來藏，因為他如果能證「此經」如來藏，將來「一切樂」都可以獲得，而且可以實證；因為實證的緣故「速到安樂處」，很快就可以到達安樂的地步，怎麼安樂？沒有生死啊！證如來藏就是到達無生無死的解脫彼岸，但無生無死的彼岸就在此岸，不必向外求，現前可得，這就是「速到安樂處」。今天講到這裡。

《不退轉法輪經》講解之前，跟諸位談一點善事，是說不管別人是善或惡，只要他所說的是好的，是正確的，我們就接受；即使在世間的時候他都當惡人，但是有一句話說得好，所謂「人之將死，其言也善」。如果是個弘法的大師，但他不是個惡人，而他死前交代的好話對學人有利益，那麼大家應不應該聽？（大眾答：應該。）好，既然大家有共識說，他講的正確道理都應該聽，那我們來聽聽這位善知識他怎麼說的？可是要說到他怎麼說的之前，我要先提到一位退轉的誠實師兄的事，我不提他的姓名。

有一天他打電話給我們一位同修說，他原來是在南懷瑾老師那裡學的；諸位知道南老師國學很行，佛法也還算是可以，而他死前在自己團體或是他自己的網頁貼了篇文章說：「我是個教國學的人，國學裡面也有一部分是佛法，所以我有時也講佛法；跟我學習的群眾之中有人認爲我有開悟，可是我自己沒有這樣想，所以認爲我開悟的人，他們怎麼想，我不管，但我不認爲自己有開悟。」這是不是好話？眞的是好話呀！因爲兩岸佛教界還有很多人不敢承認自己沒開悟。現在這位誠實師兄跟我們一位同修說：「南老師要解散他們的共修團體，之前有交代他們：你們以後想要學佛法時要去找正法的道場，但是去找道場的時候有五個條件你們要記住，具備這五個條件的道場，你們才可以去學，否則就不用去了。」意思是這樣。他這麼講了，我們這位同修就說：「那你趕快告訴我那五個條件。」然後把它一項一項記下來，等這位誠實師兄講完了，再跟他重複一遍：「你講的這五項是不是這樣？」重複確認過。

我們這位同修就跟那位誠實師兄講：「你講的南老師這五點條件，不都是在講正覺同修會嗎？那你幹嘛不回來？」那麼他回不回來的事，我們這裡就不講它，我們先來看他說的這五點，請天豐老師先把第一點放映出來，南老師說：「第一點、學佛法一定要求開悟。」現在放眼兩岸佛教界，歐美不用談，因為歐美連基礎佛法知見的弘傳都還沒有；南洋也不用談，因為南洋只有二乘菩提的粗淺之法，而且也沒有一人已斷薩迦耶見，就不說是證阿羅漢果了；現在放眼全球有大乘佛法的地區就是兩岸佛教界，但這個大乘佛教地區目前還有哪一個道場在幫人家開悟的？都沒有！因為以前那一些開悟的大師們、所謂開悟的大阿羅漢們，一個個全都「入涅槃」去了，一個也不在人間了，只留下五陰在人間活動，所以南老師所說的第一個條件就是正覺同修會，沒有第二個了。

這位誠實師兄又說：「第二個條件，佛經裡要以《楞伽經》作修行的指導。」請問佛教界哪個道場講解過《楞伽經》，然後又整理出來而出版了《楞伽經》的解釋？還是正覺同修會！釋印順有註解過《楞伽經》，因爲他有講解過而錄音下來，演培法師主動幫他整理成書，整理好了以後請求印順法師爲自己的書寫個序，印順法師婉言拒絕；因爲《楞伽經》講的是第八識如來藏，講的正是第八阿賴耶識，經中也說世出世間所有一切法全部都是「自心現量」；「自心現量」這四個字在佛法中響叮噹，說一切法的現行與生住異滅全都是自心的現量，自心指的是第八阿賴耶識如來藏，而一切法都是自心如來藏所顯現的事實，「量」就是事實。所以演培法師很有眼光，知道這部經典的重要性，也知道釋印順講解過了，於是辛辛苦苦整理出來而且都已經編輯好了，結果印順不肯幫他（也就是不肯爲自己）寫一篇序文，這不就很奇怪嗎？

人家義務幫他整理講經的內容，願意爲他出版成書廣爲流通，這是爲他建立廣大的功德，都不用他出錢及辛苦；而他竟然不肯爲自己講解經典的書籍作序，這是因爲《楞伽經》講的是第八識及七轉識的自性與功德等，說明經由意根這個現識的作用，能促使如來藏阿賴耶識流注諸法的種子；諸法種子現前了，然後就有五色根、六塵、六識、諸種心所等，這叫作「自心現量」。南懷瑾老師說佛經裡要以《楞伽經》作修行的指導，那麼請問《楞伽經》中佛告訴我們要證什麼識？要證第八識阿賴耶啊！佛就明白的告訴大慧菩薩說：「你應該要證阿賴耶識，要教導大眾證阿賴耶識。」又說：「大慧！阿梨耶識者，名如來藏，而與無明七識共俱，如大海波常不斷絕，身俱生故，離無常過，離於我過，自性清淨；餘七識者心，意、意識等念念不住，是生滅法。」（《入楞伽經》卷七〈佛性品第十一〉）佛說此阿賴耶識又名如來藏，而與無明、七識同在一處；那麼請問，依南老師說的第二個條件，佛教界有哪個道場合乎南老師這個標準？（有人答：正覺。）對！諸位講對了，還是正覺同修會，所以眞正的覺悟很重要——正覺。

誠實師兄又轉述南老師所說：「第三點、生生滅滅的有爲法當中，有個不生不滅的法，要把祂體會出來。」可見南老師自從十方禪林的雜誌，第一次連載《禪淨圓融》的文稿以後，知道人間有我這麼一個人在弘法，以後就有很努力在讀我的書了；因爲他說的這句話，佛教界只有我蕭平實一個人在講，再也沒有第三者講過。他說：「生生滅滅的有爲法當中，同時存在一個不生不滅的法，你要去把祂找出來。」放眼海峽兩岸佛教界，有哪個道場在教人家這樣把祂體會出來的？答案還是正覺同修會。

誠實師兄還轉述南老師講說：「第四點、現代人學佛法不得力，常常都是定力不足。」這正好講中了那位誠實師兄，同時也講中了琅琊閣主與張先生。現在琅琊閣眼前就是兩位寫手，他們有時化名他人寫，有時又用本名寫了，看來似乎有許多人，其實寫手只是兩個人，現在還是這樣。南老師一語中的，他們學佛法不得力就是沒有修好動中的定力，他們所以爲的定力全部都是定境，全然與定力無關；而我們正覺同修會中所修的是定力，而且是動中修來的定力。有定力的人都可以進入定境，但是有定境的人不一定有好的定力，通常是下座以後就失去定力了。因爲定境是偶然闖進去，未來再要進去就難，所以那叫作定境；而且定境會使人沉迷，除非是菩薩修得定力。但是定力，特別是動中修來的定力，可以使人有功德受用，有降伏煩惱的功能，也有能與智慧三昧相應的功能。然而論定力，不論是靜中修來的或是動中修來的定力，從兩岸佛教界、從全球佛教界來看，有誰教人家專修定力的？依舊是正覺同修會。

你看，南老師的意思其實就是教導人家說你要去正覺學，但他不方便講，因爲南老師的學生也有個後來蠻有名的道場。南老師以前跟我有過一段過節，那他現在都說好話了，我就不談他那件事。那是早期的同修們才會知道的事，既然人家現在當好人、說好話、護持正法了，我當然就得讚歎他，不要講他的不是。那我們發覺有一點，從第二次法難、第三次法難開始，跟現在這一回退轉的人，他們這一些人都有一個共同的特性，就是不修無相念佛的功夫，他們都沒有定力，這是他們共通的特性。聽說張志成先生離開同修會以後，自己開始靜坐修定了；但是說句不客氣的話，靜坐中修來的都是定境，沒有多少定力，也很難修成定力。

言歸正傳，這第四個條件當然也是講正覺同修會，再來看誠實師兄轉述南老師說的：「**第五個條件，定力有兩種，要兼修靜中定和動中定。**」有靜中定的人沒有動中定，有動中定的人一定同時具有靜中定，你只要把無相憶佛的淨念捨了，坐下來住於離念的境界當中，靜中的定就顯示出來了。有動中定便能含攝靜中定，有靜中定的人卻不能含攝動中定。南老師講的這第五個條件，指的是哪個道場？

又是正覺同修會。你看那元覽居士援用世俗人講的「人之將死，其言也善」，南老師講的是善法，我們就要聽。那我就回過頭來，奉勸那位誠實師兄同樣也要聽，可是他竟然默然無語；因爲他信奉的是南老師，而南老師死前這麼交代，爲什麼誠實師兄不肯信受奉行？這也是很奇怪！背後的原因，咱們不管他，反正我把他轉述南老師講的五個條件如實復述給諸位聽就好了。

哪一天誠實師兄想通了回來正覺同修會，我們大家就裝作不知道，默默的接受他就好，也都不要問起他來。不管對哪一位退轉的師兄、師姊都一樣，我們永遠都當作不知道，當作他們沒有離開過，這樣對待他們，讓他們覺得很安心而可以待下來從頭修起，來世不墮三惡道，這樣就很棒了。搞不好，也許五年後、十年後，他們重新悟入，這一回就不退轉了，這眞的很棒。這也是我們對待所有請長假的同修們一貫的態度，過去世沒變，這一世沒變，未來世我還是不會變，仍然是這樣的態度。好！這樣講過了，那麼諸位覺得是不是坐在這裡聽經就溫暖了，不會覺得如坐針氈。

回來《不退轉法輪經》，因爲《不退轉法輪經》後面還會有一點沉重的，但現在還沒到那個地步，咱們先不談它。上週講到「應當說此經，速到安樂處」，是說想要獲得世間以及出世間的一切平安與法樂，是應該「修諸菩薩行」；「諸」就是六或者十，也就是六度菩薩行或者十度菩薩行。退轉的張志成說：「佛法從來沒有說要修六度，也沒有說要修什麼十度的，那是你蕭老師發明的。」那麼 如來在《優婆塞戒經》、《解深密經》以及其他的諸經所講的六度波羅蜜多，又講了初地開始起修的十度波羅蜜多，不就是白講了？所以行菩薩道而求證佛法，以及尋求成佛之道的一切菩薩們，在三賢位中當然是要修六度波羅蜜多。本來就告訴你說修這六度波羅蜜多，每一度都可以到達無生無死的彼岸；這六度修完之後入地了，還得要進修十度波羅蜜多，那還是以六度波羅蜜多再加上四度來幫助成就前六度，怎麼能說「六度波羅蜜多不是佛法」呢？所以他們說的，我眞的想不通他們是什麼樣的邏輯。

所以諸菩薩行明擺著就是要努力精修六度波羅蜜多，佛陀在《大般若經》中也不斷的宣說六度波羅蜜多，結果他們好像都沒讀；沒讀又自稱爲懂佛法、懂唯識，又告訴追隨他們的人說不用修學六度波羅蜜多，眞是很奇怪的邏輯；因爲唯識學的唯識位講到三賢位的修行時也講六度，講到入地後的十地修行時也講十度波羅蜜多，所以 世尊在此處說應當「修諸菩薩行」，絕對不是只有修般若一度。然而張志成他們說只要修般若度就行了，布施等前五度都不必修，那就好像一樓到五樓都沒有蓋，直接就蓋第六樓，那叫作什麼樓閣？（大眾答：空中樓閣。）正是空中樓閣！所以學佛法像他們這樣就學不好，必須要腳踏實地按部就班，絕對不可以跳躍；證法之前該修的次法基礎，你要先去修好，就好像蓋十幾層的大樓，一定要先挖地下三樓、四樓，從地下室建造上來，你才可以蓋一樓，然後才能蓋地面的十幾、二十幾層樓，道理都是一樣的。

佛法的根本就是「**此經**」第八阿賴耶識，這第八識同時也是五十三層佛法大樓的地下室基礎。我們講過《金剛經》、講過《佛藏經》、講過《法華經》，也講過《大法鼓經》，最早期宣講《楞伽經》，中期也講過《楞嚴經》、《勝鬘經》，說來說去都在講第八識如來藏阿賴耶識，顯然第八識如來藏即是佛法大樓建立的基礎；而他們說大乘見道不是證如來藏，不是證第八阿賴耶識；但是 佛說的大乘見道就是證第八識如來藏，乃至成佛之時還是依如來藏等八識心王而成佛，只是將第八識改名爲無垢識罷了。沒有證得如來藏阿賴耶識就是沒有見道，沒有如來藏存在時就不會有五陰與器世間，就沒有世間法也沒有二乘涅槃，這在三乘諸經中都已經明講了。那麼沒有如來藏阿賴耶識心，不論怎麼努力修行，全部就是「空修梵行」，修佛法清淨行全都白修了，因爲不可能成佛，這是《阿含經》中就已經明明白白說過了，他們竟然還可以否定第八阿賴耶識。

所以「此經」第八識很重要，弘法的人「應當說此經」；不論在什麼地方都應該要演說「此經」，除非他遇到了凡夫位而且是堅持六識論的二乘定性聲聞，因爲他們有業障，全都不信佛法是八識論。然而如果是我，我遇到二乘定性聲聞，或是遇到天魔派來的人，一樣會跟他們演說「此經」，但是不跟他們細說，只作略說，告訴他們：「『此經』如來藏離六塵見聞覺知，從來不作主，是無覆無記性，所以祂就是將來你阿羅漢入了無餘涅槃以後，那個三法印中的『涅槃寂靜』，就是此第八識獨住的無餘涅槃境界。」跟他講到這裡就不講了，看他哪一天想到後來會不會心癢說：「我還是要來求證『此經』，才能了知無餘涅槃中的境界究竟是什麼。否則現在即使證得無餘涅槃了，遇到菩薩這麼一問，依舊開口不得。」當他發起四宏誓願來，我就說：「我度你這個人發起四宏誓願，還不必證悟，就勝過度一萬個人成阿羅漢。」讓他高興、高興也好。佛確實有這麼講過說：「度一個人發菩薩心，遠超過度一萬個人當阿羅漢。」我們現在增上班有六百多人，那麼我勝過度幾個阿羅漢了？所以「此經」阿賴耶識很重要。

佛陀還特地吩咐說「速到安樂處」，只要你爲人演說「此經」，就很快會到達「安樂處」。那眞正的「安樂處」是什麼地方？是阿賴耶識如來藏。還有沒有第二個答案？第二個答案叫作「究竟佛地」，這才是究竟的「安樂處」。所以你想要快速成佛，應當爲人說「此經」，是什麼道理爲了快速成佛要爲人演說「此經」？因爲你如果不爲大眾解說「此經」如來藏，使大眾發起未來實證的因緣，於後時努力求證，那麼三大阿僧祇劫後你只能一個人獨自成佛。然而有沒有誰可以獨自成佛？沒有啊！其實也有啦！有一個釋印順，他的傳記不就叫作《看見佛陀在人間》嗎？但他的座下沒有妙覺菩薩、沒有一生補處、沒有等覺菩薩，十地、九地以下也統統沒有，只有尚未進入十信位的凡夫，例如釋證嚴等人。他那些信徒都是尚未進入十信位的人，爲什麼呢？佛說十信位滿足的人，是對佛、法、僧都由第八識成就的正理具足信受，而他們都不信這個正理，就是尚未進入十信位中。那我們現在只談法，且不談佛與僧的實質；法是指什麼？是第八識如來藏阿賴耶識，因為第八識才是生命的本源、萬法的根本；可是他們對法沒有具足信，表示他們對佛與僧也沒有具足信，就是十信位都還沒有修滿，本質是尚未進入十信位中。

所以想要快速成佛，你得為大眾解說「此經」，幫助大眾一一走上來，同樣可以證眞如、證「此經」阿賴耶識；然後引導大眾進入相見道位，乃至到達初地；最後二地、三地一步一步走上來，將來你成佛的時候，座下就有妙覺菩薩、有一生補處、有等覺菩薩，也有十地、九地、八地，以及初地、乃至三賢位的弟子都有，這樣你才可以成佛。所以那些退轉的人，我們還是要攝受他們，但我們不會主動去追他們回來；我們把法義說明白，讓他們後來可以醒覺而自己回來，因為我們不拉人，去者不追。

那麼這一些人離開了以後，將來回來正法中，也許是在下一世，也許是二十年後，也許是幾劫之後。如果是幾十劫之後，或幾百劫、幾千劫之後回來，從頭開始，就是等你們成佛的時候，他們正好在三賢位裡面證眞如時，瞭解嗎？所以菩薩不嫌棄一切人，但是要看因緣來攝受，該放手的時候就讓他去，不要勉強的強行留人；因爲他們還沒有經歷過那個退轉的過程，學法時就沒有辦法心得決定而不退轉，不可能成就無間道，也就是悟後不可能心心無間而無懷疑。這就是告訴大家，你將來當法主的時候，要怎麼看待弟子們退轉的事情，心中不起瞋心；因爲他們將來還會是你的徒弟，將來你成佛的時候，他們要在你座下成爲三賢位的菩薩。你總不能夠說成佛的時候，座下全部都是地上菩薩，沒有三賢菩薩，那樣也不可能成佛。這個道理懂了喔？

好！「速到安樂處」說完了，接著說：「欲見三佛陀，安養難思議；應爲演此經，如佛之所說。」「三」就是正，「佛陀」就是覺悟者；有時候人家又稱佛陀爲覺者，有沒有？所以佛陀就是覺悟者的意思。你學佛法想要看見眞正的覺悟者，總是要等悟了以後才知道如來藏如何安養你。我告訴你們：「你們每一個人都是被自己的如來藏養大的，有些人是被如來藏養老的，就像我；到了臨命終的時候，叫作如來藏把他養死了，全都是如來藏安養的。」但是，爲什麼說想要看見眞正的覺悟者，最後你終於可以懂得什麼叫「安養」，這是有內容的；因爲修學佛法眞見道之所證悟的內容，就是宇宙萬法的本源，就是生命的眞相，也就是禪宗說的父母未生前的本來面目。

父母還沒有生下你以前，你這個有情的本質到底是個什麼？以前的大法師們都說：「是離念靈知啊！這離念靈知出生了我們。」現在的琅琊閣主與張志成等人也一樣，都落入離念靈知意識心中，但問題來了，如果是離念靈知生了他們的五陰，那麼要請問他們：「你剛住胎時，一直到出胎時爲止，應該對胎中的一切事物都很清楚明白吧？就好像今天還記得昨天及小時候的事一樣。」對吧？因爲既然是離念靈知出生了這個五陰，所以五陰還沒有出生之前，離念靈知就已經先在了，然後就會清楚知道說：「今天幫我的五陰出生了什麼，明天再出生了什麼，後天又出生了什麼，一直到十月懷胎滿足出生於人間，整個出生五陰的過程，始從受精卵開始直到色身成長圓滿時的每一個過程，應該全部都知道。」可是請問那些大師們，他們哪一個人知道住在母胎裡面，自己到底發生了什麼事情而變成有這個五陰？他們竟然沒有一個人知道。而且住在母胎裡面都是迷迷糊糊，出生了才知道自己存在，處胎期中都沒有離念靈知而不知不覺的，那怎麼可以說是離念靈知出生了五陰的他們呢？所以父母未生前的本來面目絕對不是離念靈知，離念靈知只是六識心的心所境界，就是五遍行加上五別境的作用，還不是六識心，他們那樣叫作捨本逐末。

所以你如果證得如來藏了，就是眞正的覺悟者，可以從所證的「**此經**」如來藏，去比量加以推究入胎的時候是怎麼回事：「**當我前世的中陰身消失了，入胎以後是怎麼回事？當然是第八識藉著大種性自性，以及業和煩惱種子，在母胎中出生了此世這個五陰身心。**」這樣推究出來以後，就懂得什麼叫作眞正的「**安養**」，是如來藏讓我們好好安住於母胎中成長五陰安養出來的。如果是離念靈知安住在母胎中，老實說一定安住不了，每天都會想：「**我什麼時候可以出生、我什麼時候可以出生？我好想看見世界喔！**」尤其到後面那兩個月，以前都還可以動手動腳，後面兩個月動不了了，因爲胎身長大而動不了了，才會激發他產生一種化學元素，那個化學元素影響了媽媽的勝義根，然後腹部陣痛，就把他生下來。可是他的離念靈知知道嗎？都不知道，完全是迷迷糊糊的什麼都不知道，只知道最後階位被子宮擠壓時的痛。

所以，證如來藏才能夠看見什麼叫作眞正的覺悟，因爲看見父母未生前的本來面目了，然後就知道：「**原來我們安住於母胎時，都是因爲如來藏的安養，我們才能不斷的長養出五色根，又出生了六塵，而這六識心原來也是如來藏變生的。我們出生了以後，持續吃食物就可以長大。**」不知道的人都以爲是父母生的、養的，所以世俗人常常有一句話說：「**你是人生父母養的，我一樣是人生父母養的，你怎麼對我這樣？**」其實他不是「**人生父母養的**」，是如來藏生、如來藏養的，父母只是提供那個資源、那個環境罷了，眞正安養此世五陰身心的永遠都是如來藏，可是如來藏這個「**安養難思議**」，得要眞正的證悟以後才能了知。

在母胎中本來就只有那麼一顆連肉眼都看不見的受精卵，後來可以讓你具足此世的五色根，讓你的勝義根、扶塵根都具足圓滿而出生，還幫你流注種子而出生了意根加上六識，再加上流注五遍行、五別境心所法種子給你可以運行，那你不都是如來藏安養的嗎？所以第八阿賴耶識這個安養眞的難思議。如果你沒有證得如來藏阿賴耶識，根本就不知道什麼叫作眞正的「**安養**」，因爲連生命的存在也是全都要依靠如來藏的運作才能達成，所以阿難作個結論說：「**應當爲大眾演說『此**

經』第八阿賴耶識，要像佛陀為大家演說的那樣來講。」乃至於像 佛陀那樣演說過了，大家聽不懂時菩薩摩訶薩就來造論，在論中詳細演述出來讓大家瞭解生命的本源，瞭解以後有一天心裡面想：「我既然想要看見眞正的覺悟，就得要證悟『此經』如來藏阿賴耶識，才能讀懂大乘與二乘的諸多經典開智慧。」於是他開始尋求能幫他證悟的善知識以及方法，漸漸就會走入菩薩道的內門來，就如同今天諸位走進正覺以來是一樣的。

所以佛法到底是要修什麼、證什麼，這不就清楚明白了嗎？所謂的發起般若實相智慧的原因，當然是證第八阿賴耶識如來藏，來現觀第八識的眞如法性，才能名為證眞如。但他們退轉者（比如張志成）如果說：「這部《不退轉法輪經》是偽經。」那我就沒話講，因為他們要去負擔那個因果，我隨順就好了，我就不跟他辯解了。以前他們六識論者常常講「大乘非佛說」，因為他們認為：「大乘經典所講的都不可證、無法修，所以那不是佛講的。」可是哪天我見了他們，就告訴他們：「照你們的邏輯，《阿含經》也不是佛講的，因為《阿含經》說的你們也沒有證，你們也沒有修成，表示《阿含經》也不是佛講的，那就沒有佛教了。」最後再質問他們：「你們講的是不是這個意思？」可是從我們來看，《阿含經》說的解脫道是可證的，大乘《般若經》中所講的也是可證的，唯識方廣諸經的增上慧學也是可證的，而我們也證明了這一點。

所以佛法無量無邊，三藏十二部法教眞的浩如煙海，可是萬變不離其宗，就是你要證得「此經」第八識如來藏；只要證得「此經」如來藏阿賴耶識，你就由「此經」第八識的眞如現觀作爲法種而開始生根發芽，隨後的枝、葉、花、果、種子全部都會具足擁有，你就可以漸漸通達而發起法身德、般若德、解脫德，這不就三德都有了嗎？如果沒有證得「此經」第八識，無法現觀祂的眞如法性，就不是證眞如，他就不會信受有第八識是大乘佛法的中心，也是二乘菩提的中心，那麼學什麼佛法全都是假的；因爲如果不信有如來藏阿賴耶識，他連二乘菩提都不可能實證。我也講過很多遍了，《阿含經》講過的比丘「因內有恐怖、因外有恐怖」，已經證明二乘菩提也是依八識論而講的；這道理我已經講過多少遍了，可是不信者恆不信，那就隨他們去，我們就隨緣了。接下來，下一段：

經文：【爾時佛告阿難：「善哉！善哉！說是經時，族姓男女若得聞者，心不散亂讀誦此經，遠離一切諸親近處，亦悉滅除一切想識，若欲見佛即便得見。臨壽終時，則能面見百千諸佛，何以故？如是族姓子等，爲一切諸佛之所護念，說是經已復能受持、讀誦、信解，亦爲他人分別演說。」】

語譯：【這時候佛陀告訴阿難尊者：「你講得好啊！講得好啊！有人演說這一部經如來藏的時候，那一些大族姓的男人或者女人如果可以眞正聽聞的話，他們心不散亂的閱讀以及誦唸『此經』如來藏阿賴耶識，從此遠離一切各種的親近處，也全部滅除一切與想相應的六個轉識，到這個時候他如果想要見佛的時候隨時都可以看見。當他臨命終的時候，就可以看見百千諸佛，爲何是這樣呢？因爲像這樣的大族姓的男人、女人等，是被一切諸佛之所護念的，所以講完了這一部如來藏經之後他還能夠受持不忘，並且時時加以讀誦、而能信受及勝解，並且也能爲別人加以分別和演說。」】

講義：阿難尊者說得好，所以 佛陀連續讚歎了他兩句：「善哉！善哉！」如來講《不退轉法輪經》，到底講的是什麼經？（大眾答：如來藏。）對了，就是第八阿賴耶識如來藏經。講這一部如來藏「此經」的時候，如果是五、六十歲還在當乞丐，來聽就沒用了；有年紀還會當乞丐就表示往世沒有好好修集福德，沒有福德而想要證得「此經」是不可能的，他只能修證二乘菩提；所以能證「此經」阿賴耶識的人，一定都是有福德的人，全都要叫作「族姓男女」，就是有名望的家族中的那些男人與女人。也就是說，他們是有福德的人，不是欠缺福德的人，缺德就不可能實證了。

有時候，譬如說你看見某個人擁有一、二千萬元買的汽車，請了司機開車，可是他說話總是尖酸刻薄，他的員工和朋友們私下都會說他怎麼樣呢？大聲一點！（大眾說：缺德！）是缺德！表示什麼？表示他的未來世是沒有福德的，因為他缺德。若是未來世有福德的人，對待朋友仁至義盡、對待同修仁至義盡，對待師長孝順溫厚，對待一切人也都溫柔敦厚而不會尖酸刻薄。那種尖酸刻薄的人，他賺了錢幹嘛？揣進口袋裡，全都用來自己享受；你叫他布施，門都沒有；所以他未來世沒有福德，叫作缺德。如果是族姓男女，而且他來聽聞 佛陀講解「此經」如來藏，當他聽懂了「此經」如來藏，知道這阿賴耶識就是大乘佛法與二乘菩提的中心，當他心得決定時就是「心不散亂」，有了定心所的功能；「心不散亂」以後就可以開始「讀誦此經」了。

我們以前講《法華經》的時候，說怎麼樣叫作讀、怎麼樣叫作誦，還記得吧？都記得；所以早上一起床就說「此經不錯啊」，刷牙、洗臉時說「此經不錯啊」，吃飯、喝粥時說「此經不錯啊」，原來「此經」阿賴耶識如來藏還有這麼多的功德！這就是「讀誦此經」。不要以爲「讀誦此經」就是拿著經本一直讀，不是的，因爲「此經」在你身上；每一個人都有這一本非常難唸的經，而你能唸了就是能「讀誦」了，就覺得很快活。若是不能「讀誦」時就說很難唸，因爲看到經文時，沒有眼力而看不透。有眼力者要能看到文字的背後，「喔！原來是這個意思。」這時候就說是可以「讀誦」。既然他能「讀誦此經」了，再想想以前追隨的那些所謂的善知識們都沒有斷我見，或者落入斷見，或者具足常見、斷見的，還會想要再親近嗎？再也不想親近了，所以從此時開始「遠離一切諸親近處」，也就是悟前的所有曾經親近的諸方大師道場，都不想再去了。如果能夠證得「此經」阿賴耶識，結果竟然遠離幫他證悟「此經」的眞善知識，又回去親近以前那些未悟般若的六識論大師們的「諸親近處」，你說他的腦筋是怎麼回事了？打結了！這叫作空入寶山而出，很可惜！

當他能「讀誦此經」的時候，就會「滅除一切想識」。「想」就是認知和了知，能認知和了知六塵境界的是哪一些識？主要是意識，五識伴隨著意識來想、來了知三界中有想的境界。《阿含經》不是說有想、無想等嗎？有想的境界，是從無色界的無所有處以下都叫作有想，因為這些定的境界中都有見分、有自證分，也都有證自證分，所以那些境界全都有想，都能了知自己住於什麼定的境界中；到了無所有處、非想非非想處，就不是純粹的有想境界了；那留在增上班《成唯識論釋》中再來講，我們這裡不講。

「一切想識」就是識陰六識心，對於六識全部否定就是理上滅除了，若是經由修定而到達非想非非想處，就是已經滅除了。有人想：「不是還有一個意根嗎？」《楞伽經》中大慧菩薩問　佛說：「世尊！您說的入無餘涅槃是要滅盡六識，不必滅除第七識意根嗎？」佛說：「六識永滅時，意根就會跟著永滅了。」所以，你只管把六識滅盡永遠不會再出生，意根就跟著消失了。當你悟後進修而有這樣的證量了，這時你如果想要見佛，隨時隨地可以見，這是見哪尊佛？見自己家這一尊佛，你隨時都可以見。不單單是這樣，「臨壽終時，則能面見百千諸佛」；除非你都沒有朋友，只要你有親朋好友，告別式來了一百個人就是一百尊佛；如果你排場夠大，來了一千個人送行，就是見了一千尊佛。

別把這些經文依文解義，因爲你隨時可以看見自己五陰家中的這一尊佛，就可以隨時隨地看見每一個人五陰家中的那一尊佛；所以你臨命終時大家來看你、送你，那時不是面見百尊佛、千尊佛嗎？佛陀沒有騙人，只是讀不懂的人依文解義就解釋說：「我就可以看見釋迦牟尼佛也來，極樂世界阿彌陀佛也來，什麼佛都來。」那些應身佛不會來送你的，你看不見的。你自己這一尊佛要離開這個五陰了，所以其他諸尊佛就來送你，講的就是你的親朋好友都來送你；那每一個人不都有一尊佛嗎？而你可以看見他們五陰家中的每一尊佛，不就是「面見百千諸佛」了嗎？所以大乘經是可以親證、可以現觀、可以驗證的，那他們讀不懂就謗「大乘非佛說」。就像《法華經》講的義理，我把它講明白了；我相信古德也有人那樣講過，只是沒有記錄下來罷了。我不相信古德都沒講過，因爲古來佛門中並非只有我一人有無生法忍。

現在這一段經文也這樣告訴我們，臨命終時可以「面見百千諸佛」，如來接著就解釋這個道理說：爲什麼呢？就說這一些「族姓男女」等人，是被一切諸佛之所護念的。請問：這些「族姓男女」他們各人的佛有沒有護念他們？有啊！如果不護念他們，他們如何能夠來跟這位即將往生的菩薩送行呢？一定是護念著，所以他們才能前來送行。那麼這個時候，佛就交代說：「當這些族姓男女等人，如果爲別人演說這一部經第八識如來藏之後，不是只有自己受持，一定要接著爲大眾去作許多事，就是有時候爲自己讀誦，有時候爲大眾讀誦。」因爲有時候有的人沒有讀誦到這個部分，你就爲他讀誦這個部分，他們聽了就說：「啊！果然如是，我以前竟然沒有留意到。」他們又知道了一點，智慧就往上又提升了一點，就跟著這個善知識繼續一步一步往上走。所以除了爲自己讀誦，也要爲大眾讀誦；然後也要設法讓大眾信受以及生起勝解，所以還得爲大眾分別「此經」如來藏、演說「此經」阿賴耶識。

這就是爲什麼我將近三十年都在演說「此經」如來藏，講的都是第八識的妙法，可是所說的法不會重複。你看，如來說了那麼多大乘經，有哪一部重複的？都沒有，一部又一部所說都不一樣，但主體同樣是第八識如來藏，都是親證阿賴耶識現觀祂的眞如性，因爲祂所函蓋的法無量無邊；否則的話，只要一悟就成佛了，爲何要修三大阿僧祇劫？因爲法太多，所以有些退轉的人說：「**導師很麻煩啦，講三十年都講這一部如來藏經，講來講去都在講第八識，有什麼好講的？**」因爲他不知道這個法勝妙的所在，這個法所函蓋的法太多了；佛都說過了，你得要三大阿僧祇劫才能把「**此經**」讀完，讀完了你就修完了，修完了就成佛了，接著教導眾生要同樣三大阿僧祇劫修證。

所以《華嚴經》中善財童子五十三參完畢成爲妙覺大士了，結果最後還是要回到 彌勒大士的大寶樓閣再遊歷一遍，其實全都是在自己的如來藏中行道；而如來藏中的諸法得要歷經三大阿僧祇劫的修行才能具足實證，所以佛道的歷程得要三大阿僧祇劫。不要嫌時程太長久，三大阿僧祇劫成佛已經很幸福了，像 釋迦牟尼佛祂們以前學佛的時候，那可不只是三大阿僧祇劫，因爲大家都還在摸索。所以對「**此經**」有實證的善知識出世弘法時，一定還要幫助大家，爲大家演說、爲大家分別。「演說」是平鋪直敘，「分別」是說明此法的細微部分，就像是菩薩們所造的論，大家沒注意到的就爲他們指點出來，這叫作「分別」。好，這一品講完了，接著要進入〈安養國品〉：

〈安養國品〉第十

經文：【爾時比丘、比丘尼、優婆塞、優婆夷四衆之中，時有童女名曰師子，與五百童女俱白佛言：「世尊！若有女人讀誦此經，復能為他分別解說，得幾所福？」佛告師子童女：「若有女人住阿耨多羅三藐三菩提，受持讀誦如是經典，為人解說，當知此等是最後女身，更不復受。何以故？已能受持讀誦此經為他說故，而心無亂，一切結使皆得除滅；若是女人應起結使，亦令不起。」師子白佛言：「世尊！云何是女人相能生煩惱？」佛言：「師子！若有女人，見他端正女人及諸瓔珞摩尼等寶而自莊嚴、受於快樂，見是事已便生染著，不解觀察。譬如畫瓶但飾其外，凡愚臭穢亦復如是，不淨所熏屎尿充滿；不知觀察如是等相，便生樂著而起染心，以是因緣常受女身。」】

講義：現在進入〈安養國品〉第十，其中意思也就是說，其實一切人都住在安養國中，都被如來藏所安養，可是眾生都不知道，時至末法時代已經連諸方大師都不知道了，因此也跟一般眾生一樣追逐外境，於是就流轉生死。如來藏阿賴耶識不但安養這個色身，也安養你這七個轉識，所以 如來在《阿含經》中說：「一切眾生皆仰食存。」說所有的眾生都因爲食而存在，然後 佛就講了，食有四種：團食、觸食、意思食、識食。所以，如來藏不是單單安養你的色身，祂也安養你這七轉識，七轉識需要什麼才能夠繼續在三界中不斷的出現、不斷的存在，如來藏就供應這一些法，讓七轉識有觸食，有意思食也有識食，長養這七轉識，所以如來藏眞的安養一切有情。那麼第一段經文裡面的大意是說：

語譯：【這時候比丘、比丘尼、優婆塞、優婆夷四眾之中，當時有一位童女，名字叫作師子，她與五百位童女同時稟白佛陀說：「世尊！如果有女人讀誦此經如來藏，還能爲別人分別解說，可以得到多少的福德？」佛陀告訴師子童女：「如果有女人住於無上正等正覺，受持讀誦像這樣的經典，爲別人解釋演說，應當知道這一些女人其實是最後身，她這一世就是得到女身的最後一世，未來不會再領受女人之色身了。這是什麼緣故呢？因爲已經能受持及讀誦此如來藏經而爲別人演說的緣故，而且她的心中沒有散亂，一切結和五利使全部都已經除滅了；如果是有女人而應當生起三縛結和五利使的時候，這個女人也能夠令它不會生起。」師子童女稟白佛陀說：「世尊！什麼是女人相而能生起煩惱？」佛陀說：「師子！如果有女人，看見其他端正的女人以及各種瓔珞摩尼等珍寶而用來莊嚴她自己、領受種種的快樂，看見這樣的事情以後便產生了貪染與執著，而不懂得要觀察自己五陰背後的實質。這就好像是彩畫畫成的漂亮瓶子，但是只是裝飾在瓶子的外面，而那一些愚癡凡夫畫瓶裡裝的就是臭穢的物品，道理也就像是這樣子，所以裡面都是不清淨的物品、就是屎與尿充滿了這個畫瓶；不懂得觀察像這樣的行相，就對女人身及各種莊嚴生起樂著而產生了貪愛執著之心，由於這樣的因緣一世一世經常都領受女人之身。」

講義：這樣聽起來好像女人之身並不好，可是等你證悟了以後，就說原來男人、女人的本質都一樣。可是有時候菩薩會示現女身，並不是愛樂女身，而是爲眾生示現。現在這裡出現了這一位師子童女，率領著五百位童女共同修行。還記得《阿含經》裡面有一位迦葉童女嗎？這表示什麼？表示在佛世就已經有童子行跟童女行了；不是只有《阿含經》講了迦葉童女，率領五百比丘遊行人間弘化；

在大乘經這裡又說了一位師子童女，說她率領著五百位童女修在家行；因爲有的人不想成家立業，但也沒有出家，所以他們就修童子行、童女行。

佛世有出家眾的修行道場，同時也有在家眾的修行道場，但是當時出家眾的修行道場比較聞名，通常稱爲上座部；在家眾的修行道場不很聞名，因爲 佛陀講經時的對話者通常是出家眾，都屬於已入地的聖僧，而講經時與 佛對話的在家眾少了很多，所以在家眾的修行道場就不聞名。這部經中的師子童女率領五百童女在家修童女行，與《阿含經》中的迦葉童女有所不同，迦葉菩薩雖是童女，但她不受聲聞戒，是受持菩薩戒而出家，所率領的五百人全都是比丘，所以她也是出家人，和 觀世音、文殊師利、大勢至等菩薩一樣都是出家人。這樣的佛門軌式流傳到後來繼續維持著出家部與在家部並行，一直到部派佛教的初期時，仍然是如此。但是到了部派佛教初期之後，有大眾部從上座部分裂出去時，那時的上座部也仍然是大乘菩薩所主持的，但分裂出去的僧眾修的都是聲聞法，爲了區別彼等聲聞眾，上座部就得冠上「大乘」二字，是故說爲「大乘上座部」，用以區別分裂出去的聲聞法諸部派。

這一類經典歷史上的記載，是明載於諸經之中的事實，那一些號稱修學大乘法的六識論聲聞人，看見了這樣的經文就好像尖刺、刺進他們的眼睛一樣，所以他們無論如何要否定佛門中有童女的身分。因此，古時候的聲聞人就寫了一部《分別功德論》，那裡面的論議說穿了，就是爲了要支持「大乘非佛說」的議論，所以裡面講的那一些論義也是邏輯錯亂。當然信受《分別功德論》的那一些聲聞僧人、居士們也是邏輯錯亂。都是邏輯錯亂的人才會湊在一起，很奇特！所以，有一句成語說得好……，大聲一點！諸位都知道就是「物以類聚」；所以同樣心性的人，他們會聚集在一起。

可是像我們這樣的人，邏輯清楚分明不會混亂，我們跟他們就無法混在一起。那邏輯混亂的人爲什麼能混在一起？因爲邏輯混亂的時候，別人講的跟他相反時也可以混在一起；因爲沒有邏輯，就是沒有邏輯才可以混在一起。所以他們對於童子行、童女行都是否定的，可是他們都沒有想到 文殊師利菩薩也是童子行，大勢至菩薩在佛世是眞實存在的人，也是童子行，觀世音菩薩也是童子行，只有 維摩詰大士不是童子行。所以大乘佛法的內涵非常廣，容納性、包含性非常高，而他們部派佛教號稱大乘，其實骨子裡是聲聞人而且是凡夫僧，對此道理完全不知道；他們只看重身上穿的那一件僧衣，所以他們流傳到二十世紀的遺緒，才公開要求廢除八敬法。但是大乘菩薩們沒有八敬法這回事，大乘比丘尼們不用廢除八敬法，比丘與比丘尼雙方平等平等；釋印順的門徒在那邊喧嚷著要廢除八敬法，就表示她們眞是聲聞僧，不管她們如何自稱是大乘，本質就是聲聞人，不單單所說法義是聲聞法。我們大乘法中沒有八敬法這回事，所以在我們正覺同修會沒有男尊女卑的事，大家平等平等；不管你是親教師，或者是學員都一樣。重男輕女是聲聞法中的事，我們大乘法中就是有童子行、有童女行，這不值得奇怪。

現在說，這童女師子率領著五百位童女，稟白 佛陀說：「如果有女人能讀誦此經，讀誦以後又能爲別人詳細分別以及解說，她可以得到多少福德？」佛陀就告訴她：「如果有女人住在這個無上正等正覺之中，」那就要請問諸位了：佛說無上正等正覺，到底證得什麼法是無上的？（大眾答：如來藏。）是如來藏阿賴耶識！因爲如來藏是一切萬法的根源，所以證得如來藏就是無上法；然後「正等正覺」，是眞正平等、眞正的覺悟，實質還是這個第八阿賴耶識如來藏，唯有證得如來藏者才是「無上正等正覺」。既然證得「無上正等正覺」，就能夠受持「此經」第八識如來藏，因爲你已經證得了。

如果由善知識幫忙而證得如來藏以後不能信受，在阿含部有一部經叫作《央掘魔羅經》:《央掘魔羅經》是 央掘魔羅大士所說，央掘魔羅是什麼人？祂是一尊佛來這裡示現當個大惡人，然後示現被 佛陀所度，再來護持佛法；祂本來就已經成佛了，故意這樣示現，然後罵盡所有的菩薩，連 文殊菩薩都被罵在裡面。文殊菩薩也是已經成佛的人，祂同樣跟 央掘魔羅一樣回來護持 釋迦古佛。祂們就這樣合演這一場大戲，文殊菩薩被罵也就被罵了，並沒有反駁，因爲知道這是演戲，因此所有的人都被 央掘魔羅罵了。央掘魔羅有一句話說得很白：「如果不信如來藏的人，就像晚上的貓頭鷹。」經文不是指貓頭鷹，講的是夜行鳥類；我用貓頭鷹講，這樣大家比較能聽懂。

請問諸位：「你們有沒有看過貓頭鷹白天飛出來的？」野生的貓頭鷹都是晚上在活動，表示牠見不得人。央掘魔羅就是這樣罵的，不信如來藏的人或者證得如來藏還要推翻祂的人，都是像貓頭鷹一類的有情，白天見不得人，都在晚上活動；

牠幹什麼，你都不知道；不論幹什麼，牠都是偷偷摸摸的。貓頭鷹不是這樣子嗎？牠停在樹上靜靜的，然後老鼠爬行時牠就聽，聽清楚了，飛過去一把抓了，牠就是用偷襲的。貓頭鷹都是幹偷襲的事情，牠不像白天的老鷹光明正大，我要來抓你了，直接就抓了；貓頭鷹是偷襲，牠只能活在暗夜裡面；《央掘魔羅經》就這樣罵盡所有人，特別是罵聲聞人。

所以證得「**無上正等正覺**」的人，不是像貓頭鷹專門私下幹那一種見不得人的事，咱們正覺「**行不改名，坐不改姓**」，我寫了什麼人講法講錯了，出書時我就寄給他。我不幹暗事，所以我講了釋印順不對，出書後就寄給印順，印順沒少收過我一本書；南懷瑾我是沒有寄給他，因為在家居士弘法困難，所以我幾乎不說他。因此說，證得「**無上正等正覺**」的人，既然他證得如來藏，當然能受持如來藏，能受持如來藏就不忘於心。（咦！怎麼連線中斷了？請師兄維護一下。喔！又好了，又斷了，現在剩下十樓跟 B2，有人在維護了；因為它們連線中斷了，可能聽不到我在講什麼。）又再恢復了，好！繼續講。

這就是說，當他證得第八阿賴耶識而現觀眞如，並且能夠憶持不忘的時候，就可以隨時隨地觀察第八識如來藏，也就是剛剛講的「若欲見佛即便得見」，因爲諸佛因地的見道乃至進修成佛，都是依憑第八阿賴耶識如來藏而成就的。既然每天在觀察第八識如來藏，常常就會發覺如來藏還有這個功德，然後過幾天又發覺還有另一個功德，這就是《法華經》中講的「讀誦此經」；然後觀察時也許是觀察幾天、幾個月、幾年不等，當他觀察到夠了，就可以爲人分別、爲人解說。所以證如來藏的人不可能講不出來，一定可以講出來，只是講出來的並不是如來藏。所以你看禪師家都明講，人家來問：「如何是佛？」雲門說：「花藥欄。」他就已經明講了，可是你如果說：「那我爲什麼聽不懂？」事實上他已經明講了，而你聽不懂，那就是你家的事，因爲你沒有證得「無上正等正覺」。如果已經證得了，雖然心中還在懷疑而不能決定，但你聽他一講就懂了：「喔！原來如此。」因此心得決定時便可以成就眞見道的功德了，這樣心心無間便稱爲成就「無間道」。

所以能夠受持、能讀誦的人就可以「爲人解說」，那麼能「爲人解說」的人，你別看她是個女人，她這一世示現爲女人之身，那是最後的女身，來世就不是女身了；也許她是很多世以前就證悟了，此世是來示現爲女身，方便攝受眾生。可是你如果有天眼通、宿命通，來世遇見了她說：「**妳怎麼還是女身？**」可別這樣問，因爲仍有宿業未了，她還是要用女身才合適去了那些舊業，所以未來世還有一些人需要她度。

譬如說，這一世當妳兒子、當妳的孫子，或者當妳的父母，相處融洽也知道妳悟了，但他這一世不想學佛，妳度不了他；可是到了未來世，也許三世五世、十世百世之後遇見了，他看見妳就心生歡喜、莫名的歡喜，那時妳告訴他說：「**你來學佛吧！**」他就乖乖來學了，不用第二句話，只要一句話就成。所以今世無妨繼續以女身來度他，因爲他見了覺得說：「**妳就好像我的老奶奶很疼我，妳就好像我的老母親，妳就好像我的好女兒。**」他見了覺得很歡喜，那妳勸他作什麼，他都會接受，這是眞的。

我跟諸位講個故事，以前臺灣早期有一家紡織廠的老闆，他們夫妻兩個都聽我的話；他們比我大了二十幾歲，而我是一個年輕小伙子，可是不論我說什麼，他們都聽。爲什麼呢？後來我回復如夢觀時就知道了，因爲以前他們的父親跟我學佛，在江蘇浙江，他們那時候還是小孩子，他們對我很有好感。沒想到他們的父親過世了，然後大陸變爲紅色以後，他們把工廠搬到臺灣來繼續營業，而我也投胎到臺灣來，結果又遇上了，他們就很聽我的話。我當初還沒有學佛，證量尚未復原時也不懂，後來知道原來是這樣。

同理，每一個人過去世結的緣，在未來世都會開花結果。那麼這一些事情不是一世可了，都是一世又一世連結下去的，所以爲了照顧或完成往世結的那些緣，妳就繼續承受女身。男眾也是一樣的道理，所以爲了承續那些緣，如果你來世換了個女身，過去世的那個緣就不容易接上來，因爲往世的眷屬見到你，你當時是他的父親，你是他的祖父，你是他的兒子或孫子，結果這一世你變成個女人，眾生他們兜不上來，對你的話就會遲疑。知道嗎？兜不上來的時候，那些緣可能就中斷了。所以這「最後女身，更不復受」，不代表下一世眞的不受，而是有能力不受女身。所以如果想要不受女身就可以不受，只是爲了考慮這一些因緣，想要利益他們，所以就繼續受女身，就是這個道理，這要講清楚。

接著說：「爲什麼這一世已經是最後的女身，更不復受呢？因爲她已經能夠受持『此經』、能讀誦『此經』、還能爲他人演說的緣故。」證得「此經」以後，沒有男人、女人之分了，所見就是第八阿賴耶識如來藏，依於如來藏的功德，然後以這個男人身，或是以這個女人身來運作，來利樂有情；不是單純依於男人身、女人身而受生，所以這時候她的所見並沒有男人、女人的差別；雖然事相上看還是有男人、女人，可是從實際理地來看時卻沒有男人、女人。而且她已經心得決定而心心無間了，所以沒有散亂；她心中不會混亂，不會有時候說這是如來藏，這是個女人，好像很矛盾；也不會說這是如來藏，這又是個男人，又矛盾；她不會，因爲整個現觀所得的理路都很清晰。

所以這時候「結」也滅了，五利使也滅了。「結」主要就是三縛結，要增說的話，加上五下分結、五上分結；名之爲「使」，是因爲這類煩惱有促使有情造作流轉生死諸業的功能；「使」指的就是惡見，惡見分成五個，就是身見乃至見取見等五個。這「結」跟「使」全部都可以除滅，因爲你證得如來藏轉依成功的時候，「結」與「使」當然就不見了。如果證悟第八識以後「結使」還在，就是轉依不成功，他一定會退轉，或者會像世間人一樣繼續貪財、貪名聲、貪眷屬。如果看見別的女人時，顯然他應該是會生起三縛結、五下分結等，或者說他會生起五利使，因爲他不能斷除。至少證得這個「無上正等正覺」的女人，可以使他的「結使」不會現起，因爲她可以爲他人解說了；爲他人解說的時候，讓他人有聞慧、思慧、修慧，所以結與使不會現起而可以降伏，等待未來有因緣再斷。

師子童女聽完了，稟白 佛陀說：「世尊！怎麼樣是女人相而能生起煩惱呢？我有時候說：『我看見女人的時候不一定拿她當女人，我看見男人的時候不一定當他是男人。』」這話這幾年比較少說。假使有個男人講話粗獷、身體魁偉，可是他的心不停的在轉，都在打小主意跟你斤斤計較，甚至於有時候暗中跟你耍手段害你，我就說：「這個人就是男人中的女人，他的心性實質就是女人，不是男人。」有時候一個女人，她從來不跟人家計較，該怎麼樣就怎麼樣，該布施時就布施，很大方，而且心地光明磊落，我就說：「這不是個女人，這是個大丈夫。」看男人、女人時應當如是。

那麼回到佛教來，看出家與在家是不是也應當如是？就是這樣啊！如果心出家，他就是個出家人；如果他的心是在家，把頭髮剃光、燙了滿頭的戒疤，也還是個在家人，正是出家的在家人；應當這樣看。如果有人娶了個老婆，生了十個兒子，可是他後來修學佛法以後，一切都無所記掛，一切都為眾生，我還說他是個出家人，應作如是觀。

因此，之所以被稱為「女人相」，一定有它的特性，那「女人相」是怎麼樣？佛陀說：「師子！如果有個女人，她看見別的端正女人，以及她身上配戴的瓔珞摩尼等寶來作莊嚴、領受這些快樂，她看見了以後心裡面就產生了貪染和執著，她不懂得觀察這些只是表相，這就是女人相。」佛陀曾經在別的經裡面講過一個譬喻，說有一個很漂亮的畫瓶，那瓶子外面畫了很多細緻的五彩繽紛的圖案，眞的很漂亮，表面也擦得乾乾淨淨，可是彩瓶裡面裝的都是屎尿，佛陀就教導比丘們說：「女人就像這樣。」那麼反過來，比丘尼們看男人該怎麼看？也是同樣的道理，就像個畫瓶畫上一個男人的模樣，裡面也都是屎尿。

我請問諸位，你們誰不曾上過廁所？或者講文雅一點，你們誰沒有吃過飯？吃了飯，當然要上廁所，所以我有時候說：「每一個人，其實全都是行動的屎尿製造機。」對不對？沒有講錯啊！所以買房子為什麼一定要有廁所，因為那是人之日常。既然是人，出家修道了，也是一樣大小便利都有，這表示什麼？表示每一個女人化妝得很漂亮、衣服穿得很漂亮，也沐浴後擦了香水，然後瓔珞莊嚴，也許還有玉帶，可是就像一個彩色的畫瓶，表面畫得很漂亮而裡面裝著屎尿，沒有差別啊！如果有個女人看見人家化妝得很漂亮、衣服穿得很漂亮，然後又有各種瓔珞莊嚴等，她就心生染著，不懂得觀察有身不淨，這就是「女人相」，愚癡的人跟凡夫也是一樣。

所以，咱們一年到頭穿著唐裝，再也不穿別的什麼名貴衣物；永遠踏著布鞋，也不穿什麼皮鞋，什麼東西都不要。可是有時候會看見有些年輕人西裝筆挺，看見我們這樣穿，他們覺得不好看，有時候他們會偷偷搖頭，正好被我瞧見；他覺得我可憐，但我也覺得他可憐，繼續在沉淪生死，被煩惱所繫縛。這就是凡夫愚人的見解跟賢聖不同，他們不懂得觀察「不淨所熏屎尿充滿」，不知道這一切都是無常法、都是生滅法，不懂得去尋找那個生滅法當中同時同處存在的不生滅法、解脫法。所以，女人看見別的女人那樣莊嚴，她心生羨慕而有執著，就是「不解觀察」的人，「不解觀察」就會起而效尤。

所以現在外面那些精品店，一個名牌包可以賣五十萬元，聽說還有一百多萬的名牌包；但那種名貴的包包拿在身上，是不是要護得好好的，不小心一碰撞了就損失好幾萬塊錢，那不就是被它綁住了嗎？所以說，人之無智以至於此，不值得欣羨。這就是說，如果有人聰明，看見那個女人那麼漂亮，有那麼多的裝飾，衣服包包都很名貴等，但是心不羨慕，因爲她懂得觀察，知道她同樣是屎尿充滿。對我們學佛的人來講，還可以觀察，她的心裡面亂七八糟，想的盡是世俗事，而且是世俗法中的貪欲以及瞋恚，再加上最後一個毒叫作愚癡，而我們已經擺脫了這三個煩惱。

所以，女人之所以會接受女身，就是因爲不懂得觀察「女人相」只是外表，因此她們喜歡穿好看的，塗塗抹抹、配戴各種精品（現代話叫作精品），藉以炫耀於他人，來顯示自己的身分高貴，因而產生了樂著，就生起了染污心；爲了享受這樣的生活，於是她未來世還會繼續受生當女人。如果有智慧時就不會貪著那個表相，而是看自己有這個證量，是二乘聖人之所不知，是凡愚之所難解，這樣覺得自己有這個解脫才是最尊貴的；因爲這是別人、誰都搶不走的，可以帶去未來世，你的實相智慧與解脫的種子都還在；一旦遇到了一個合適的因緣，這個種子立刻就發芽，然後你又回到佛菩提道中，一世一世邁向佛地。好，下一段：

經文：【復告師子言：「一切女人多生嫉妒、欺誑、妄語，心口俱異；或對面語，爲乞丐故，往至比丘所而不爲法；生瞋恚心及睡掉心，但爲憒鬧親近俗事，而於此經作不利益，不肯聽受，不說不誦，晝夜常起諸煩惱心，遠離解脫。有如是等心故受女身，不得遠離。是故師子！一切女人皆悉應作如是觀察：『我當云何斷諸結使，不令復有如是女人無利益事？當聽是經，受持讀誦，亦爲他說。』何以故？得聞是經分別次第，必能離於一切結使。」】

語譯：【佛陀又告訴師子童女說：「一切女人大部分都會生起嫉妒、欺誑和說妄語，心中想的跟她口裡講的都是不一樣；或者有時候對面說話時，她的目的是爲了乞求物品的緣故，所以她到了比丘的所在卻不是爲法而來；而且生起瞋恚之心以及睡眠、掉散之心，只是爲了喜歡住在憒鬧的境界而親近世俗的種種事情，而她們對於『此經』如來藏作了不利益的事，也不肯聽受『此經』第八識，不說不誦『此經』阿賴耶識；白天以及夜裡時常生起各種煩惱之心，遠離於解脫的境界。由於有像這樣不同的種種心行的緣故而領受了女身，無法遠離女身。由於這個緣故，師子！一切女人都全部應該作這樣的觀察：『我應當如何去斷除各種結和五利使，不令以後重新再有這類女人心性沒有利益的事情出現？我應當聽受此經如來藏，受持如來藏、讀誦如來藏，也爲別人來解說。』爲什麼呢？因爲只要能聽聞『此經』之後又能夠分別『此經』以及祂的次第，就一定能夠離開一切繫縛之結和五利使。」

講義：這裡　如來又加以衍伸說明，生爲女人比較會產生嫉妒、欺誑和妄語。嫉妒是因爲看見別人比較好，心中不能接受所以嫉妒。欺誑是爲了達到某一個利益，所以說話就不實在，想要欺瞞對方。妄語也是如此，所以往往心口不一，有時候即使對面說話的時候，想的跟她講的一定不一樣，她只是爲了乞求到某一些物品，所以即使前來見了比丘，說了一些好像是爲法而來的話，而其實不是眞正爲法而來，是希望比丘有多餘的物品可以送給她。有時候生起瞋恚之心，有時候生起睡眠的心想，成爲想要睡眠的心或者掉舉的心，這都只是愛樂於憒鬧的境界，她所親近的都是世俗法中的事情，像這樣的女人對於離見聞覺知的第八識如來藏不會信受，而且會作不利益的事，也就是會加以反對，加以抵制、誹謗。她們不肯聽受「**此經**」如來藏，她們不說如來藏妙法，也不讀誦如來藏妙法，白天以及夜裡時常都會生起各種的煩惱心，一直都遠離於解脫。

那麼諸位想想看，世間女人是不是眞的這樣？我這裡說的女人是廣義的女人，不是狹義的女人。我出來弘法將近三十年專講第八識如來藏，在前期的那十五年，就是二〇〇三年以前的事，我什麼時候沒被誹謗過？我們弘揚第八識如來藏，什麼時候沒被抵制過？而那一些抵制的人都擁有大山頭，頭髮都剃光了，山頭都很大，信眾都是非常多，但他們是不是女人？是不是？（有人答：是。）又罵人了。可是那些人眞的是女人，爲什麼呢？因爲他們心地諂曲，故意講反話說「如來藏是外道神我」，說「正覺所弘揚的第八識不如法」，那不就是講話不直心嗎？爲了求取某一個世間法上的目的而不是爲了法，所以對於「**此經**」作「**不利益**，**不肯聽受**，**不說不誦**」；白天晚上都想著如何抵制正覺，這就是「**起諸煩惱心**」，那就「**遠離解脫**」了，所以就叫作女人。不是生爲女身叫作女人，有女人心就叫作女人，所以我有一次定中看見幾千年後我修童子行，把往世的五神通修回來了，那一世卻看見臺灣某個大山頭的和尚成爲一個留長頭髮的女人，而她擁有一個不小的、很環保的大講堂。好，今天講到這裡。

今晚九樓大家坐得比較空曠一點，是眞的有事情，我們需要預防；我們桃園講堂上週就已經全部停課了，因爲桃園講堂的同修警覺性不夠，所以有的同修去部立桃園醫院住院，並不是疫情的確診，是因爲其他的病住院；其他同修就去看望，看望時沒有警覺，離開醫院後又到講堂來服務，所以發生了傳染的事；我們發覺這事情蠻嚴重的，所以桃園講堂上週就立刻宣布停課。可是我們臺北講堂這邊講經，也有不少桃園的同修來聽課，鑒於諸位都是佛門的稀有動物，眞的需要保護，所以我們今天還是作了個決定，等一下講經完了會宣布。爲了同一個原因，今天理事長也特地到 B2 去聽經。

我要跟諸位講的是，我們同修之間的道情很重要，但是在這個疾疫劫現前的時候，尤其現在這個變種的病毒傳播很快、很厲害時，如果聽到有同修住院了，大家都很關心，可是我希望是用電話聯繫就好。如果他住院有缺少什麼物資，或者需要我們幫他處理什麼事情，我們就幫他送去或者幫他處理，千萬不要去部立桃園醫院裡探病；因爲部桃現在已經是很嚴重的情況，所以政府匡列了五千人正在追蹤，但還是會有漏網之魚。所以爲了預防變成社區傳染，我們桃園講堂是上週就已經宣布停課了。今天臺北講堂的座位作了這個區隔，事前我不知道，進來才看到，可是講經後我們還有事情會宣布。所以請大家要提高警覺，今年過年大概不是一個好的年，如果可以窩在家裡就盡量不要出門，國外也不能去。這個桃、竹、新北、臺北都算是危險區了。

所以要注意，出門盡量不要碰觸什麼，除了腳踩到地上以外，什麼都不要去碰。盡量乾洗手或者盡量用肥皀洗手，也要隨時留意別去摸眼睛、摸鼻子，這個請大家要注意。同修之間，新春期間盡量電話拜年就好，我們原則上春節的這個金剛法會，可能也是會改爲線上舉辦，避免大家萬一有個意外。因爲這個傳染病，還沒有出現症狀時就會傳染了，所以難保大家安全無虞，因此我們的弘法事務就作了些改變，就如同去年年初是一樣的道理。來日方長，不要計較這一、兩個月沒辦法見面、共修等，所以把眼光放長遠一點，保得百年身、不怕沒柴燒，請大家要有警覺心。

如果有的同修有一些狀況或症狀的話，應該趕快去就醫，看看有沒有什麼問題。因爲有時候很難說什麼時候會摸到有細菌、有病毒的物品，所以盡量就不要出門。不出門，新春待在家裡作什麼呢？拜佛！還有呢？讀書或讀經，多吸收一些正知正見。悟後的人藉著讀書多增長自己相見道位的功德，都是好的，功夫也還是要作，未來求見性也是需要功夫的。必要的時候就是打電話，或者手機也有視訊可以聯繫，這樣拜年就好了，盡量不要到處走。我們這樣作也是幫忙防疫，也就是盡量不要讓病毒有傳播的機會。

那麼回來《不退轉法輪經》，上週講到一百零二頁第一行：「於『此經』如來藏作不利益的人，或者不肯聽受，或者有人聽聞『此經』而不說不誦，白天、晚上一直都因爲對『此經』不信受或不能理解而生起煩惱心，這樣的人是遠離解脫的。」我們二十年來也常常在說，阿羅漢所證的解脫其實還是「此經」第八識本有的解脫；菩薩的本來自性清淨涅槃的解脫，也是依「此經」本有的解脫而施設的；乃至將來成佛時具足四種涅槃而稱爲大涅槃，也同樣是依於「此經」的本來解脫而修得究竟解脫。如果不是「此經」的常住不滅，阿含諸經中就說爲「空修梵行」，你三大阿僧祇劫修清淨行就是白修了。所以一定要信有「此經」，要接受「此經」，證悟後要安忍於「此經」，還要愛樂於「此經」第八識，因爲「此經」阿賴耶識是一切世間法和出世間法的根本；所以對「此經」的弘揚去作各種不利益的事，那是三界中最笨的人。所以這一年多以來，有人在否定「此經」阿賴耶識如來藏，那就是世界中最笨的人。

我們是佛門中的稀有動物，一定是有其稀有之處，就是智慧好、判斷力很好，已經有擇法覺分，所以信受「此經」阿賴耶識。這個道理，我二十年來也講過很多次了；如果沒有「此經」，阿羅漢證無餘涅槃以後，五蘊或十八界全部滅盡了就成爲斷滅空；然而正因爲還有「此經」如來藏常住不滅，所以他們入無餘涅槃之後不是斷滅空；有智之人基於這個道理，修學二乘菩提時就應該信受了，還不說修證大乘菩提。那麼大乘菩提所證的最究竟智慧叫作一切種智，而佛地一切種智就是如來藏所蘊含的一切種子的智慧，一切種子又名一切法的功能差別；所以，「此經」如來藏攝受了一切諸法的功能差別，當這一些功能差別全部都具足實證而圓滿了，這個時候就是一切種智圓滿，就是成佛了。結論就是成佛時還是依於「此經」第八識如來藏的親證才能成就，如果把這第八阿賴耶識否定了，說不是大乘見道的所證，那麼成佛就變成空無所有，變成比白癡還要白癡的愚人。成佛是非常有智慧的，而那個智慧從哪兒來呢？就從「此經」如來藏所蘊藏的一切功能差別、也就是一切種子而來，而一切種子含藏於第八識心體中，可見成佛也是依於「此經」第八識而成佛的。

可是有個張志成先生愚癡到公開主張：「**大乘見道不是證第八識。**」你說這樣的人笨不笨？笨吶！而且公開否認了以後，他就變成「**於『此經』作不利益**」。於「此經」作不利益的人，我們想方設法為他們說明、為他們辨正、為他們解釋，可是他們「**不肯聽受，不說不誦**」。他們不肯弘揚第八識如來藏妙法，也不肯聽受，這樣的人不可能安住於「此經」的境界中，所以看到正覺諸位一直不斷的在實證「此經」、觀行「此經」，讀誦、書寫「此經」，他們心中不忍，「**晝夜常起諸煩惱心**」，於是不斷的寫文章否定「此經」。

又譬如說，《成唯識論》就是專門在說明「**一切諸法都唯有這個第八識之所成就**」的一部論，結果他們說：「**《成唯識論》不是在講『此經』如來藏，《成唯識論》**

講的並不是第八阿賴耶識的法義，跟你蕭平實說的顛倒。」其實《成唯識論》是跟他寫的文章顚倒，像這樣的人能得解脫嗎？因爲落在六識論裡面的人就會像釋印順、琅琊閣主、張志成等人一樣，當他們知道阿羅漢入無餘涅槃以後是滅盡十八界而「不受後有」，「不受後有」時六識全部永遠滅掉了，而他們認爲的意根是腦神經，也滅掉了，那不就變斷滅空了嗎？然而好好一個人，再怎麼樣流轉生死、怎麼痛苦，都還是勝過變成斷滅空吧！

結果他們發覺自己落入斷滅空了，這個問題難解決，所以只好回頭又從意識裡面切一小段下來，叫作細意識，說這個細意識是常住不滅的，那不就又落入常見外道法中了嗎？佛說那些意識，不論遠近、粗細、大小等，歸納一句話說「彼一切皆意法因緣生故」，說不管什麼樣的意識都是意法因緣生的緣故，所以全都是生滅法。他們把意法因緣生的意識生滅心，再切一小部分下來也還是生滅心。譬如說一塊蛋糕，你說：「我不要蛋糕，我把它切一部分下來就可以說『這不叫蛋糕』，叫作松露。」就像這樣愚癡！因爲蛋糕就是蛋糕，不論切多、切少下來都一樣是蛋糕。但他們就是笨，也是想要維持六識論邪見的前提之下，沒辦法中的辦法；

因爲既然六識都滅了，又不承認意根是心，亦不承認有第八識的存在與常住，那麼阿羅漢入無餘涅槃後「不受後有」就變成斷滅空了，所以不得不又把意識生滅心切一小段下來說：「這個叫作細意識，細意識是常住的。」

但問題是細意識還是叫作意識，而且釋印順、張志成他們切那一段下來還不能算是眞正的細意識，因爲釋印順等人所建立的細意識就是直覺，有時又說是意根，然而直覺只是欲界人間意識的心所法，都還不是意識，比意識還要差一大截，何況能說是細意識。像他們這樣就是落入常見外道法中，怎麼可以成就佛法的實證？因此這就是他們最後的歸宿。持六識論者最後的歸宿就是用這些道理，然後翻來覆去跟你辯來辯去，讓你腦筋錯亂以後誤認爲他講的是對的。可是我們腦筋不錯亂，也有實相般若智慧或是道種智，所以他釋印順活到一百零一歲，我前後批評他二十年，他從來不敢回應一句話，因爲他知道無法回話，遇到蕭平實以後他有了自知之明。但現在從正覺同修會退轉的張先生，還在信受釋印順的法，所以繼續在否定「此經」第八識如來藏，都還不知道否定常住的第八阿賴耶識以後，他所說的所謂佛法會變成什麼樣的窘境。張先生這個行爲就是「於『此經』作不利益」，像這樣的人永遠都是「遠離解脫」的。

如來接著說：「有如是等心故受女身，不得遠離。」這是 如來講的，不是我說的。作了這些抵制第八阿賴耶識等事情的人，他們的心就是這樣的不直爽，總是故意扭曲法義及事實的眞相，心地就像世俗女人一樣，所以他們未來世從三惡道回來人間時就會領受女身；如我所見四千多年後的聖嚴法師生在大陸，有個很環保的大講堂，然而卻是個女人。我不是說女身不好，而是說他們爲什麼會去受女身，是因爲心地不直而且沒有世間邏輯。世間人都講邏輯，哲學也講邏輯，結果釋印順、琅琊閣主、張志成等人，不論在世間法上或者出世間法上都沒有邏輯，都是邏輯混亂，根本就不懂因明學；而且所說都是前後兜不起來、自相矛盾；釋印順的狀況正是典型的事例，他說法前後兜不起來，現在跟進的張志成也是一樣，他在網路上的貼文，所說內容總是前後兜不起來，等於左手打右手一樣。由於沒有世間邏輯，心地不直，所以破法的人，未來世從三惡道回到人間時得受女身。女身生在臺灣是不錯的，可是如果生在印度而成爲女身，就不好玩了。生在臺灣成爲女身，往往是一家之主（大眾笑…），對啊！好多先生包括我在內，有在管錢、管財產嗎？沒有，都是女主人在管，都是他們的老婆在管。對啊！男人在管錢、管財產的不多，大部分都交給老婆管。

可是在印度當女人很慘，印度男人要娶妻時不用準備聘金，反而是女生要準備嫁妝。如果沒有財產，那男人看見沒有附財產過來，當下就走人不結婚了，那個婚禮就被男方取消了。印度的女孩子就像古人說的賠錢貨，因爲要嫁出去，還要附帶很多的嫁妝，得要男生滿意，否則嫁不掉。而且在印度的女人，我跟諸位講，前兩三年不是新聞常常報導嗎？搭個公車也被十幾個男人強姦，是公然的喔！光天化日下就這樣。這在印度可以說是平常事，所以印度女人要出門，一定要有家裡男人陪著，不然就要有幾個女人而且健康可以打架的陪著，否則單身出門都很危險。所以在印度，女人是沒有尊嚴的；印度的女人就像基督教《聖經》講的：夏娃只是亞當的一根肋骨變成的，所以女人是男人附屬的財產。但是在臺灣，女人當家，所以生在臺灣的女人還不錯。但印度不然，因爲這部經是在印度講的，所以是在講印度的女人，那是完全沒有尊嚴的。

像這樣「於『此經』作不利益，不肯聽受，不說不誦，晝夜常起諸煩惱心，

遠離解脫」的人，因爲這樣不直而又愚昧的心，所以他們謗法而捨壽下墮三惡道，這種極不可愛的苦異熟果報受完了以後，回到人間來就是要領受女身；但是想要遠離女身又離不掉，因爲那叫作業障；造了這個惡業，果報就是這樣。就好像學佛，從諸位的所見來講，進到正覺同修會證得第八識如來藏而現觀眞如，那是理所當然，可是爲什麼親朋好友怎麼樣都度不進來？外面也有那麼多學佛的人，有出家的、也有在家的，難道正智出版社的書都沒讀過嗎？不信，買了送給他，他說：「我讀過了。」你問他說：「爲什麼不來學？」他說：「我們不信居士講的法。」有的是告訴你說：「我們師父說居士寫的書不能讀。」有的人讀了以後信受，可是想一想：「哎唷！去正覺學法要被法師們笑死了，我才不要去。」有的人想：「在正覺學法聽說很辛苦，我不要去。」有種種萬般的理由說之不盡，很想學可是不來學，那叫作業障。有這種業障的情形很平常，所以這樣的人將來「受女身，不得遠離」；爲什麼這樣呢？因爲如來藏一向都是直來直往而不諂曲，而他們的心諂曲，所以未來世必然「故受女身，不得遠離」。

世尊接著又說：「由於這個緣故，師子！一切的女人全部都應該像這樣子觀察：『我應當如何去斷除各種的結以及使，不令自己將來還會再有像這樣生為女人的因素現前，而對自己沒有利益？』」應當這樣想，可是當你把這個聖教告訴他們的時候，他們又不信，始終都是不信這個聖教。那一些人有一個特性，就是不信聖教，所以你舉出聖教的時候，他們會把你顚倒過來解釋。明明這聖教是這樣的意思，他們把它扭曲過來解釋，你跟他們就沒得談。

所以，聰明的人這樣思惟過以後，接著下結論說：「我應當要聽受這樣的經典，所以這一部第八識如來藏經，我要好好聽受；並且還要受持，受持以後還要讀誦，受持讀誦到很熟了，我還要能為別人來分別以及解說。」這才是聰明人。那麼能夠這樣作的人，未來世不忘其所證、不忘失其智慧，未來世雖然還沒有離開胎昧，也一樣可以重新實證。

那麼他一定會想說：「我為什麼要這樣作？為什麼要聽聞『此經』，為什麼要受持『此經』，為何要讀誦『此經』還要為別人分別、解說？」因為如果能聽聞這一部如來藏經阿賴耶識，而能在其中將祂的法義為人加以分別，並且還懂得修道的次第，或者懂得如何實證「此經」的修學次第，能夠這樣實修的人就是能受持的人，由於受持讀誦「此經」第八識的緣故，他一定可以離開三縛結、也可以離開五利使。五利使又名惡見，就是薩迦耶見等五個煩惱，總共有身見、邊見、邪見、戒禁取見、見取見等五個容易斷除的惡見；結就是三縛結，乃至於五下分結、五上分結。只要實證「此經」，這些惡見全部都可以次第斷除，所以聰明的人要信受「此經」。這時候師子童女又怎麼說呢？

經文：【時師子言：「若有女人讀誦此經爲他解說，求捨女身當可得不？」佛言：「師子！若有女人受持讀誦此經典者，是最後女身，更不復受；除其方便、神通變化現受女者。師子！譬如有人然大火聚而自投之，既投火已復作是言：『莫燒我身，亦使我身莫作異色。』師子！於汝意云何？是人雖作此語，得如所言不？」師子答言：「不也！世尊！何以故？是大火聚，性能燒物，滅除身色。」佛言：「師子！此經亦復如是，能燒一切結使行薪；若欲捨女身相，即得離欲，成就佛法。欲見無量無數阿僧祇諸佛得無礙辯，欲發慈心一切眾生者，亦當受持、讀誦、書寫此經。」是時師子及五百童女白佛言：「世尊！我從定光佛所，得聞是經受持讀誦，我今復

爲無量眾生重說顯示。」】

語譯：【這時候師子童女聽完了就稟白如來說：「如果有女人讀誦此經如來藏並爲他人解說，她這樣子作而祈求捨離女人之身，未來世是否可以成功呢？」佛陀說：「師子！如果有女人受持讀誦此經如來藏的話，她這個女人身就是最後的女身，未來世不會再繼續領受女身；除非她是以其方便善巧、或者神通變化來示現領受女身的人。師子！譬如有人燒燃了大火而成爲一大聚，然後自己投身於大火之中，既然投身於大火以後又開口這麼說：『大火不要燒壞我的色身，也不要使我的色身變成不好看的顏色。』師子啊！妳的意下如何呢？這個人雖然講了這樣的話，而他的色身可以如同他所言的完好如初嗎？」師子答言說：「不可能的！世尊！爲什麼呢？因爲那樣的大火聚，它的自性本來就是能燒一切物質，可以滅除色身物質。」佛陀說：「師子！此經如來藏也像是這樣子，能夠焚燒一切結與使的行陰薪柴；如果想要捨離女身的法相，就應該要離欲，而來成就佛法。想要看見無量無數阿僧祇的諸佛而獲得無礙辯，或者想要發起慈心來利益一切眾生的人，也都應當要受持此經、讀誦和書寫此經如來藏。」這個時候師子以及五百童女一起稟白佛陀說：「世尊！我們從定光佛的所在，聽聞到這一部經而且受持讀誦不曾廢棄，如今我們還是會再爲無量的眾生重新演說以及顯示。」】

講義：證得「此經」如來藏以後，現觀一切有情非男非女、不男不女，事實就是這樣的！所以如果有人問你說：「你已經悟了，悟後的你到底是男人還是女人？」你就告訴他：「不男不女。」他聽了也許誤會說：「你怎麼罵自己不男不女？」你說：「我說你正是不男不女。」他更生氣，你就告訴他說：「因爲每一個人的如來藏不男不女，如來藏就是第八識空性，沒有男女之分，而這第八識如來藏才是眞實的你，不是說你這個五陰不男不女。」他聽了也莫可奈何，被你把他這麼刷了一遍臉也不好說什麼；因爲你說的是如來藏而不是講他的五陰，而如來藏不男不女。所以你把世間法的兩邊拿來一起講：「不這個、不那個」，比如說不美不醜、不來不去、不生不滅、不生不死、不增不減、不好不壞、不善不惡、不高不低、不肥不瘦、不對不錯，把它們兩邊混合在一起，用「雙不」來講時都對，因爲如來藏正好是不落在兩邊。

如果他說：「你這個人講話很奇怪，至少也有黑白、也有對錯，你怎麼講話都是沒有落到任何法裡面去。」你就說：「如來藏本來就不落任何法裡面去，所以你要問我如來藏是什麼，我告訴你不黑不白。而你剛剛就講對了，就是不黑不白，因爲如來藏不是世間法。」可是你如果要用世間法講祂也行，當人家問你說：「那你證得如來藏，告訴我如來藏到底是什麼？」你就跟他說：「如來藏！」他說：「你講了還是沒講啊！」你說：「我講了，但你只看表相。我偷偷塞給你了，你還不要，我也沒辦法。」

所以你看，花藥欄、石上無根樹、水潑不進、火燒不著、銀山鐵壁、莫邪劍、綠瓦，什麼都可以講，古來禪師們都講過了；但因爲如來藏的自性就是這樣，所以你悟後所見的一切有情就是不男不女。見到了螞蟻，你說「不是螞蟻」；見到了蟑螂，就說「也不是蟑螂」。那麼第八識空性如來藏到底是什麼？三界中的一切法，不論什麼都不是，就是如來藏。既然是這樣，當然可以不落相，解脫於相縛，因爲第八識空性解脫於一切相之外。所以說，既然依止於不男不女的如來藏，那麼來世當然可以脫得女身，或者要依著所發的願繼續領受女身；這是因爲有時女人度眾生容易，男人不方便。就像師子童女爲了度這五百個女人，所以她示現爲女身，然後帶著這五百童女修童女行，她就很容易度了這五百人。所以 佛陀說：「師子！如果有女人受持讀誦『此經』如來藏的話，她這一世這個女身就是最後的女身，未來世不會再領受女身了；可是如果像妳師子童女這樣有神通變化，用神通變化現作女身也可以。」

意思就是說，這個空性如來藏祂有自性與功德，但不是像部派佛教遺緒的釋印順、張志成等眾生所以為的方便施設，因為如來藏的自性與功德眞實有。張志成老是說：「《成唯識論》講的，不是你蕭平實說的那個意思，其實沒有講到如來藏存在。」可是將來《成唯識論釋》出版了，大家看看《成唯識論釋》是怎麼講的。也許他們知道我的說法與教判沒有錯，但故意要激怒我，所以故意把《成唯識論》講的內容顚倒過來說，特地寫文章在網路上貼文說論中都沒有講到如來藏，看我會不會生氣。但我不會生氣，因為可以舉出很多聖教，證明有如來藏阿賴耶識的經論中文字太多了，舉之不盡；他只是看見論中沒有講到如來藏三個字，就說論中都沒有講如來藏，但如來藏有另一個名稱叫作阿賴耶識，《楞伽經》中 佛陀早就說過了；他是中了釋印順的法毒，把如來藏與阿賴耶識當成兩個心來看，所以我眼前也不跟他們辯解，因爲反正他們也救不回來，還是依照我原定的計劃與時間講解後出書流通就行了。我如果努力去救他們，當然可以救回來，但是我努力救他們的那一些心神與精力，可以用來再度一萬人，那我何苦來哉爲了救張先生一個人回來，而去忽略可以度化的另外一萬人，沒這個道理啊！所以咱們暫且放過，來世再說；如果來世遇不見他們，就等將來諸位成佛時再度他們也行。

因此，由於所證的第八識如來藏又名阿賴耶識，祂沒有任何色相、沒有任何行相、沒有任何世間法中的法相，眞的很難實證，而祂的自性又都超越於三界世間法；如果眞要說有色相、行相等，就說祂在蘊處界中運行的過程顯示出了一種相分，叫作眞實與如如的法相，簡稱眞如；所以《成唯識論》說眞如也是第八識如來藏的相分，又說除此第八識以外沒有任何法相是眞如。但因爲祂無形無色，所以在五陰的諸行中顯示出阿賴耶識的功德與自性，名爲眞如而不墮三界一切法中。所以如來藏有個特性，就是現觀而轉依祂以後，會讓你遠離一切諸法的繫縛。

人之所以會被繫縛於三界中流轉，是因爲不離一切諸法；你如果可以遠離一切法，就表示一切法無法繫縛你，那麼你就是解脫者；身爲解脫者，再迴身來到三界中度化眾生同得解脫與智慧。就比如有一所大監獄，把三界眾生都關在裡面，然而有一個教化師每天在那個三界監獄進進出出，都沒人能制止他；那你是要當那個教化師，還是要當三界監獄中的居住者？對了！當然是當教化師來來去去自由自在，那獄卒拿你沒辦法，因爲他需要你教化眾生心性變好一些，他們才好管教。菩薩就是這樣當的，所以能解脫之後，發願來來去去十方的三界監獄，很自由而且沒人管得著。即使有時候獄卒會拿東西引誘你，看你會不會犯罪再被關進來，但是根本誘惑不了你，因爲你是解脫的，菩薩就要這樣當。

所以 如來講了一個譬喻，譬如有的人聚集了很多的柴火木頭，一把火燒起來成爲大火聚，然後自己跳進大火聚裡面在那邊說：「**大火不要把我燒壞，也不要把我色身燒成不同的顏色，要讓我如同原本未燒時的顏色一樣。**」這可能嗎？即使是燒不壞的東西，譬如說你拿一個不鏽鋼的全新鍋子，拿到大火裡面去燒，燒上不必很久，二十分鐘就好，是不是變色了？先變紅然後冷卻就變黑了。你希望它燒了不會變黑，那是不可能的事情；何況肉體之身燒了一定毀壞，所以他那樣希望是錯誤的想法。因此說，否定第八識如來藏的人而想要成佛、想要得解脫、想要證得佛法，就像這個愚人一樣；當他把如來藏否定了，就不得二乘解脫，也不得大乘佛法，結果他們竟然說：「我把如來藏阿賴耶識否定了，會讓我成佛、會讓我得解脫；而你蕭平實說大乘見道就是證第八識如來藏，你說錯了。」像這樣的邪見而想要證得佛法的見道智慧與功德，套一句俗人的話說：「門兒都沒有！」根本不用想。

所以如來講了這個譬喻，就說：「師子啊！妳的意下如何？這個人把自己的色身投入火中雖然口中是這樣講，可以如同他所說的那樣嗎？」師子童女當然說：「不可能啊！世尊！爲什麼呢？因爲這大火聚的自性就是能夠焚燒一切物。」就算你把鐵棍放進去，它也融化變軟了，然後變成一坨一樣，「所以性能燒物，那色身當然也會被它燒掉。」佛陀聽了就說：「師子啊！『此經』如來藏阿賴耶識的自性，也就像是這樣子，能夠把一切結、一切使的行薪全部燒掉。」這裡有兩個字叫作「行薪」，「結」是一個施設的名詞，譬如說三縛結：身見、疑見、戒禁取見；你要從什麼地方看得出來有身見、疑見和戒禁取見？要從對方言語進行的過程法相裡面去聽完了，才知道他有身見、有疑見，還有戒禁取見，如果不是有那個行的過程，你發覺不出來，所以說為「行薪」，這行如同薪柴，能把法身慧命給燒掉。

譬如說惡見——五利使，為什麼你會發覺五利使能使眾生輪轉生死？因為你看見眾生在身口意行上面表現出來的全都是三界生死法，就是落在五利使裡面，所以斷除五利使的人就沒有三結；反過來說，你可以從他悟後、或者他斷三縛結以後的身口意行中，發覺他斷了三縛結或證眞如而遠離三界一切行，就是滅了「行薪」。所以流轉生死或解脫生死等一切全都不離行陰，離開了行陰就沒有「結」可以讓你感覺到，也沒有五利使也沒有眞如可以讓你感覺到，所以生死或解脫等一切，都是在行的過程中才能顯示出來，因此世俗行能焚燒法身慧命，就說為「行薪」，但也因為行是可以藉智慧來燒掉的。

「此經」如來藏阿賴耶識也是一樣的道理，當自性清淨的如來藏在蘊處界之中運行的過程，顯示出來祂的眞實如如的法性，所以你證得第八識而證眞如之後，現觀如來藏阿賴耶識眞實又如如，是本來解脫而不受三界諸法的繫縛。那麼你就轉依如來藏阿賴耶識的眞如法性，以後就不受三界諸法的繫縛了，所以如是轉依眞如而對自己不執著，對我所當然更不執著，就不被繫縛了。轉依這第八識如來藏的本來解脫與眞實如如，以這個親證第八識而發起的智慧與解脫，對於三界中的「結」和「使」等「行薪」就可以全部燒掉；「結使行薪」被燒掉了，你就得解脫，而這個得解脫是得無所得。得到解脫以後也沒有得解脫，要記住這句話：得解脫的人沒有得解脫。因爲能解脫於三界生死時，其實只是轉依如來藏阿賴耶識的本來解脫，不是你這個五陰得解脫，因爲五陰不能進入無餘涅槃中存在，無餘涅槃中只是本來解脫的如來藏阿賴耶識，這時改名爲異熟識。

可是你如果沒有斷三縛結、斷五上分結，也沒有大乘見道的證得第八識眞如，想要得解脫時還是得不到解脫，想要轉依如來藏本來的解脫也轉依不了；因爲你不知道爲什麼叫作本來解脫，就會落入一般修行人所墮的離念靈知「結使行薪」之中。而如來藏有這個自性，所以轉依如來藏阿賴耶識成功的人，就可以把「結使行薪」焚燒掉。既然可以焚燒掉「結使行薪」，想要捨離女身的繫縛當然不難，這時只要發個願就夠了；因爲你有證眞如的功德，發了願將來到中陰身的時候，心不顚倒去入胎，想要得男身、得女身，就是由自己決定的事了。這其中的道理，我們這裡不談，有機會於增上班的課程中再來談。

那麼因此說，如果這樣的人想要捨離女身的法相，「**即得離欲**」以及「**成就佛法**」；離欲就是離開欲界法而發起初禪，因爲你證得如來藏阿賴耶識以後，轉依祂而次第修行一定是七識心越來越清淨，不會越來越染污，也不會越來越執著，所以第八識中含藏的七識心相應的種子就開始轉變爲清淨性，最後有一天終究會離開欲界愛；離開了欲界愛以後不被欲界法所繫縛了，同時也可以「**成就佛法**」。這個「**成就佛法**」，你要解釋爲證眞如也行，要解釋爲入地也行，解釋爲成爲八地菩薩或者成佛都行，因爲這一切都叫作「**成就佛法**」。

接下來就有文章了，你這一證如來藏、證眞如之後，轉依第八識所顯現的眞如法性了，想要看見無量無數阿僧祇的三世諸佛時也都可以如願，一定可以如你所願見到。此時有人會想：「**哪有可能？**」我卻說有可能啦！因爲你今晚來到正覺講堂，每一間講堂坐滿了，六間講堂就是一千八百個人，那就是一千八百尊佛。那你來講堂的過程中又見了多少佛？回家在路上的過程中又見了多少佛？如果這樣所見的佛還不夠，野外溪流中舀一杯水，回家放到清澈的玻璃盤上面，顯微鏡拿來看看有多少佛？太多了，怎麼沒有？所以你「**欲見無量無數阿僧祇諸佛**」，絕對見得到，因爲他們同樣都是第八識。

並且如是見了以後還可以「得無礙辯」，爲什麼呢？因爲你這時候佛法就通達了。一貫道講的那一句話，我們正好可以用，但他們還不能用：「一理通、萬理徹。」因爲這個第八識如來藏妙法可以通一切法，可以貫徹一切法。既然貫徹一切法了，由此法通彼法，由彼法通此法，全部互有關聯，不是像釋印順講的那樣互不關聯；這個道理就是經中講的「法住法位，法爾如是」。好多人讀不懂這兩句聖教是什麼意思，而它意思就是這樣。比如說，有時看見某人生氣，你心裡說：「啊！這是瞋，瞋在佛法的萬法中是處在哪個位置？」馬上可以藉著現觀而整理出來，就是第八識如來藏出生了六根，然後出生了六塵，隨後再出生了六識，這六識裡面有五遍行、五別境心所；由於五遍行、五別境的運作，意識在六塵境界中遇到了不順心境所以起瞋。瞋的位置正是在這裡，你就知道了，這就是「法住法位，法爾如是」，因爲你所證得的第八識如來藏正是萬法的根本，跟這一些法就全部都可以通了。

看見一個人站在那個珠寶店櫥窗前戀戀不捨、不忍離去，你一面走過去一面看著他說：「他爲什麼站那麼久都不走？」你已經走遠了，他還站在那裡、還在端詳，你心裡就說：「貪，就是貪嘛！」你也是一樣可以去把貪推究出來，知道貪在佛法的位置是哪個地方？都可以藉由現觀而推溯出來，這都是現觀而非想像所得的思想。所以這時候你可以「得無礙辯」，因爲一切法都根源於如來藏；由這第八識如來藏衍生出來的一切法，每一個法都各有它們的位置，不能錯亂也不會錯亂，因爲你已經全部通達了。

所以爲什麼《瑜伽師地論》要講六百六十法，爲什麼《成唯識論》要講一百法，然而進修《成唯識論》以後卻可能超過一千法，爲什麼呢？是說雖然只是百法，但講解了以後就會超過一千法，因爲就是要告訴你「法住法位，法爾如是」的道理，也就是菩薩爲人分別、解說的道理。就是要讓你把世出世間法整個通達，所以能夠貫串世間法也貫串出世間法，不然菩薩那麼辛苦造論演說及分別幹嘛？就是爲了幫助跟他有緣的人可以快速進步、快速通達佛法，不是只有證眞如而原地踏步。所以這時候瞭解什麼叫「法住法位，法爾如是」以後，就知道不論是誰，想要改變諸法在整個佛法體系中的位置是不可能的！如果有人還想要像釋印順那樣，把諸法切割成爲互不相干的散亂法也是不可能的，因爲他們不斷胡亂切割以後，只是他們的佛法思想體系被自己切割而已，然而諸法在法界中的狀況依舊沒有被他們變更分毫；所以那一些退轉者想要去改變佛法，去建立自己的佛法體系，全都叫作愚癡人，因爲法界中的諸法法位是絕對改不動的；縱使他們改了，也只是他們自己心裡的思想改了，成爲邪見，可是法界中依舊如是「**法住法位，法爾如是**」，永遠不變。那些愚癡的人就去信受亂改後的假佛法，聰明人就繼續現觀「**法住法位，法爾如是**」，然後次第往前走；他們要走回頭路，就讓他們回頭走向三界流轉法中吧！這就是各人的選擇。

當你「**得無礙辯**」了，還有什麼人是你需要害怕的？所以如果哪一天，我印了名片：正覺同修會法主蕭平實專程拜訪。我加上「**專程拜訪**」四字，不留電話、不留地址，就是專程拜訪，然後年月日時寫上去，叫人各大山頭去投送，這叫作「**投刺**」。請問，他們會喜歡見我嗎？一定是一個勁兒推遲說「**沒時間、沒時間**」，不然就稱病說「**我們病了不方便**」。可是不論什麼人來見我，我都可以在週二講經後接見，爲什麼呢？因爲我很清楚「**法住法位，法爾如是**」而「**得無礙辯**」。所以那些退轉者每一次都一樣，我約他們親自來見我，想要當面來討論法義時他們全都不見；乃至我請人前去求他們接見我，也是同樣不見。但是都寫東西或者私下去毀謗正法等，這就是他們的特性。

可是我從來無所畏懼，因爲已經現見「**法住法位，法爾如是**」，你要問什麼法，我就告訴你什麼法，它的道理是這樣，自性是怎麼樣，在三受、五受裡面的行相又是怎麼樣；再從圓成實等三自性來講，它又是什麼法性等，我都可以跟你談。可是他們無法演說，因爲他們的邏輯顚倒，建立不起來，所以在明眼人看來就有很多的過失。所以這時候你就懂得什麼叫「**法住法位**」，如實理解「**法住法位**」的人就有「**無礙辯**」。如果遇到個人，他不是來找碴的，是要來求悟的，那我更簡單，一坐下來，我就問他：「**會麼？**」「**不會。**」「**喝茶！**」就把茶遞給他，就不用再講話了。也許他喝了茶、坐了十分鐘說：「**奇怪，你怎麼都不跟我講話？**」我說：「**我把法跟你講完了，還講什麼？**」所以什麼人我都可以接見。

這時候如果想要發起慈心，也就是想要利益一切眾生的人，當然更要受持「**此經**」如來藏阿賴耶識，更要讀誦「**此經**」、書寫「**此經**」。所以聰明的人讀誦「**此經**」的時候用眼睛讀，我在這裡演說「**此經**」的時候，你們在座位上就要讀誦了；

是應該這樣，不然你要什麼時候證眞如呢？所以這裡面都有很深的道理，如來講「此經」並不是在講這個經卷，是在講第八識如來藏阿賴耶識。就像《金剛經》，就像《實相經》，又像《法華經》、《佛藏經》一樣講「此經」，這些經中所說的「此經」就是講第八識如來藏，名爲阿賴耶識。所以想要發起慈心來利益一切有情的人，他自己當然要信受「此經」，要讀誦、書寫「此經」；如果自己都不信受，憑什麼叫人家信受？自己都不讀誦、不書寫，憑什麼叫人家讀誦、書寫？所以「受持、讀誦、書寫此經」很重要。例如玄奘菩薩爲什麼要寫《成唯識論》？也是想要讓大眾「讀誦、書寫此經」。

順便報告諸位，這《成唯識論釋》的潤飾，今天完成百分之九十七點六了（大眾鼓掌…），所以我估計大概這個週日就可以潤飾完畢，接下來兩個月又正好過年，可以開始判教。判教作好了就有目次，我就可以開始把它編輯，大概會編輯成八本，因爲不想成爲很大本，所以大概八本，大約每一輯將近二十萬字，所以我會把字的級數變小，改用十二號字，沒辦法像以前那樣再用十三號字了。因此年長者請體諒我一下，你們就戴眼鏡來讀；因爲字數多，現在一百五十三萬字，預計連判教完成大概是一百六十萬字，所以一輯大約有二十萬字，證明一切法唯識所成。（編案：後來全部完成時爲二百萬餘字，以十二級字編成十輯，每一輯共有四百六十頁。）

爲什麼我要辛苦作這件事？也是爲了要讓大家對「**此經**」如來藏具足信受，所以用很多的方法證明有「**此經**」如來藏，名爲阿賴耶識；然後用很多的方法來告訴大家諸法跟如來藏的關聯是怎麼樣，所以每一個法都有很多門的分別，讓大家去了知它的自性、所依、所緣、行相。這意思跟 如來講的一樣，就是要讓大家依於「**此經**」、親證「**此經**」、轉依「**此經**」而在將來得到佛地的大涅槃、大智慧，就是一切種智，也就是四智圓明。

可是如果否定了第八識「**此經**」，別說大乘菩提，連二乘菩提的見道都不可得；《阿含經》中 佛陀特地爲此而講了凡夫比丘們「因外有恐怖、因內有恐怖」的道理。而這個道理，我二十年來講太多了；其實我在弘法初期就有講過，只是覺得那太深，大家可能沒有辦法立刻接受，所以前十年中不是常常講。可是這二十年來，我已經講了很多遍了：如果沒有第八識如來藏，就沒有一切法。請問佛法算不算在一切法之中？算！世間法算不算在一切法之中？也算！器世間包括色界、欲界一切法，算不算在一切法之中？算！但這一切都是如來藏阿賴耶識變生的，何況單單是那六塵，竟然還不信覺知心所見的六塵是如來藏變生的，在我解釋其中的道理以後他們依舊認爲所觸的是外六塵，我只能給他們四個字的評語：「不可與語。」就是不能爲他們說法，因爲說了沒用，你說了以後能作什麼。懂嗎？不可與語，就表示不値得跟他們講法，因爲講了沒用，那又何必講，不如惜言如金。

如來最後就是點明了，如果想要利益一切眾生，你一定要受持「此經」阿賴耶識，一定要讀誦、書寫「此經」如來藏，沒有第二個法；所以這時候師子童女跟五百童女就一起稟白 佛陀說：「世尊！我們很早以前追隨定光佛的時候，就從定光佛所聽聞到這一部經，而且一直受持讀誦到這一世來，如今在世尊座下我們繼續聽聞受持讀誦這一部經，名字叫作如來藏阿賴耶識，而我們如今還是會繼續爲無量眾生重新宣說『此經』以及顯示『此經』的眞實義。」

張志成在網上貼文說：「《成唯識論》沒有在講如來藏法。」可是《成唯識論》舉出很多理由來證明有如來藏，如來藏又名阿賴耶識，怎麼沒有在講如來藏法？而且論中還特地舉出 彌勒菩薩所說的七種理由證明有如來藏阿賴耶識，一切論文都在證明如來藏以及在說明如來藏的自性和功能差別。後來我想他們退轉者是認爲，《成唯識論》中有說阿賴耶識而沒有說到如來藏這個名稱，所以認爲論中沒有講到如來藏法；但如來藏就是阿賴耶識，原來他張先生是追隨釋印順，把如來藏與阿賴耶識切割成爲二個不同的法，所以《成唯識論》中處處說阿賴耶識，沒有指明就是如來藏，張先生就把阿賴耶識與如來藏切割成爲二個不同的心，這一來是否他認定每個人都有九個識了？但許多經與論中明明都說阿賴耶識的另一個名稱就是如來藏，看來他們是外國人所以讀不懂中文，那我們對他們就沒辦法了，所以我說不可與語。好，這時候阿難怎麼說呢？

經文：【爾時阿難白佛言：「世尊！今此師子及五百童女，何故不轉女身？」佛告阿難：「汝今謂是師子及五百童女是實女耶？」阿難言：「如是！世尊。」佛答阿難：「莫作是語。何以故？如此師子及五百童女，皆示現爲女身，非眞實也。何以故？但爲未來眾生示現變化，憐愍一切諸女人故現爲女像，厭離女身。何以故？若作男形，則不能入一切處故。阿難！此師子等亦非男非女，何以故？一切諸法皆非男非

女，出過一切法，無相可得，是眞照明。阿難！是師子等隨順世法故受女身，爲化諸女隨己修學。」】

語譯：【這時候阿難尊者稟白佛陀說：「世尊！如今眼前這位師子童女以及五百位童女，爲什麼到現在還不轉變女身呢？」佛陀告訴阿難說：「你如今還認爲師子以及五百童女都是眞實的女人嗎？」阿難裝糊塗說：「就是這樣啊！世尊。」佛陀告訴阿難說：「你不要這樣子講。爲什麼呢？如同現前的師子菩薩和五百童女，全部都是示現爲女身，但並不是眞實的女身。爲什麼呢？因爲她們只是爲了未來的眾生而示現這樣的變化，那是憐愍一切諸女人的緣故所以顯現爲女人之像，而想要度諸女人厭離女身。爲什麼這樣說呢？因爲如果她們示現爲男人之身，就不能夠進入一切處所的緣故。阿難啊！這位師子童女以及五百童女她們也是非男非女，爲何這樣呢？因爲一切諸法都是非男非女，超出而且勝過於一切法，沒有任何的法相可得，這樣才是眞正有智慧照明的人。阿難！這位師子童女她們一群人是隨順於世間法的緣故所以領受女身，是爲了化度一切女人隨自己修學的緣故。」】

講義：阿難很會裝迷糊，你想想看，他是發願當諸佛的侍者記持經典，往世怎麼可能沒聽聞過《不退轉法輪經》？已經聽聞過很多次了。他在賢劫至少也聽聞過三次了，釋迦牟尼佛的年代就是第四次了，怎麼沒聽聞過？但他就故意這樣問，因爲眾生不知道，所以要像眾生一樣來問，用一句現代的通俗話叫作「作球給世尊」，讓 世尊可以作說明；因爲這時一定有人會這樣生疑，所以他就故意這樣問：「既然她們都可以轉女身，而她們從定光佛來到現在，早就可以轉了，爲什麼還不轉呢？」一定有人這樣懷疑，所以他故意提出來問，佛陀當然回問阿難說：「你如今還說這師子童女等五百零一個人都是眞實的女人嗎？」阿難還故意說：「就是這樣啊！世尊。」這時候 佛陀接到球了就可以再發球，就說：「你不要這樣講，爲什麼呢？因爲就像這位師子童女以及她所率領的五百童女一樣，全部都是示現爲女身，並不是眞實的女人。」那麼接著就說明：「爲什麼要這樣示現？是由於爲了未來世或者未來劫的眾生而示現這樣的變化。」

也就是說，這一部經典第八阿賴耶識一定會繼續存在，而且講解之後成爲一部經典而流傳下去，經中也已經敘述了這五百童女跟師子童女的事了；那麼這一部經典繼續可以流傳下去以後，就會使後世的女人從這個地方被點化，然後就可以覺悟到說：「喔！原來證悟實相般若的事，跟男身、女身是無關的。」受生爲男身、女身其實只是一個過程，作爲修道的工具來用，而實證般若時是跟男身、女身無關的，她們就這樣來爲眾生示現變化。

比如說，我們正覺同修會裡面，如果只有男人可以證悟，一位女眾的親教師都沒有，那你說我們正覺講堂的同修是不是至少要砍掉一半？對啊！一定要砍掉一半，因爲女人去正覺悟不了，會變成這樣。可是當大家看到，女眾的親教師這麼多，算一算還比男眾親教師多，那麼大家是不是更有信心？對啊！一定心想：「我雖然身爲女人，一樣可以像女眾親教師這樣實證。」那麼信心上來了就能如法實修，不就得到利益了嗎？所以她們故意這樣示現：女人眞的沒有比男人差。這是眞的啊！尤其在臺灣。

女人若是在印度，地位就眞的很差，到現在都還是這樣；因爲現在的印度，雖然說是現代化了，可是那個種姓制度還存在，而他們輕視女人的心態一直都還沒有改變。如果你詳細去加以觀察推究，印度的女人有比男人笨嗎？答案是沒有。只是因爲他們的環境就是歧視女人的，所以生了女兒不太讓她們接受教育，是這個原因變笨的；其實印度女人跟全球各地的女人一樣，沒有比男人笨，我們從正覺的女眾親教師這麼多，也可以證明這一點。

所以，這師子童女她們一群人，一世又一世、一劫又一劫同聚在一起，都是這樣示現爲女像。她們這樣示現，只是一種變化的示現，因爲她們不是愚癡人，都很有智慧，每一世在中陰階段都可以改變爲男人身；只是爲了憐愍世間的女人，讓她們知道說女人也可以證得佛法，女人也可以得解脫，同樣可以實證而有實相智慧，這樣來鼓舞女人，然後讓追隨她們的女人同樣可以證悟如來藏阿賴耶識。結果證悟以後發覺一切有情不男不女，實際理地的第八識境界中也沒有男女之分，從此以後跟隨她們的那一些女人就可以「厭離女身」。

「厭離女身」的反面意義就叫作厭離男身，因爲女身可以厭離，男身當然也是一樣的理由可以厭離。男身有比女身清潔嗎？有比女身尊貴嗎？有比女身有錢、漂亮莊嚴嗎？沒有的，看起來大家都一樣差不多，本質上仍然是依於業種及煩惱種子而顯示有差別，男身、女身的本質上則是沒有差別的。女人有很漂亮的，男人也有很英俊的；女人有很醜的，男人也有很醜的，全都一樣！女人每天要吃飯，男人就不用嗎？都一樣！所以「厭離女身」其實也就同時告訴你說要厭離男身，因爲落在女身、落在男身裡面，就是落入諸多的名與相中，於是不得解脫，所以都要厭離。厭離之後得解脫了，再重新投生來當男人、當女人都無所謂，只要能利樂有情就夠了。

但是投生爲女人有一個好處，不論什麼場合妳進去，人家都不會怎麼責怪妳。比如說，現在很多人在臺灣到處遊覽，因爲疫情不能出國，那你一個男人出去外面遊覽時要不要上廁所？要喔！你如果是個男人而走錯了廁所，進到女廁去，人家不罵你嗎？罵呀！可是如果一個女人不小心進入男廁，或是女廁人滿了，她就去男廁使用馬桶，人家都會當作沒看見，大約也不敢罵，對吧？所以女人確實比較方便。因此說，女人有很多的場合是可以去的，男人去就很不方便。如果要度一群男人，這個女眾菩薩進去爲他們說法，也沒有問題；可是如果男眾去一群女人中爲她們說法，就會有一堆閒言閒語講不完。佛世就已經這樣了，所以 文殊菩薩才會被大迦葉擊楗椎，想要擯出他；這也證明女身眞的比較方便，因此說「**若作男形，則不能入一切處故**」，女身就很方便可以隨意來去。

那麼為何是這樣？如來就說了：「阿難啊！這師子童女她們一群人非男非女。」「非男非女」是比較文雅的說法，通俗的說法就叫作不男不女。因為臺灣話不男不女是罵人，講經時偶爾說個不男不女，有時候聽了大家覺得有趣，瞌睡蟲就跑掉了。如來解釋說：「其實一切諸法都非男非女。」因為一切諸法都來自如來藏，全是從如來藏阿賴耶識中生出來的，可是這一切諸法，不論是意根、五色根、六塵、六識、五遍行及五別境心所種子、煩惱種子、染淨業種、四大種子，全部都要歸結於如來藏，而如來藏阿賴耶識「非男非女」，所以這個由如來藏藉一切種所變成的女人也就「非男非女」。你不能夠說哪個如來藏是男人，哪個如來藏是女人；也不能夠說哪個如來藏是天，哪個如來藏是畜生；都不能這樣講，因為如來藏不墮於一切法中，非天亦非畜生。也就是說，你轉依如來藏以後，你就是離一切相的人，不墮於任何相中。

如果已經證悟如來藏阿賴耶識了，但還是一天到晚落在事相中計較東、計較西，一天到晚說別的同修們不好，只因為跟他共事的同修們無法認同他不正確的翻譯；連這種雞毛蒜皮的小事都拿來計較，你說這樣的人他有轉依成功嗎？顯然就是沒有轉依成功。所以，古來禪宗祖師如果要把如來藏傳給弟子，想要幫他證悟之前一定都先磨他，磨上十幾年以後，渾身上下稜角都磨圓了，這時候才幫他悟也就沒事了。想想看，譬如說世俗法，康熙爲了幫雍正安排一個可用的兄弟，於是先藉故把那兒子圈禁十幾年，這樣下來他那個稜角都磨光了，所以後來雍正即位後把他放了出來，他就對雍正效忠到底，就可以勝任那個很重要的職務了；可是康熙如果沒有把他關上十幾年，那個人就不能用。

佛法也是這樣，先把求悟的弟子磨上十幾年，動不動就打他、罵他、處罰他，而他還不會走人，還能留下奉侍師父而沒有怨言，證明這個人求法心切，心性也符合菩薩性，那麼你幫他悟了以後保證不退轉。可是我沒有罵人、沒有打人、沒有磨人，來學個五年、六年甚至二年半就幫他悟了，你說會不會有人退轉？不好意思說了喔？眞的會退轉。不退轉的就是眞正的稀有動物、眞正的菩薩，所以爲什麼我對親教師們都很珍惜，尤其有的親教師是將近三十年前就追隨我到現在都不退轉的人，這都是很奇特、很稀有的。想想看，三十年前的蕭平實，一本著作也沒有，名聲也沒聽過，可是他們信我；那一信，直到現在沒有退轉，所以三十年下來時，有的人現在快要進入阿羅漢位，有的人見性了以後正在完成非安立諦的相見道觀行中，有的人都已經在實修了，這眞的不是一般人。

如果是一般人看見蕭平實是個糟老頭，個子又小小瘦瘦的，又長得不是很莊嚴，開車又不是開勞斯萊斯，又沒有請司機；一般人看了就是這樣認爲：他也沒有怎麼樣，我看他也沒有三頭六臂。所以我到外面去都不跟人家說我是誰，人家說我是傻就是傻；有人說我是算命先生，我就是算命先生；說我是教氣功的，我就承認是教氣功的，我全都承認；因爲我所證的佛法跟他們沒得談，隨順他們就好；他們說的都只是一個過節，那個過節過了就沒事了，只是看作一個過程把它過完。也許未來世很多劫以後，他們修成五神通，有一天看見了說：「**啊！原來您是幾劫以前那個算命先生，我還眞的誤會您了，道歉！道歉！**」這樣多劫以後道歉也可以啊！我也沒問題啊！

因爲這個第八阿賴耶識法無形無色，才是一切有情的眞實我，五陰與這個眞實我的關係是「**非我、不異我、不相在**」，但是你要怎麼爲世俗人談祂？所以「**此經**」阿賴耶識是眞正「**出過一切法**」，祂不男不女、不來不去、不生不滅、不生不死、不垢不淨、不入涅槃不出涅槃，把所有的「不」都拿來湊在一起說就對了，因爲祂就是如來藏；也因爲世間諸法都沒有雙不的事物，而如來藏阿賴耶識不是事物，祂是「**出過一切法**」，是一切八萬四千法門修行時所要實證之標的，不落在八萬四千法門中。

因爲阿賴耶識如來藏是一切法的源本，一切法莫不從之生，是一切法之本母，那祂怎麼可能落在一切法裡面？所以「**一切諸法皆非男非女，出過一切法**」，這就是如來藏阿賴耶識。如果有的人悟了以後，還一天到晚都在事相上計較，那就表示他落入事相中；這要是古時候的禪師，看見了就罵人說：「**爾落草也！**」說你落草了！禪宗說的「草」是什麼？「草」叫作煩惱。但如來藏阿賴耶識從來沒有煩惱，你證悟了以後轉依如來藏，成爲「**日日是好日**」，所以禪師家跛跛挈挈，這樣腿一拐一拐的，就這樣過日子也過得！因爲不落草。

可是如果證得如來藏阿賴耶識以後，一天到晚計較這個、計較那個，如果有一天眞的遇到這樣的增上班同修，我就找他來每一天罵一罵，看他會不會走人；走人就算了，這樣的人留著沒用！因爲他悟後都還落在事相裡面，就會與種種的名相應，不得解脫的功德，就是沒有轉依如來藏。既然他已經知道如來藏阿賴耶識了，轉依眞如依舊不成功，那我留著他也沒有大用，乾脆把他罵跑算了。所以證悟以後轉依眞如成功了，得要「**出過一切法**」，永遠不落入事相與名相裡面，然後再投身於各種法相之中，於各種法的行相裡面去利樂有情；要能這樣子作到，這才叫作眞正的「**於法照明**」。明就是有智慧，有智慧可以光照大眾。

所以邀請善知識來家裡時都會說：「**哎呀！您今天來到我家，眞是蓬蓽生輝啊！**」有沒有？這是因爲他有智慧可以爲大家照明，所以使對方蓬蓽生輝。如果老是落在事相與名相裡面，不是依於所現觀的眞如作依止，那麼這個人無法爲人照明；他的智慧光明照不出來，猶如瓶中燈，被瓶子遮住了，光透不出來。那我們應該要幫他打破那個瓶子，瓶子是什麼呢？就是他所看重的事相與名相，簡稱爲相。不管他的我相、他的名相，他的面子相、裡子相，全部都要把它打破，讓他回到如來藏而如實轉依眞如，這樣才叫作「眞照明」。

然後　佛陀作一個授記：「**阿難！這位師子童女與五百追隨者等人，她們因爲隨順於世間法的緣故，所以領受了女人之身，是因爲想要化度許多的女人隨從她們**

修學佛法的緣故。」化現爲女身的時候就容易度化那些女人，如果你是個男人，一天到晚去度一群女人，人家會說你心裡在想什麼？對吧？對啊！人家會這樣想，這是很平常的事情，因爲這裡是欲界的人間而不是色界。如果是色界就沒有這個問題，因爲色界沒有男人也沒有女人，無色界則是無色而無法互相往來。可是如果在欲界裡面，你一個男人一天到晚跟一群女人混在一起，人家難免會懷疑，就會背地裡指責。

舉個眞實的典故，結夏安居三個月，文殊師利菩薩在這一個皇宮住一個月，到另一個皇宮又住一個月；他就這樣遊歷三個地方，整整三個月就住在三個處所裡。摩訶迦葉問他說：「**你跟那些宮女幹什麼？**」文殊師利說：「**我度化她們學佛。**」結果大迦葉不信，就敲擊雲板要爲他羯磨，說他犯戒，想要將 文殊菩薩擯出道場。想想看，文殊師利菩薩是成佛以後再來護持 釋迦古佛的，這大迦葉竟然要從道場裡羯磨而擯除他。佛世的聲聞阿羅漢們就已經如此，而大迦葉還是阿羅漢，更不是凡夫，他都還信不過妙覺位的菩薩，何況是示現爲男身而一天到晚跟一群女人說法，人家會怎麼想？所以這是不太方便的事。

文殊菩薩他有大神通、大權變，所以當時 佛陀問大迦葉說：「你要羯磨文殊嗎？」大迦葉堅持要羯磨，當他想要召喚大眾、舉起楗椎要打擊雲板的時候，文殊師利菩薩突然化現出漫山遍野以及滿天虛空都是文殊菩薩，這時候 佛陀問他說：「迦葉啊！你想要擯出哪個文殊啊？」這時他那個楗椎就敲不下去了，因爲犯戒的是一個文殊，但眼前有無量無邊的文殊，到底要趕出哪個文殊？所以他不知道 文殊菩薩的境界，還要幫他羯磨、要把他擯出。所以說聲聞阿羅漢眞是不懂人家菩薩的境界，二者相差太多了，因此說他只是個聲聞僧。那個大迦葉並不是拈花微笑的那個大迦葉，不要誤會，因爲佛世有好多個大迦葉。

那麼這樣看來，化現爲女身不一定是依業力。所以，有幾位女眾親教師請教我說：「我來世當男眾好不好？」我說：「這個由妳自己依願選擇。」當菩薩時無所謂男眾、女眾，因爲從我來看並沒有男眾、女眾之分，所以我沒有特別重用男眾的親教師，也沒有不用女眾親教師，只要你的證量與排序到了，你的格夠了，就可以上來當親教師，就這麼簡單！在正覺裡面就是這樣，有個排序，這個排序到了時候，如果他的格不夠，那就跳過去；如果他的格夠，那就輪到他來帶新班，就這樣，很簡單。也不需要來跟我送禮，我從來沒有收過禮；也沒有人來跟我關說過，從來沒有！

所以正覺同修會裡就是這樣平等，是先挑選了一些人而有個排序，誰輪到了，誰就上來，只要格夠就可以。如果他的能力不夠，屆時就跳過去，由後一位上來。要當親教師，必須有一定的格。就是說當親教師也要有格，不是什麼人都可以當。如果其中有人已經顯現出私心了，或是可能隨意亂說法的人，顯然都不夠格，那就跳過去；如果他的格夠，他的智慧也夠，可以度人，那就接了禪淨班，都不用關說。甚至有的人，我說：「**這接下來半年後的新一班，妳要接新班喔！**」她還說：「**我不行啦！我不行啦！**」我說：「**我告訴妳：我說妳行，妳就行。**」她就上來接新班，接了也就行了，至今沒問題。

所以意思就是說，女眾度人容易，可是男眾度人時有些場合不方便去。女眾一群人在那邊，你看見她們有菩薩根性，利根可以度。可是你不能一天到晚跟她們說法，因為人家會想：「**這個男人一天到晚來跟這一群女人和在一起，到底他想什麼？**」人家會這樣想，佛世 文殊菩薩就是個現成的例子，何況證量還差 文殊菩薩很遠的人呢！這時候接著有五百位比丘尼她們要出來說話了：

經文：【爾時有五百比丘尼從坐而起，頭面禮足白佛言：「世尊！我等從今以往，當受持讀誦書寫此經，爲他解說。何以故？我等受此女身無所利益，宜速厭離。自從今日，若未解者當令得解，若未聞者當令得聞，初中後夜除其睡眠，繫念思惟。」佛言：「諸比丘尼！善哉！善哉！汝等發大莊嚴以自莊嚴，興大精進勇猛第一，皆悉厭離樂捨女身；爲欲利益一切佛法，受持此經，書寫讀誦，爲他演說；汝等皆是最後受於女身。」諸比丘尼聞是語已，踊躍歡喜，皆脫上服以供養佛。作是施已，而說偈言：

我等蒙安慰，爲得男子身；如來無二言，人中最上說。】

語譯：【這時候有五百位比丘尼從座位上站起來，五體投地頂禮而向佛陀稟白說：「世尊！我們這一群人自從今天以後，都會受持、讀誦、書寫**此經**如來藏，也爲他人解說。爲什麼呢？因爲我們這一群比丘尼，這一世領受這個女人之身而沒有什麼利益，應該要快速的厭離這個女人身。自從今日開始，如果有人對**此經**如來藏還不能勝解的，我們將會演說清楚而令他們得以勝解；如果還沒有聽聞過**此經**如來藏的人，我們將會令他們聽聞**此經**如來藏的自性及功德；在初夜、中夜以及後夜，我們都會盡量減省睡眠，繫念**此經**如來藏、思惟此經如來藏。」佛陀說：「諸位比丘尼！很好啊！很好啊！妳們發起了大莊嚴而用來莊嚴自己，興起了大精進之心勇猛第一，全部都厭離而樂於捨棄女人之身；爲了想要利益一切眾生得證佛法，而受持**此經**如來藏第八識，並且讀誦書寫**此經**如來藏，還爲別人加以演說；妳們這一世全部都是最後領受女人之身。」諸位比丘尼聽聞到佛陀這樣的言語之後，非常的踴躍，心中很歡喜，都脫下了很上妙的衣服來供養於佛。作了這樣的布施以後，又說了一首偈：

　我們這些比丘尼們蒙受了佛陀的安慰，這是我們爲了想要得到男子之身；如來所說的是無二之言，是一切人之中至高無上的言說。】

講義：這時候五百位比丘尼從座位上站了起來，五體投地而禮佛，她們稟告說：「我們從今以後要受持、讀誦、書寫『此經』如來藏，也要爲別人演說『此經』阿賴耶識。」因爲她們不想再領受女人之身了。想想看，出家了而結果還不能證得「非男非女」的境界，那你說她們當比丘尼當得窩囊不窩囊？這還不是末法時代當比丘尼，是 佛陀在世時當比丘尼，有 如來威神之力加持，她們竟然還不能證得「非男非女」的第八識實相境界，還要繼續當女人。所以她們自己發覺了這一點，知道未來世繼續領受女人之身無所利益，這時候終於懂得應該要快速「厭離女身」。她們這時候也知道說：「厭離女身最好的方法，就是受持如來藏、讀誦如來藏、書寫如來藏、爲人解說如來藏。」她們知道這個道理了，所以就要趕快來弘揚如來藏妙法，就稟白說：「因此從今天開始，如果有人對如來藏沒有勝解，我們將會爲他們解說讓他們得到勝解；如果他們從來沒有聽過什麼叫作如來藏，我們就會爲他們說明什麼叫作如來藏，同時解說如來藏的法使他們聽聞；並且我們自己也要努力修學去實證如來藏，所以也要聽聞、並且要爲人解說，然後還要去求取實證；所以初夜減省睡眠、中夜減省睡眠、後夜減省睡眠，要繫念於如來藏、思惟如來藏，看怎麼樣可以實證如來藏。」因爲這就是她們唯一脫離女身的方法。

今天講到這裡。

過了一個年，應該大部分人都有胖了一點，也白一點，因爲過年期間出太陽的日子不多，是新春年假後正式上班才開始出太陽。但是這十來天，我這《成唯識論釋》都沒有進度，因爲忙很多的事情，要等明天開始才有辦法再回復進度；目前判教只有作了百分之二十，因爲還有很多事要作。但是過個年，陪著家人以及作一些事情的時候，看一些稿子時心裡就想：古時候的賢聖道場乃至於現在一般的凡夫道場裡也還是這樣，一切事情法主說了算。從古以來就這樣，如來說什麼，妙覺菩薩們、一生補處菩薩們，大家唯命是從，沒有人反對過。但是會有什麼人反對？凡夫，就像是六群比丘、善星比丘那些人，或者像嗏帝比丘證阿羅漢果之前在凡夫位時也是這樣。

如來示現滅度之後，所有道場也都一樣是法主說了算，不論是賢聖道場或凡夫道場。且不說道場的事物與弘法說法的方向或內容，來到現在末法時代，乃至於學人是否該悟或該見性時，佛與諸大菩薩也都不會涉入，仍然是由人間的法主說了算；即使有人向 佛或 大士請求時，佛與 大士們也都是如此，不會侵奪法主的職權。所以有人打禪三時求 大士幫忙，大士就給一念說：「好吧，我跟你一起去求法主幫忙。」因此說，只有凡夫而不懂佛門規矩的初機學人，才會想方設法去跟法主爭權。

那麼那一些反對的人全都是在事相上用心，時至今日依舊如此；後來在那些事相上沒得翻攪了，所以就來說你在法上都說錯了。但是我們說的八識論正法，從三十年前直到現在都沒有錯過，也都沒有修改過；而琅琊閣、張志成他們提出來的說法，卻是跟《成唯識論》講的正好相反，然後指責說我們講《成唯識論》時講錯了。可是我們講的唯識增上慧學內容跟《成唯識論》印契相符，完全沒有錯誤，但是他們有文字障，也有無明及業障，所以從卷一到卷十，他根本就是全部讀不懂。老實說，《成唯識論》的字句也太簡略、太古樸也太勝妙，所以他們讀不懂是情有可原的；但是讀不懂偏要裝懂，然後來指責人家不懂，這就不可原諒。如果從他們的立場來看時卻也覺得可以原諒，因爲他們不懂事，就好像三歲小孩子指著大學教授說：「你不懂，你不懂。」那大學教授說：「可原諒，因爲他只是三歲娃，不懂也正常。」

那麼上個週末增上班第一次上課，藉著《根本論》中的法義道理，我也解說了許多唯識學中應該要瞭解的道理，聰明的人一聽就懂了。可是今天我們要繼續講《不退轉法輪經》，不想再去談那一些道理，因爲那些道理距離他們太遠，不需要公開講解給他們聽；而諸位將來進入增上班時也還有錄影可以在重播班聞熏，現在就不必再公開重講。但我要勸大家的是，不如按著我既定的腳步，一步一步往前走而不要被外緣所耽誤，因爲善知識鋪好的路最穩當也最省要。

現在也有很多人期待著要聽《解深密經》，請問：《解深密經》裡面有講七眞如，從流轉眞如到正行眞如總共七種，觀察這七個眞如的行相時，這七個種類的眞如，需不需要在各種行相、法相上去觀察？譬如說流轉眞如、邪行眞如，是不是要從眾生的各種邪行裡面去觀察？如是觀察之時是有相或無相？是有相！乃至於見道位到究竟位的清淨眞如，這清淨眞如難道能夠離開聖者的五蘊而看得到清淨眞如嗎？也不行！同樣是要在各種行相中觀察，這就是唯識相的觀行。所以七眞如是七個歸類，將各種行相中的眞如歸類成七大類，其中有非常多的眞如的行相，都要在相見道位中去觀察。

假設你無量劫以來就跟隨 釋迦如來修學佛法，如來初轉法輪之後你證得阿羅漢果了，然後 如來用教外別傳之法，讓大家悟得第八識如來藏了，就能現觀眞如，那麼有這樣的實相智慧、也就是有根本無分別智時，就可以引導大家悟後進修而次第轉入初地了。如來引導那一些阿羅漢們入地時總共花了幾年的光陰？《大般若經》演說般若第二轉法輪諸法，講了幾年？二十九年？都已經實證阿羅漢果了，如來尚且要講二十九年才拉拔他們入地。那是他們追隨 如來很多劫了，而且又是如來親說，而他們是已證阿羅漢果的人；但現在有人還沒有證阿羅漢果，也沒有初禪，然後企圖一悟就入地，還跟大家亂說一場，當然只是成爲妄想罷了。如來用教外別傳幫阿羅漢們證得如來藏，他們還要在 如來的親自指導下，再經過二十九年實修苦修之後才能入地；而那些人連未到地定都沒有，便妄想在凡夫位一悟就入地，那是不是慢心？

我說「一般人修學佛法證悟之後是第七住位」，他們不信，硬要說是入地；我如果接受他們的說法，印證他們入地，他們就高興了，就不必來反對我。表面上看來是這樣，然而其實我若幫他們印證以後，他們照樣會反對我，因爲他們反對的不是法，而是人。他們是在會裡跟大家共事的時候，有誰得罪了他們，而他們不能接受，所以就怪罪到我頭上、怪罪到正覺頭上來；那麼虧欠他們的是誰？不是蕭平實欸！而他們現在的手段就是每天向我潑糞，每天潑在我身上只要十公克就夠了，我就得每天都要好幾桶水來沐浴和洗衣服，他們就是想要讓我這樣。那我不要，我就閃開，不讓他們潑到，只要讓他們誤以為潑著了就好；但我沒有被潑著，因為我還是一樣講經說法，所以我不用每天再多一次去洗衣服、洗澡，我繼續作我弘揚正法的活兒。

因此《成唯識論釋》預計再三個月，判教就可以完成，便可以把目次寫出來了；然後確定總共是八輯（編案：後來編為十輯），二十來萬字一輯；那目錄一定會很長，因為現在判教部分才完成百分之二十；眼前的目錄已經有三頁，不是書籍的三頁，而是A4的三頁這樣排下來，才百分之二十判完而已，因此那目錄一定很長，所以將來八輯（十輯）印出來應該也是蠻厚的。退轉的人現在就想要表現自己很行，都沒關係，現在就讓他們去表現；五年、十年後，《成唯識論釋》全部出版完了，他們讀後再自己去佛前懺悔吧。然而這樣懺悔了罪還不能滅，得再去找四位同修，那四個人還得是正覺同修會裡面受菩薩戒而沒有退轉、沒有謗法謗賢聖的人才算數，來幫他們在佛前聽懺，看罪能不能全部滅盡。但我看所滅的罪還是很有限，因爲這種大罪要見好相才算數，然而要見好相是很困難的。

所以大乘見道是不是入地？這是個很大的問題。諸位想想看，無分別智有二種：根本無分別智、後得無分別智。後得無分別智就是後面的相見道位所證，那眞見道時只證得根本無分別智，憑什麼一悟就入地？他們又宣稱相見道位的後得無分別智，在眞見道後的幾個刹那、最多幾天就可以完成；然而相見道位的後得無分別智是緣於眞如的別相，別相的內容是總相無數倍，請看《大般若經》講了六百卷的別相，那是多少內容？佛陀光是宣講就講了二十九年，單是閱讀而不思惟，也要讀上至少半年才讀得完，他們憑什麼幾個刹那、幾天就可以完成，難道他們比佛世的諸大阿羅漢們還要厲害麼？所以他們宣稱懂《成唯識論》，然而《成唯識論》中有說眞見道只緣於總相，並且還說「不別緣故」，是說眞見道那個根本無分別的智慧，不能緣於相見道位中所觀行的七眞如中的種種別相，它只緣於眞如的總相，顯然眞見道與相見道不同，淺狹與寬廣之間有很大的差異。論中既然說眞見道只有緣於眞如的總相，不緣於眞如的別相，那麼眞見道位就不懂相見道位的後得無分別智，也是要歷經第一大阿僧祇劫三十心中的二十三心深入而寬廣的觀行，提升了對眞如的廣大智慧以後才能達成，張志成憑什麼一見道就入地？

那麼另外再說明「**眞見道只緣於總相，相見道能同時緣於別相**」，是說眞見道位的人只有緣眞如的總相，不能緣眞如的各種別相，即使能緣於眞如的別相，也還不能入地，必須眞如別相全部能緣並能現觀時才能入地，他們憑什麼可以眞見道時就入初地？由此可知眞見道時當然就不能到通達位。論中說通達位含攝了眞見道與相見道的全部，比如大學畢業是含攝了小學、中學及大學畢業，不是單單小學畢業就能成爲學士。所以論中有說相見道位的內容有二：非安立諦三品心，安立諦十六品心及九品心。其中的安立諦觀行完成時是要取證阿羅漢果的，張志成等人連未到地定都沒有，更沒有初禪，至今仍落在離念靈知之意識境界中，未斷我見，可見安立諦全無實證；他們亦未證眞如，不知第八識所在，當然就無法觀行非安立諦，憑什麼證得那三品心？像這樣的凡夫知見，如何能主張才一入眞見道位，幾個刹那或幾天就可以完成相見道位？不過是癡人說夢罷了。

還有增上班《瑜伽師地論》中，也講到菩薩有六種現觀，其中第四種現觀是「現觀智諦現觀」，彌勒菩薩說眞見道只有「現觀智諦現觀」的少分，還不是多分，更別說全部；眞見道時的智慧只有這個現觀的少分，都尙未完成全部現觀，憑什麼敢說眞見道時就能入地？更何況相見道位的觀行完成時，是具有「現觀智諦現觀」的全部，而且還要再加上一小部分「現觀邊智諦現觀」；所以想要入地得要有這兩種現觀，但他們所說的眞見道位只是離念靈知識陰境界，這兩種現觀全部都還沒有，就想輕輕鬆鬆可以進入初地喔？眞是異想天開！

還有，我們說從三賢位一直到七地滿心，總共有十種現觀。十住位眼見佛性時證得如幻觀，十行位滿心時證得陽焰觀，入地之前的第十迴向位滿心，那是證得如夢觀。如夢觀就是：不斷的入定以後，在定中可以看見往世很多劫、很多世的事情，如是所見已多之後，再來比對這一世時，就現前看見這一世亦復如同往世的修行一樣，其實全部猶如作夢一般，這個就是如夢觀。有如夢觀的人就知道自己的來歷了，因爲看見自己很多劫、很多世的往世事了。但琅琊閣主與張志成他們連這三個現觀都沒有，單憑證得如來藏總相的眞見道位粗淺智慧就想要入地，門兒都沒有！何況他們都忘了所悟的如來藏總相了。這是因爲要證得如來藏之後繼續修到十住位先證如幻觀，然後修到十行位證得陽焰觀，到入地前第十迴向位滿心要證得如夢觀；也就是說，入地之前一定要有這三個現觀，而這三種現觀全部都要依仗眞見道所得的總相智繼續進修，完成十住、十行、十迴向等觀行以後，才能具足生起相見道位中應該有的眞如別相智，並且要證得阿羅漢解脫果才能入地。但他們三種現觀之中連一種都沒有，結果說才一證悟的眞見道位中就要入地，其誰能信？也只有愚人才會相信。

因此哪天如果給我查到了哪個助教老師、哪個親教師相信他們的邪說，認同他們而認爲應該一悟就是入地，我會立刻將他們撤職，而且擯出正覺，用不著留這種人，因爲留下來沒用。如果當到親教師以後還可以被這樣的邪見所誤導，表示他的智慧不夠，還差太多了；所以連助教老師都不許有這個狀況，要不然助教幹假的喔？凡是親教師、助教老師、增上班學員，全部都要有證悟的實質；如果沒有證悟的實質，而我不把他撤掉，人家會指責說：「你蕭老師亂印證、亂派人。」我就要被人毀謗了。所以這些道理，其實我這些法都還沒寫出來，他們就公開說我講錯了，那也是很荒唐的事！等人家將來寫出來了，你再舉出來說：「你這裡錯，爲什麼錯。」那時也還不晚啊！

但現在我這個註釋都還沒完成，他們就先說我講錯了。然而我們不理會這個事情，我們有既定的弘法腳步，按著計劃一步一步去作，我絕對不會因爲他們亂毀謗栽贓就躐等躁進，也不會因爲外緣的影響就提早去作什麼，我從來不這樣作。就像一句成語說的「路遙知馬力」，到底我講的對不對，十年後《成唯識論釋》全部出版了再揭曉也行，不必現在急著去跟人家爭長短。我們印書出來流通天下，識貨的人自然會去研究，到時候由他們去作評論就好，我也不用評論。因爲我是被研究的人，所以我不用作評論。

這就是說，有智慧的人悟後一定是更謙虛，因爲轉依無我性的阿賴耶識眞如了；然而沒有智慧的人，還沒有悟時或是悟錯時就已經很自大了。他們有時候也會指責我說：「你蕭老師講經說法都不嚴謹，你看玄奘菩薩都要引用什麼經、引述什麼論、引述什麼資料。」問題是，我說的法那是淺顯的道理，全都是法界中的實相，也都是依《楞伽經》所說「自心現量」的現觀而說，說出來的就是聖教，這時還需要再引經據論喔？一切菩薩只要證悟了就能聽懂我在說什麼了，因爲聽懂的人都是可以當場隨聞入觀而證實我所說的眞假。這是淺顯的道理，還要引經據論喔？都不需要啊！所以他們是完全不懂現觀層次的智慧，淺近遠深他們都是不能理解的，所以也只能看表相。

但我今天還是要說：「想跟隨他們的人可以趁早離去，因爲我們不想留下那一些似懂非懂而沒有擇法覺分的人。如果有人想要跟隨他們，我不留人，我今天是趕人，要追隨他們的人可以趁早離開，沒關係，我不會留你。」因爲眞正的金子不怕你磨，你拿了在試金石上一直磨，磨上一百天以後磨光了，那些金粉也都還是黃金。如果是電鍍的假金，那個黃銅拿來鍍金，磨一下、磨二下、磨三下還磨不出來，第四下也能磨出黃銅來。但是你們看，我們正覺同修們回應他們的文章，他們能再作回應具文辨正嗎？他們根本無法寫出文章來自我辯駁。這表示什麼？這表示我們已經證明：他們知道自己錯了又不肯認錯，就這樣再三、再四、再十、再幾十次的繼續亂寫一通，如今他們已經有幾十篇文章被正覺的同修們駁斥後，他們是連一篇加以反駁的文章也無，卻又是另闢新題目而不斷的亂寫下去。這顯示他們明知自己錯了又不肯認錯，像這樣的歪曲心性可想而知。所以我今天講這些話的意思就是說：「想要跟隨他們的人盡快，隨時可以離去，我不會留人；想要繼續留下來的，想要得到眞實的法而可以檢驗的，歷經再三的檢驗而無紕漏，那你就留下來。」

這樣講過了、聲明過了，意思是趕人趕過了，現在我們就回到《不退轉法輪經》來，年節前一月二十六日，我們講到一百零三頁第二段，講了一半；前一半說有五百位比丘尼從坐而起，頭面禮足向 佛陀稟白說：「世尊！我們這一些人從今天以後，一定受持和讀誦，不但讀誦還書寫『此經』，來爲別人解說。爲什麼呢？因爲我們領受了這個女人之身無所利益，宜速厭離。」

但是領受女人之身是什麼意思？就是說她們的心中比男人齷齪，然後喜歡一天到晚斤斤計較，誰得罪了她，就恨誰一輩子、記恨一輩子；這些記恨的種子就會轉去到下輩子，下輩子你遇見了她，她就會莫名其妙對你酸言酸語等；而且行事也不光明磊落，這叫作女人之身。所以女眾這邊座位上有女人之身，男眾那邊座位上也有女人之身，看來是個男人而其實他的心正是女人，總是像張志成一樣背地作事損人害法。進了正覺同修會即使是女人也會變成不是女人，因爲修布施、修持戒、修忍辱、修精進，結果都沒有心思放在女人心行上，這就不是女人了；

但他們那些人就是男人中的女人，損人毀法以後會有的不可愛苦異熟果，他們是不信的。如是不信因果的人，怎能有因緣實證眞如？

言歸正傳，這五百比丘尼說：「我們從今以後不再接受女人之身了。」因爲女人之身就是覺知心老是像世俗法中的女人一樣斤斤計較，都是小心眼而且很會記恨，所以她們想要以弘法護法功德，在未來世滅除女人身，就說：「從今開始，如果有眾生不能理解『此經』的，我們將會幫助他們可以理解；如果有人還沒有聽聞『此經』的人，我們會幫助他們聽聞。」而且不是隨緣而作，她們說的是：「初中後夜除其睡眠，」換句話說，如果有人想要證得第八識妙法，她們就不管睡眠了，初夜、中夜、後夜都沒有想要睡覺，一心精進而努力在參究這個法、繫念於第八識如來藏、思惟如來藏阿賴耶識，這些叫作「受持讀誦」，而且還要「爲他解說」，這就是她們所說的「書寫此經」。

這時 佛陀就開示了：「諸位比丘尼！非常好！非常好！妳們大眾發起這樣的大莊嚴來莊嚴自身，而且興起了大精進心勇猛第一，全部都厭離也都喜歡捨離女人之身；爲了想要利益一切眾生得證佛法，所以受持『此經』，受持之後還讀誦以及書寫，且爲別人演說；妳們這五百位比丘尼今世就是最後受於女身，下一世開始就不再領受女身了。」

現在請問諸位：你們坐在這裡，是不是那五百比丘尼之一？爲什麼笑？有沒有可能？有！不能說沒有可能。所以很多事情，你沒有親眼看見的時候，不能就拿它當眞；反過來說，沒有看見的事也不能拿它當作不存在。在世間法中都說眼見爲憑，可是我說眼見仍不足以爲憑；但很多人不懂，人家編造出來的假事實，都是道聽塗說又轉述了好幾遍，已經完全失眞了，他們還在相信。

這種事情不是現在才有，古時已是如此，一直流傳不絕來到現在。就像某一個國家，他們如果要打壓或者要對什麼人下手的時候，就會由官方先搞大內宣，把那個人的名聲先鬥臭；有個國家是這樣，當然不是我們臺灣。當他們想要鬥垮某個人時，就先搞大內宣，然後媒體就發布出來，因爲媒體是由他們控制的，就說這某某人去嫖妓、去賭博、去作奸犯科，全部都是亂編造的一些故事發布出來；然後在社會中大家被瞞了就說這人是個壞人，因爲民眾被大內宣宣傳慣了、接受了，然後成爲普遍的言論；其實也不一定是言論，就是他們派人說：「你寫一則，我就給你五毛錢。」就寫出來鋪天蓋地評論那個人，然後就有理由把那個人拉下馬。

現在退轉的那些人的行爲就是這樣，剛開始是先把蕭平實鬥臭，然後看看鬥不臭了，於是設法再從法上來推翻。可是這種手段，前後三次法難都一樣的使用，二〇〇三年那一批人不也是這樣嗎，都在私底下流傳說：「我告訴你喔，蕭老師在會裡搞了多少錢，你知道嗎？」人家說：「他是怎麼貪取會裡的錢財？你告訴我吧。」他們又說：「這是祕密，我不能講。」人家說：「既不能講，那你把證據拿出來，我幫你在網上公布，讓蕭老師身敗名裂。」他們卻說：「不可說，不可說，這個不能講也不能給你。」又不肯或不能拿證據出來，結果就是杜撰的。一直到現在退轉的人也還是這樣，手段全都一樣而沒有改變，持續編造假事實去廣作宣傳；宣傳之不足，繼之以網路上的貼文廣傳。

如果是有智慧的人，聽善知識說法時就知道人家說法的淺深廣狹，看出那個程度來就不信他們說什麼了。所以那個國家的黨搞大內宣時，有智慧的人私下都是怎麼講的：「你們只要反過來讀就對了，當他們說某某人是壞人時，其實那個人就是好人；當他們一直讚頌某某人是好人時，那個人就是壞人。」他們都勸說你要倒過來讀，所以有智慧的人只看事實。當一個人有禪定的證量，那就離開欲界境界了，當然不會貪著錢財，尤其是三寶的錢財；可是他們顯然不懂，因爲他們完全不懂初禪的境界是什麼，也不懂初禪是怎麼實證與發起的，所以更不懂初禪實證之後的清淨心境是什麼。由於他們全都不懂，所以繼續搞那些莫明其妙的事，於是就成爲男人中的女人。所以他們實質上都是女人身，你別看表相上的男人身相，看表相不準的；所以我不看人家的表相，在我們正覺沒有分男女，因爲一個個都是如來藏，還分什麼男女？

所以，她們五百比丘尼這樣，就是發大莊嚴來莊嚴自己，就是不要凡事斤斤計較，一切要以正法作爲最後的依歸。以前有個大法師建設一個大山頭，他事事參與鉅細靡遺，所以累個半死；累個半死而想要活命時該怎麼辦？就躲去美國住半年，用電話遙控，至少不會那麼累。但我們不用，你們看陸理事長領著幹部們，大家分工合作去作，理事長也不會堅持己見說要怎麼樣或怎麼樣，就是大家開會來討論，得出一個結果來；於是有共識了，大家依照共識去作。我根本不用去管那些事，所以當初決策作好了以後就放手給大家去作，我就完全不管了，這就有時間可以把重要的論註釋出來。這部論註釋出來，其實比蓋正覺寺重要，因爲它會流傳幾百年、一千年、二千年、三千年一直到末法，直到《楞嚴經》消滅的時候，這部《釋》也就跟著不見了。所以我們就放手讓制度去運作，我們建立制度很辛苦，建立很多年才成功，不可能把制度捨棄。

這就是說，正法的法主不爲一己之私，該怎麼作就怎麼作，所以我不堅持己見，大家的意見怎麼樣，我就同意去執行。同樣的道理，如果今天晚上大家說：「你**蕭平實不用再說法了，我們不要你了**。」那我就行李打包好、馬上走人。就是這樣啊！誰行就由誰上來講經說法。這種事我也不是沒幹過，以前我也曾邀請一位老菩薩來，因爲有兩位同修整整兩年的時間，持續建議說他是八地菩薩，可是他沒來。老實說，算他聰明，沒敢來；如果他眞的來了，我坐在下面聽法時，遲早會把他拉下來，不可能讓他胡亂說法。

這也就是說，佛法中沒有什麼一己之私可言，只有在凡夫道場才有這種私心之事。所以我也在等待，哪天來個九地菩薩、十地菩薩，那眞的是踏破鐵鞋無覓處，下一句……（有人答：得來全不費工夫。）對！那是送上門來的，你還不要，還要霸著這個寶座不讓他上來，那就是傻瓜；本來就應該是這樣，我當年還沒有回復佛世證量時就曾邀請過，可是冒充八地的那個人沒來。

也就是說，佛法中只看證量，不論在家或出家，也不論信眾多寡，不比力氣。你如果說佛法中還要看誰有力氣，誰的群眾大，那你們看看，佛陀座下那些妙覺菩薩們、等覺菩薩們、諸地菩薩們合集起來力量還不夠大嗎？可是沒有人反對 如來，一向都是 佛陀說了算；因為 佛陀是究竟的覺悟者，也是當時的法主；所以有智慧的人只看「法」，不看那些世間法中的事相。如果要看蕭平實的事相也很簡單，蕭平實一天到晚待在家裡寫書，很多事情都放手不管，因為有人可以作時就全部授權下去，為什麼要把權力抓著，對外公開說已經授權了，結果又不是真的授權？所以那些退轉者就放話說，蕭平實已經被幹部們架空了，然後又說我貪財，這兩種說法不是互相矛盾嗎？如果要貪財，就得事事都自己把持著，還能放權給理事長與幹部們嗎？但為什麼他們退轉者發動這樣的行為，努力拉人而想要把退轉的事變成法難，結果變不成？是因為親教師們、幹部們，大家都知道正覺同修會裡是怎麼運作的。既然法務都是親教師會議討論過而達成共識了，既然會務都是理事長與幹部們自己開會討論過而有共識了，也是理事長領著幹部們直接在運作的，難道他們還站出來反對他們自己嗎？不可能啊！於是退轉者張志成想要分裂瓦解正覺同修會的計劃，當然註定是要落空的。

所以，學佛應該以「大莊嚴」來莊嚴自己，不要拿那一些爛泥地上的泥巴往自己身上塗、往自己身上抹。聰明的人修心，愚笨的人則往別人身上抹泥巴，但是聰明人修心進步就快。如果現在不好好修心，未來 彌勒尊佛成佛時還是得要修，到那時候想要一世修成阿羅漢，很困難啦！因為未來聽聞 彌勒佛說法之後就要成為阿羅漢，那麼現在不修心，要等什麼時候修？所以自己的心地，現在就要開始轉變；因為這九千年是最後的機會，九千年過去，往生彌勒內院了，那時候沒有人給你逆增上緣了；那時都不會有人給你逆境了，那你能修什麼心？那時都在順心境界裡面過活和聽經聞法，五億七千六百萬年後，彌勒菩薩下來人間受生成佛時，你跟著下來時一聞法就要成為阿羅漢的，但那時心地有辦法這樣就立刻轉變嗎？這是個好問題，可是從來沒有人想到過這個問題。

所以，聰明人就利用這九千年時間好好轉變自己的心地，準備著五億七千六百萬年後，追隨 彌勒菩薩下來人間的時候，聽祂說一席法就立刻成爲阿羅漢；有的人則是應該這九千年內就得證阿羅漢果，到那時當來下生 彌勒尊佛說完第二轉法輪的《大般若經》時，你們就得入地了。所以 彌勒菩薩成佛之後幫你們成阿羅漢了，然後也會講上幾十年、幾百年的《大般若經》。般若系列的經典，如來講了二十九年，到了人壽八萬四千歲時，也許那時 彌勒佛會講上一萬年、二萬年，至少講個五千年或二千年，那時候你聽完了便得成就無生法忍而入地，當然要在這九千年中先證阿羅漢果，所以一定得要好好修心。你們之中有不少人，是在那個時候追隨 彌勒菩薩下來人間的時候就得入地的，是準備著祂成佛的時候馬上就來幫忙攝受大眾。所以現在這九千年是最後修心的機會，那我不保留，能說給諸位的、能講給諸位聽懂的，能幫助你們的道業的，不論什麼法我都講。如果我沒想到，那就沒轍；我有想到時，一定會告訴諸位，我不會藏私。

那麼以「大莊嚴」來莊嚴自己，其實就是發大心、發菩薩心。什麼叫作菩薩心？諸位想想，三賢位菩薩要修什麼？就是六個法，叫作六度波羅蜜，也就是遠波羅蜜多。這六度，第一度是修布施，修學布施之目的是爲什麼？是把貪心給捨了，同時也跟眾生結下好緣，未來當法主時才會有很多弟子隨學，否則怎能成佛？所以菩薩一定要修布施，一入門就修布施，當然更不可能貪財，尤其是貪三寶的財物。他們那些不修布施的人，表示貪心都沒有捨棄，心裡就想著：蕭老師應該是和我一樣貪財的。如果他們心中無貪，一定會想著說：蕭老師應該也是和我一樣不貪財的。那又怎會無根毀謗我呢？

我出來弘法三十年了，當初買這間九樓的時候，有的人怕講堂買好時得要捐款，所以就先溜了，把職事捨了立刻走人，但我個人在買好時就先捐出兩百萬元。當初買禪三道場的地，我個人也是先捐了一百二十萬元，都是我退休前在社會上賺來的錢。菩薩就得這麼當，當法主不但沒賺錢，還要拿自己私家的錢湊出來，像這樣的人還會貪錢喔？如果造謠說這種人還會貪錢，我想大概只有螞蟻才會相信；因爲螞蟻聽不懂，牠只是自顧自的走著、走著，頭一直點，就這樣子！

所以有智慧的人，他會自己去判斷，從各種事相去判斷，也會從弘法者所說諸法的深淺廣狹，去判斷說法者的證量深淺，自然就會知道弘法者是否會貪錢財了。而我們所說的法夠廣也夠深，《根本大論》沒有誰教過我，而我把它宣講出來，如今也快講完了。《成唯識論》有誰教過我？也沒有！但我已經講過一遍了。以前是略講，這一回要講詳細一點。這就是我以「大莊嚴」來莊嚴自己，不是拿鈔票往身上一直貼、拿金箔往身上貼，更不可能從三寶中取財，那不叫莊嚴，那叫作貪心與下賤。六度中的第一度是要修捨，你要把貪心捨出去；貪心捨棄了，並不是口說爲憑，要有實際的行動去證實；但他們宣稱去跟隨他們修學時，都不必布施，也不必修學持戒……等五度，違反了 佛與諸大菩薩的聖教，你們想想，什麼基礎都沒有先建立起來，這樣的所謂修行能成功證得般若嗎？

然後就是持戒，持戒裡面最重要的是不謗什麼？叫作不謗三寶；因爲謗佛的事情很常見，可是他們都不知道自己正在謗佛。像釋印順與他的追隨者就是標準的謗佛；那些六識論的邪見明明不是 佛講的，他們卻說：「這就是佛講的，是眞正的佛法。」這就是謗佛。現在的張志成也是這樣的人，一直爭執說他講的那些邪見就是佛法，這樣就是謗佛。然後又謗法，佛說的法明明不是這樣，他們硬說：「這樣叫作佛法。」然後講：「善知識都講錯了、講錯了。」其實善知識講的沒錯，是他們自己曲解了正法。像這樣的人要求生極樂都不可得，因爲極樂世界有個遮止：雖然五逆十惡的人都可以下品下生，然而只要誹謗三寶就拒絕接受而不得往生了。所以有人謗了三寶以後還期待說：「**我可以往生極樂世界。**」那正是傻瓜，臺灣一句話笑人家說：「**憨到癢了還不知道去抓。**」就有人笨到這樣；謗了三寶是彌陀四十八大願所遮止的人，不許他下品下生。

所以學佛人是否眞是菩薩呢？要以六度波羅蜜的正確實踐作爲依憑，如果沒有正確實踐六度，而說他是菩薩，每天自己宣稱說：「**我眞的是菩薩，我正在修菩薩道。**」好像很莊嚴的樣子，其實他一點都沒有莊嚴。就好像人家老虎跳出來說「我是老虎」，結果它只是一個紙紮的老虎；或是狐狸也跳出來說「我是老虎」，沒有人會理牠，因爲牠不是眞的老虎。這樣的人跳出來說他們是菩薩，說他們想要證法或是已經有證法，那是要怎麼證？他們既然都不是眞正的菩薩，佛與諸菩薩都不會把法傳給他們的。

所以，如何莊嚴自己是一個很重要的事情，但莊嚴自己時並不在事相上，衣服穿得再貴、再華麗也都不是莊嚴，法說得天花亂墜也不是眞正佛法的莊嚴；唯有清淨心、解脫心、智慧心，以及正確實證得三乘菩提正法，才是眞正的莊嚴，那麼修行時的心就是要行於正確的六度波羅蜜。如實行完整六度的人就不住於女身，因爲她的心量已經是一個大丈夫了。所以，看一個人是不是男人、是不是女人，都不是看色身，只看他的心，這樣的人才可以叫作「**興大精進勇猛第一**」，因爲依如來藏阿賴耶識這個法作爲所歸，以第八識自心眞如作爲最後、最究竟的歸依，而且自己每天觀行如來藏、體驗如來藏，然後還爲他人解說總相與別相，這個才叫作「**大精進**」。

如果實證之後，自己一個人關起門來自得其樂，或是躲入深山只顧自己進修；有沒有這樣的菩薩呢？不可能有啦！如果有那樣的「菩薩」，我就要罵他說：「**你是聲聞阿羅漢。**」阿羅漢這個名字讓我拿來罵人了，因爲他只是一個自了漢，沒有資格得證大乘菩提這個法，所以這裡說「**皆悉厭離樂捨女身**」，是指捨離那種世俗女人的心性。譬如佛世，迦葉童女長髮飄逸，穿著在家人的衣服，率領著五百比丘遊行人間，你能說她是個女人嗎？她是故意示現爲女人，其實她要當色界天人都當得，但爲什麼一定要當女人？所以那只是一種示現，爲了容易攝受所有人。

所以心是大丈夫，因爲依止於如來藏阿賴耶識的眞如法性了，這樣的菩薩就是這五百位比丘尼現在的模樣；她們的心都已經轉爲大丈夫，所以 如來說她們這樣是爲了要「**利益一切佛法**」。如來心心念念都是爲了「**利益一切佛法**」，比如說 如來爲什麼看重菩薩而不看重阿羅漢？即使這個菩薩都還只在第七住位中，如來都很看重；如果是聲聞法中的不迴心大阿羅漢，如來也不看重；因爲這位菩薩會住持正法，不管局面多麼艱困；然而聲聞阿羅漢死時就入無餘涅槃，於正法及眾生都無所利益。我的心態也是這樣，爲了正法，該怎麼作就怎麼作；假使爲了正法的久續流傳時需要殺人，我也殺人；需要違背國家法律，我也違背，爲了正法弘傳、爲了救護眾生的法身慧命，我可以不顧一切。

所以大陸有退轉的人在攻擊我說：「**你蕭平實怎麼樣又怎麼樣，人家玄奘溫柔敦厚、遵守國法。**」玄奘有遵守國法喔？（大眾笑⋯）玄奘是偷渡出境的。玄奘溫柔敦厚喔？玄奘破外道的時候是怎麼破的？破部派佛教那些聲聞僧時又是怎麼破的？那些退轉者根本不懂，還敢來指責我。所以我這樣作的目的就是一心爲法，我今生的目標很簡單：復興佛教。復興佛教要在哪裡復興？要在大中華地區。這地區本來有佛教正法住世，現在衰落了，正法已經失傳了，咱們才要復興；本來沒有佛教的地區，你去復興什麼？那不叫復興，那叫作建立；一定是本來有佛教的地方，因爲衰落了才要復興。我的目標很簡單，就是復興中華佛教；政府怎麼規定，我不管；如果哪天有個國王說：「**你蕭平實來我國復興佛教，了義的佛教要復興，但是有個條件，就是你要叫我爺爺。**」我一定說：「**行！叫你爺公也行，只要可以復興佛教，我什麼都肯幹。**」

所以，有的人依著事相上的事情就來計較說：「**你蕭老師怎麼樣、怎麼樣、又怎麼樣。**」起而反對。我說那個人，他沒有轉依如來藏，只看這一世，那我說他在增上班聽我講解的《根本論》也都是白聽了。彌勒菩薩講到很明白：「**菩薩不但看今世利，還要看後世利。**」他爲了我某一個佛法的正見，聽了不中意，所以就要反對我復興佛教、要把正覺同修會拆散，那他是看這一世利還是看這一世利跟後世利？答案就是只看這一世，而且是看世間利益而不是法上的利益，這表示他轉依沒有成功，很簡單！這樣就看清楚了。

所以諸位要有這個正見，因爲你是菩薩種姓一族，菩薩看重道情遠過於親情，爲什麼呢？因爲同修之間的道情是要一世又一世不斷延續下去的；千萬別看輕你前後左右的同修們，也許哪一世他會是你的得法和尚，也許哪時他先成佛了，你在他座下當個等覺，當個七地、八地菩薩。這種修道上的關係是一直延續下去盡未來際，乃至於成佛之後都還互相有往來；所以 釋迦古佛來這裡示現成佛時，有幾尊佛倒駕慈航前來襄助祂；想想看，文殊菩薩、觀世音菩薩、維摩詰菩薩，應該還有別人，例如央掘魔羅也是已經成佛的人，都是特地前來受生當菩薩，是來襄助 釋迦古佛的啊！所以同修之間的道情很重要，千萬不要隨便加以毀謗而傷害了道情，因此這個道理也要講給諸位聽；而我們既然是菩薩，復興佛教就是最重要的事。如果有佛來人間成佛，我們一定要追隨，賢劫是最好的機會，有一千位的佛陀下生人間，正是踏破鐵鞋無覓處，得來全不費工夫。在其餘的時間，你要追隨一千尊佛，那要多辛苦去追逐；而我們就在這裡有一千尊佛示現，所以大家要好好把握。

我們就是「**爲欲利益一切佛法**」，這是最重要的事，至於是否違背國法，就不在考慮之列。那麼想要「**利益一切佛法**」，最根本的首要就是證眞如，證得之後你要能夠書寫、要能夠讀誦，還要能夠「**爲他演說**」，前提當然就是先要能夠「**受持此經**」，「**此經**」就是第八識如來藏，又名阿賴耶識、異熟識；然後每天「**書寫**」、每天「**讀誦**」，就是說你每天要觀行祂，越觀行越深入、越深細，你的轉依就越成功；然後不斷的去思惟祂，這叫作「**讀誦**」；思惟是爲自己，所以「**書寫讀誦**」完了就是「**爲他演說**」。如果證悟第八識如來藏以後，他自己一個人深山裡躲著不出世弘法，明明外在環境是安定而可以弘法、可以度眾生、可以利樂有情的時節，而他不想要弘法利益有情，嫌辛苦，一個人躲在山裡享福，只顧著讀經，這樣叫作自了漢；說句難聽的話，他根本沒資格證這個法，所以菩薩悟後深入觀行完了還要「**爲他演說**」。

這五百比丘尼發了這個心，所以 如來就說：「**妳們五百個人都是這一世最後受女身，下一世開始就不是女身了。**」那我要請問西單的女眾：「妳們會不會是五百比丘尼之一？」有智慧，懂得說是了！因爲我剛剛講了，轉於女身不是轉這個色身；妳爲了攝受眾生，受生爲女身反而比較方便。我舉個例好了，兒子、女兒比較聽媽媽的還是比較聽爸爸的？（大眾笑…）連你們東單男生都知道，都比較聽媽媽的，所以五百比丘尼來世繼續示現爲女身，然而心是大丈夫，這就是轉女身了。心比較重要，這個心比丈夫身還重要。

攝受眾生時，女身也比較重要、比較實用，所以 觀世音菩薩本是男兒身，可是爲什麼常常都示現作女身在接引眾生？因爲示現女身容易被眾生接受；所以你們看，白衣觀音、魚籃觀音、馬郎婦觀音，不都是示現爲女身嗎？沒有幾個化身是男身；但他其實是大丈夫，是成佛後的 如來倒駕慈航再來；所以你們如果去龍山寺上香的時候一看，不像女人也不像男人，爲什麼呢？因爲是如來藏身，如來藏身有男有女嗎？根本沒有。

所以，我們當菩薩摩訶薩就要有這樣的見地：「**遠離一切相。**」如果落在名與相裡面就錯了。轉依如來藏的人遠離一切相，心心念念就是「**爲欲利益一切佛法**」。如果不是「**爲欲利益一切佛法**」，我幹嘛來人間？我每一世都可以在色界天過得很好，爲什麼要來人間這麼辛苦？把法送給眾生還要被眾生辱罵「**傻瓜蛋一個**」，就是爲佛法。所以你們如果要得這個法，得要跟我同一心；我爲了一切佛法，爲了讓眾生可以繼續從佛法裡面得到利益，你們也得是這個心，才能得這個法。進了正覺同修會得了法，不能想要利用這個法去得什麼世俗利益；所以有的人進了正覺同修會，得了我傳給他的法，還要藉這個法出去牟取世間法上的利益，收人錢財、受人供養，我就把他趕出去。我們到現在爲止，從我開始到親教師、助教、幹部們，沒有哪一個人是藉這個法在牟利的，因爲我們目的是爲了 釋迦如來的遺法可以繼續利樂有情；但就是有人告長假以後出去弘法收受學人的供養，我想他的來世依舊會是像這一世一樣缺乏資財。

這五百位比丘尼就是發了這個「爲欲利益一切佛法」的心，所以 如來授記說：「妳們都是這一世最後受女身。」因爲 如來已爲她們授記了，「諸比丘尼聞是語已，踊躍歡喜」。眞的踴躍歡喜，因爲被 如來授記：「從此以後，此心即是大丈夫了。」所以「皆脫上服以供養佛」。這裡面有沒有什麼道理？「皆脫上服」，身爲比丘尼而穿著上服，表示什麼？表示她們也有許多有錢的居士供養，才能夠穿著上服，這表示她們福德也夠。

以「上服」供養佛，這樣布施完了，它在告訴眾生什麼道理？告訴眾生說，菩薩就是要行施；如果當了菩薩而不肯布施，反而在我座下得法以後，藉這個勝妙法聚斂錢財歸爲己有，說他叫作菩薩，鬼才相信！如果都不布施就直接修行般若，就可以見道、就可以成佛，那一種佛就像一隻鳥只有一個翅膀還能在天上飛，你信不信？爲什麼搖頭？因爲沒有人要信！連三歲娃兒也不信的。一定是福德與智慧兩方面都具足時才能成佛，所以成佛才需要三大阿僧祇劫修道；因爲從見道直到入地爲止，乃至入地後你怎麼修到三地所有的法，我都可以告訴你，但你聽完就能入地了嗎？你聽完就能完成三地了嗎？不可能啊！因爲沒有福德支撐，聽完了只是叫作知識而不是實證。

那麼她們五百比丘尼接著說了偈：「我等蒙安慰，爲得男子身；如來無二言，人中最上說。」她們對眾承認說：「我們五百位比丘尼承蒙如來安慰，我們這樣子感恩如來的意思，是因爲要得到男子身；而如來一向說誠實語、說不二語，所以我們下一世開始就是男子，如來這個說法是所有人之中至高無上的說法。」表示她們對 如來信心具足。接下來，事情怎麼發展呢？

經文：【爾時四部眾中，有五百長者夫人從坐而起，整其衣服，右膝著地長跪

叉手，白佛言：「世尊！我等亦從今日受持讀誦書寫解說。但是女身為他所制不得自在，懷妊十月，云何當得免斯苦耶？何以故？若處深宮為王拘攝，或為父母兒婿禁制。從今已往，當勤精進專行修習，乃至終身受持正法。」於是世尊讚歎五百長者夫人：「善哉！善哉！如汝所說，汝等從今永捨女身，不復繼屬承事他人，亦無懷妊十月等苦，離於婬欲及諸胞胎，世世常生淨佛國土。」爾時阿難白佛言：「世尊！如是諸姊，得離女身生何淨土？」佛言：「此諸姊等，當生寶藏蓮華光世界。」

語譯：【這時候四部眾中，有五百位長者夫人從座位上起立，整理好了衣服，然後右膝著地長跪叉手，稟白佛陀說：「世尊！我們五百長者夫人也是從今天開始受持讀誦書寫解說『此經』第八識。但是我們目前為女人之身，被別人所禁制而沒有辦法得自在，而且懷妊生子得要十個月，我們應當要怎麼樣才能免除這樣的苦惱呢？為什麼呢？因為我們如果處於深宮之中，就是被國王所拘束以及攝受；或者不在深宮而在一般家庭，就是被父母、兒子、女婿所禁制。從今天以後，我們當精勤精進專門來修行修學以及熏習佛法，乃至於終身都受持『此經』第八識正法。」於是世尊讚歎這五百位長者夫人說：「很好啊！很好啊！如妳們所說，妳們從今世開始永遠捨棄女人之身，未來世不再繼承或者屬於必須要承事他人的女人，也不會再有懷妊十個月的辛苦，可以遠離於婬欲及遠離生於胞胎中，每一世永遠都出生在清淨的佛國淨土中。」這時候阿難尊者稟白佛陀說：「世尊！像這樣的諸位姊妹們，她們可以離開女身是會出生到什麼淨土去呢？」佛陀說：「這諸位姊妹們，她們將會出生到寶藏蓮華光世界。」】

講義：既然五百比丘尼可以遠離女人身，這五百位長者夫人聽了也想要離開女人身，可是她們跟那五百比丘尼畢竟不同，因爲她們的煩惱比五百比丘尼重；那五百比丘尼可以出家爲了法，而且她們已經親證了，所以能「讀誦、書寫、爲人解說」，因此她們煩惱少了很多，如來授記她們來世轉爲男身；但這五百長者夫人，她們顯然有很多的繫縛，想要轉成男身還眞的不太容易。但她們也想要轉成男身，就從座位上站了起來稟 佛。

這時候也許有人想說：「爲什麼都是五百個人？這裡、那裡也都是五百個人，都聚在一起喔？」俗話不是說「物以類聚」嗎？同樣心性的人就合得來，合得來就會常在一起。佛世的弟子們也是這樣，愛神通的都跟大目犍連在一起，愛智慧的都跟舍利弗在一起，溫柔敦厚的喜歡討論經義的人都會跟迦旃延在一起，愛論辯與說法的都跟富樓那在一起；乃至愛樂外道法、常見法的弟子們，也都聚集在一起而成爲六群比丘等，都是這樣「**物以類聚**」。這五百夫人因爲都是長者夫人，所以她們就是王夫人或其他官員之妻、長者之妻等，所以她們心性也相近，於是就常常聚在一起。

這時候她們「**從坐而起，整其衣服**」；換句話說，想要向 佛陀稟白什麼事情，一定要先站起來，不可以坐在座位上就講。那麼從座位上站起來，衣服凌亂也是不恭敬，所以一定要先「**整其衣服**」。衣服整理整齊了，然後「**右膝著地長跪叉手**」，就是右膝著地的胡跪以及叉手。我們在臺灣、在大陸很少看見人家叉手，都是合掌。他們在天竺、印度古時候就是叉手。胡跪叉手是求佛的姿勢，然後向 佛陀稟白說：「**我們也要從今天開始對『此經』第八識來受持、讀誦、書寫、爲人解說。**」但是她們畢竟煩惱還重，仍然有所限制而不得自由實行，所以就提出來說：「**然而如今我們還是女人之身，被別人所禁制。**」

在印度，現代的印度也許好一點，古印度的女人很不值錢。不說古印度，你單說古時候像是匈奴、或是突厥族，在北方的民族，如果父王有一個老婆、三個王妃，當父王死了，這些女人都歸他兒子所有。在印度雖然沒有這樣的問題，可是在印度古時候女人一點尊嚴都沒有，出嫁前要聽父親的命令，丈夫在時全部要聽丈夫的；如果丈夫死了就要聽兒子的；如果沒有兒子，就得聽女婿的。中國古人也有類似的習慣，所以有一句話說父死從什麼人？從夫；父親死了就聽丈夫的。如果丈夫死了呢？夫死從子。所以古時候女人是沒有什麼尊嚴的，後來才講究男女平等，講究到後來現在變成是講女男平等，因爲家裡都是女人掌權。可是古時候女人沒有權，國王會禁制所有的女人。如果在普通家庭呢？要聽從父親的、聽從丈夫的；丈夫如果死了，聽從兒子的；如果兒子不在，只有女婿，就聽從女婿的。總之古印度的女人就是要聽男人的，在那個時候女人沒有自由，所以被人所禁制，眞的不得自在。

而且當女人還要懷妊十月，懷妊十月時當然很辛苦。因此爲什麼兒子那麼聽媽媽的話？就是因爲母親懷妊十月，而且從小都是母親在養育他，當然心中懂得「媽媽懷我很辛苦、養我很辛苦」，所以他感恩，因此兒子大部分都會聽媽媽的話。

懷妊十月很辛苦，她們都希望免除這一些痛苦、免除常懷胞胎的痛苦，想要遠離這些繫屬於人的煩惱；因爲處於深宮就被國王所拘繫、所攝受而不得自由，不然就是被父母、被兒婿所禁制，所以她們想要脫離；就說她們從今天開始將會很殷勤精進的努力專門來修行或學習「此經」如來藏妙法，如果證得了乃至都會「終身受持正法」。她們發了這個願，願意「終身受持正法」。

可是她們想要達成這個願，在這個娑婆世界很困難；所以 世尊讚歎了以後，告訴她們說：「可以啊！就如同妳們所說的這樣，妳們從今世開始永捨女身，這一世是女身的最後世，不會再繼承、不會再接受女身了，也不會再屬於別人所攝受，妳們不用再承事他人，也不會有懷妊十月的辛苦；不但如此，我還准妳們遠離於婬欲以及一切的胞胎。」爲什麼講「諸胞胎」？因爲旁生道也有胞胎，乃至有一部分鬼道也有胞胎，而且生在人間就一定都會處於胞胎，才能受生以及當人類。所以授記她們於一切胞胎也可以遠離，可是在娑婆世界，這是不可能的，因此跟她們作了個授記：「世世常生淨佛國土。」保證她們可以出生到佛國淨土，生去淨土之中當然可以不用受生於胞胎中；也不用懷妊，因爲大家都是中性身；這是因爲有的佛淨土是色界的境界，有的佛淨土是欲界天的境界，並不一定。

極樂世界是色界還是欲界的境界？是欲界喔？是色界喔？還有沒有別的？但是要總合起來說明，譬如說下品生人，下品上生住在蓮花苞宮殿裡面，他要吃什麼就有什麼可以吃，請問那是色界嗎？色界不吃東西欸！所以那是欲界的境界。如果是中品生人呢？他們在那個蓮苞宮殿裡面，例如中品的中生跟下生還要住在蓮苞宮殿裡面，也是隨欲皆有，那也是欲界的境界。然而上品上生呢？那就是色界的境界了。所以佛世界不是完全相同的，隨著諸佛的願有所不同就有變化。她們既然要生到淨佛國土去，未來世當然不用再懷妊十個月，也不會有婬欲，因爲那是淨土中的中性身；更不會被人所禁制，因爲每一個人都是獨立之身。

那麼阿難聽說她們可以生到淨佛國土去，就有點好奇，於是請問　佛陀說：「世尊！這幾位姊妹們，她們可以離開女人之身，遠離婬欲，將會生到什麼樣的淨土去呢？」佛陀就說：「她們將會出生到寶藏蓮華光世界。」好！聽到這裡，有沒有人想到一件事情？釋迦如來不斷的授記哪一批人要生到哪個佛世界，另外一批人又要生到哪個佛世界去，那麼這個娑婆世界是不是菩薩越來越少了？爲什麼不會越來越少？（有人答話，聽不清楚。）對！因爲他方世界的菩薩也會生到這裡來，各人有各人不同的因緣。

就好像十幾年前，有一批菩薩二十九個人生到娑婆世界來，爲什麼呢？一定有理由。這裡是骯髒的世界，他們爲什麼要來？因爲有個正覺同修會在，這本來是個祕密。那麼他們是從什麼世界生過來，就不講了；講了你們也聽不懂，我也不懂那個世界，因爲經典上也查不到那個世界的名稱。也就是說，各種的佛世界都各有好處跟壞處，生到淨佛國土去，實證佛法很難很慢，要修福德也很難。你生到淨佛國土去，想要修福德說：「我想要布施。」然而你能布施給誰？大家都不需要你布施，那你能布施給誰？他們聰明要生來這個世界，可是來這個世界也得要膽子夠大，因爲蕭平實不斷的被誹謗爲邪魔外道，他們也知道；可是他們願意來，表示他們心志大。

這個第八識妙法難信難證，證後難忍。我講正覺同修會早期的事給諸位聽，我們第一任理事長郭超星老師，在我們買這個九樓之前，他已經先往生了。他往生極樂世界以後，掛念著他的學生們，所以又回來跟他們託夢，在同一個晚上，將近十位學生得到他來託夢告訴他們；就是說他們同一晚作了同一個夢，郭老師告訴他們，他在極樂世界現在是往八地邁進之中，特地告訴他們說：「我在那裡跟阿彌陀佛學的法，是跟蕭老師學的一樣。」怕他們退轉而特地跟他們託夢，同一個晚上將近十個人同時夢見了。那時候還有人上來報告，當時也有錄音保存起來，不曉得現在那錄音帶還在不在？當時的福田組長說：「我們把它拷貝來流通。」我沒答應，因爲不值得作這件事。如果聽了這個錄音而來的，也許來了一堆人，然後悟了都退轉，那又何必呢！因爲信神通的人，他們的智慧通常是不夠的，所以智者大師才講：「神通度俗人，智慧度學人。」所度的對象是不一樣的。果不其然，後來他們班上大部分人也退轉了，郭老師迴入娑婆而在夢中爲他們證明，事後顯示這證明也是沒有用的，會退轉的人還是退轉了。

意思就是說，這個法悟了以後也很難生忍，能生忍的人是因爲他前面次法學夠了才能生忍，否則證得如來藏阿賴耶識以後通常不能生忍；不能生忍的意思就是不能接受，那他心中就會抱持疑心不斷，要等後來聽聞某一佛或某一善知識善巧說法以後才能心得決定；若是信心及知見都還差很多的人，只要一遇事相上的不如意，心中一氣就退轉了。所以心量大的人，志求快速成佛廣利眾生，他們就得趕快來這個娑婆世界，因為這裡證法很快，雖然很辛苦。

那麼將來 彌勒尊佛成佛的時候，龍華三會專講聲聞法，度多少人得阿羅漢呢？九十六億、九十四億、九十二億人，雖然印度所說的億是一千千叫作億，但也夠多了吧！而那時得阿羅漢的菩薩們，有一大部分是從哪裡來的？當然是在別的世界，有如來告訴他們：「**往生娑婆世界將有這個好處，就是證悟般若很快，解脫果的取證更快，你們心量大而不怕苦的人就趕快去受生吧。**」於是他們就來了。如果往生到淨土去呢？你想要開悟得要很長的時間。所以很多事情，一般人讀經文時只看表面，不看背後的眞相，那麼會退轉也就正常了。可是我們領著大家，正法路上繼續一大步又一大步往前走，毫不猶豫，因為過往十百千生努力修行的成果，遠不及這一世的修行，這是事實。

所以，將來上增上班講《成唯識論釋》，假使你們的定力夠、福德夠，性障修除也除得夠多，想要入地並不是難事。問題就是動中修來的定力夠不夠，福德修得夠不夠，性障有沒有滅除更多，問題全都在這裡。所以該告訴大家的法，我都不會保留；可以講的我都會講，但是你們也得是那個料。也就是說，你們必須是個能證得般若及不退轉的道器，這個道器不能是像竹籃一樣。諸位！竹籃打水是怎麼樣呢？三個字啊！一場空！你不可以像是竹籃，必須是一個寶盆、寶缽，那甘露流下來時你都可以承接，不論解脫道的甘露、佛菩提道的甘露，全都可以不漏失。所以，怎麼樣建立自己成爲可以得法的眞正道器，這個很重要，那我們該教的都會教給諸位。

所以，他方世界的菩薩都求生到這裡來，那我們已經住在這裡，已經進到正法中來，難道還要輕賤自己嗎？這就是我們應該正視的心態。如果心態不正確就要改變，要使自己契合正法實證所必須的正確心態。因爲正法難遇，今天遇見了；善知識難值，今天也值遇了，那就要好好把握，不能空過。譬如說還沒有明心的人，看見增上班有這麼多人明心了，那就應該信以爲眞；雖然有少數人退轉了寫懺悔文，也是應該寫，因爲這個如來藏難以勝解而且難忍，使他們難以生忍，就不肯轉依；轉依不成功，他們退轉了也正常；因爲「**此經**」不是離念靈知、不是識陰的境界，當然會有人退轉。

接著再看，正覺之中又有人可以眼見佛性，眞的圓滿第十住位，就看見如來藏的另一面，馬上得到如幻觀，這也是事實。接著再來看看，後面竟然還有法可以修學，已經有人一步一步走上來，即將取證阿羅漢果了。如果說這個法是有問題的，我告訴諸位，不用他們來講我、罵我，我講座這兩旁的親教師們就先走人了，這些親教師們沒有一個會留下來，也同樣會來說我而罵我騙人。再不然談幹部們，幹部們也一樣會走掉，會全部走掉，不是只有一位走掉，但他們全都留下來繼續進修。所以這兩三年內如果有一個、兩個學人走掉，我都接受，都屬於正常！因爲這個法太難生起勝解也太難生忍，所以爲什麼都告訴你說「**得無生忍**」、「**得無生法忍**」，爲什麼都有個「忍」字？因爲難忍。難忍而能忍，才叫作得忍，得忍才叫作實證的菩薩。忍就是接受的意思，你接受了「**此經**」第八阿賴耶識，也如實轉依所觀的眞如法性了，如是進修以後道業進展就快。如果我跟你授記說：「**你下輩子可以往生某一個佛淨土。**」好不好？好不好呢？（有人答：不好。）不好喔？爲什麼不好？你說不好也要有理由啊！爲什麼？因爲證道很慢，悟後進修也很慢，娑婆世界這裡是最快的地方。

所以，如果有人一千年前往生極樂世界上品中生，很厲害了吧？上品中生是很厲害；那你一千年後在這裡證悟了，你也往生極樂世界，結果你是坐金剛臺往生極樂世界，上品上生，你去到那邊當下面見 彌陀世尊，不久就得到無生法忍了；而他還在蓮苞裡面，還要再等半天，等於娑婆世界的半個大劫以後才會花開見佛以及聞法。那你想，誰比較勝妙？你是後來先到，當然比較勝妙。

所以有的菩薩，他們看清楚了就先投胎到娑婆世界來，他們不怕辛苦也不怕邪見等惡勢力。因此，我們生在此、長在此、學在此、證在此，都已經實證了，更不要怕苦，就繼續走下去，護持正法到最後五十二年。雖然那時候其實很辛苦，遍天下的所謂學佛人都在攻擊你，那也沒有關係，至少我們住持了正法就有大功德，而且那個福德眞的很大；雖然那時你看不到有什麼福德，其實那個福德很大，所以我才說我們要堅持到最後五十二年；因為藉著這九千年這樣修來的廣大福德，你到了彌勒內院修學什麼法都有支持、也都容易成功，所以這是我們最後的機會。接下來，阿難尊者又說了什麼話？

經文：【阿難白佛言：「世尊！如彼世界，佛號何等？」佛言：「於彼世界有佛，號一切寶如意王光明如來、至眞、等正覺，今現在彼，爲諸眾生種種說法。如是族姓女等悉生彼國，於彼佛所得聞『此經』。」爾時長者夫人聞佛說已，歡喜踊躍，即解瓔珞價直百千，以奉散佛，如是供養已，即說偈言：「

我等蒙安慰，捨離於女身；如來無二言，所說皆眞實。

女身爲最惡，當願速捨離；凡愚之所迷，不知眞實相；

胎生女最惡，願更不復受；得離女胎已，菩提爲無上。」

爾時諸長者夫人，瞻仰如來目不暫捨。釋提桓因以天曼陀羅華散於佛上：「我等亦當受持『此經』。」佛言：「憍尸迦！汝若與阿修羅戰時，常使得勝，不令退散。」】

語譯：【阿難尊者這時候稟白佛陀說：「世尊！猶如那個世界，佛陀的名號是什麼？」佛陀說：「在那個淨土世界有一尊佛，名號爲一切寶如意王光明如來、至眞、等正覺，如今示現在那個世界，爲諸眾生作種種的說法。像這樣的五百位族姓女等全部都會出生在那個佛世界，在那一尊佛的座下可以聽聞到『此經』如來藏。」這時候長者夫人聽聞佛陀所說之後，心中歡喜就不知不覺踴躍了起來，於

是她們就解下了身上所配戴的瓔珞價值有百千兩金，用以奉散於佛，像這樣子供養完了以後，就說了一首偈：「

我等五百長者夫人承蒙佛陀安慰，來世可以捨離於女人之身；如來從來沒有第二種說法，所說全部都眞實。

女人之身最爲令人嫌惡，應當發願趕快捨離；凡夫或者愚人之所迷惑，而不知道眞正的實相；

胎生之女是最令人嫌惡的，我們發願未來不會重新再受胎生女身；可以離開女胎之身以後，親證菩提就是最爲無上的了。」

這時候諸長者夫人，瞻仰如來目不暫捨。釋提桓因就以天曼陀羅華從空中散下來供於佛上說：「我們天人也應當要受持『此經』如來藏。」佛陀說：「憍尸迦！你如果與阿修羅對戰的時候，由於受持『此經』如來藏的緣故，永遠都會使你獲得勝利，不會讓你們退散。」

講義：阿難知道那樣的佛世界了，他就很想聽聞那尊佛的名號。佛的名號應當多聞，只怕少聞；多聞有多聞的益處，只要聽了一尊佛的佛號，那個佛號有入於你心中，你跟祂就結上了緣，除非你正在打瞌睡沒聽進心中；因爲你已經知道有這麼一尊佛，未來世就有因緣與那尊佛結緣；在哪一世不知道，但未來世就有緣，所以多聽無妨有益。因此他請問了，佛就說：「**在那個寶藏蓮華光世界有一尊佛，名號是一切寶如意王光明如來，這是最究竟的眞人，也是正等正覺，**」究竟的眞人，意味著什麼？意味十方三界中的一切人全部都是假人。但凡是人，全都是假有的，所以當人家毀謗你的時候，需不需要氣呼呼的？不需要啊！所以人家毀謗說：「**蕭平實你都說錯了，你的法不對，你貪污了多少錢。**」我說他在罵假人，就讓他去罵吧，我無所謂。也就是說，如來才是眞人，名爲「**至眞**」；因爲修到佛地的時候，分段生死的種子現行全部滅盡，習氣種子的隨眠也全部滅盡，然後異熟種子的變易也滅盡了，度過兩種死：所度過的三界生死是分段死，異熟生死叫作變易死。這兩種生死都度過了，第八識如來藏連同所含藏的種子究竟清淨而不再變易，改名無垢識了，所以成佛時才是究竟位的眞人；那麼這當然也是正等正覺，因爲一切諸佛之所悟都一樣沒有高下。不是法輪功李洪志講的說：「**佛分三等，我李洪志是第一等，諸佛是第二等、第三等。**」他是得下地獄的第一等人，因爲是世間最大號的大妄語業，但他自己不知道，而我們不用理會他是否下墮。

佛陀接著說：「**那一尊佛在那裡爲諸眾生種種說法。**」那尊佛也是說很多的法，所以才叫作「**種種說法**」，這表示什麼呢？是說諸佛說法時一定先說次法，次法說完了得要再講三界悉檀。也就是說，三界的境界要讓大家先瞭解，瞭解了以後才能夠證明：自己證的阿羅漢果是不是眞的阿羅漢果，是否眞的出三界生死了。如果有人不懂世界悉檀，出離於欲界時就說他證得涅槃了。如果懂世界悉檀，就不會有這個問題，所以還得要先說人天乘，讓大家都瞭解三界的境界；人天乘說完了才會演說「**欲爲不淨**」，然後再說色界法還是應該要遠離的，因爲色界還是有災患：「**上漏爲患**」，然後再說到怎麼樣是出離無色界，鼓勵大眾求出三界，所以稱爲「**出要爲上**」；因此一定要先講這個三界悉檀，讓所有弟子們在實證時可以證明自己是否眞的出離三界生死了。把這些都講清楚了，然後再講解脫道與成佛之道；成佛之道都懂了，才會知道諸佛平等、平等無二，不會有等級的差別，這裡講的就是「**爲諸眾生種種說法**」。那麼這一些族姓女都會出生到那寶藏蓮華光世界去，她們在一切寶如意王光明如來座下也會聽聞「**此經**」。請問「**此經**」是哪一部？（大眾答：如來藏。）對！是如來藏經！好，今天講到這裡。

本來《成唯識論釋》預定的判教，今天是應該完成百分之三十一，但是今天來不及，因爲這三天都在外頭跑，都沒在電腦上忙，事情總是很多。當一個人，出家法中有出家法的事，在家法中也有在家法的事，這也沒辦法；但是在家菩薩有自己對家人應盡的義務，所以在家菩薩的人生就是得這麼過；而人生就是菩薩生，所以菩薩就是這麼忙忙碌碌過一世。

回到《不退轉法輪經》，上週講到一百零四頁第二段第三行，是 佛陀回答阿難尊者的請問，說這五百長者夫人全部都會往生到寶藏蓮華光世界，在那裡都會聽聞彼佛所演說的「**此經**」。當然諸位知道「**此經**」是講第八識如來藏，我們講過很多部經，證明都是在解說「**此經**」第八阿賴耶識。我記得早年正覺同修會成立後不久，我們郭前理事長往生，他回來託夢，說他是上品上生；又怕他的學生們退轉，同一個晚上跟七、八個學生託夢，那七、八個學生同時作同一個夢，在夢中郭老師跟他們講：「**我在極樂世界聽聞的佛法跟蕭老師說的一樣，都是第八識如來藏。**」後來有的人聽了就說：「**作夢是日有所思，夜有所夢；他們想念他們的老師，**

所以晚上作那個夢也不奇怪。」然而問題是，爲什麼有多人同一晚夢見，而所夢的內容完全一樣？同樣都夢到他並不奇怪，但同一晚上所夢的內容一模一樣，特地告訴他們說：「在蕭老師這裡學的，跟極樂世界聽阿彌陀佛講的是一樣的。」

那麼從另一個道理來講，佛法爲什麼是最究竟的？因爲佛法的實證就是宇宙萬有的根本；換句話說，每一個有情的「父母未生前的本來面目」就是「此經」，這一部經就是第八阿賴耶識如來藏。既然這才是究竟法，大家可以設想一下，會不會有哪一尊佛講的不是「此經」如來藏，祂要講給弟子們第二個法或第三個法，而不是最究竟的法，會不會如此？會喔？娑婆世界末法時代就有好多「佛」都在講離念靈知，但那種佛都叫作假佛，諸位說對了，叫作假佛。眞正的佛講的都是「此經」第八阿賴耶識，悟後進修成佛時改名叫作無垢識，所證不會有所不同；因爲十方世界一切有情的根本都是「此經」如來藏，這第八阿賴耶識才是究竟法，其餘無有一法是究竟法。既然如此，娑婆世界 釋迦牟尼佛傳給我們的是這個法，阿彌陀佛當然也一樣傳這第八識妙法，乃至從西方回到娑婆再往東方去到 琉璃光如來的世界、也就是再去到 藥師佛的世界，不論到哪一尊佛的世界，同樣還是「此經」如來藏，因爲十方法界中就只有這個第八識妙法才是究竟法。

所以，如來授記這五百長者夫人往生到寶藏蓮華光世界，當然聽到彼佛所說的法依舊是「此經」如來藏，同樣是第八阿賴耶識。這是十方的三界佛土都如此，永遠都不會改變的事實，所以 佛最後的答覆是說：「**如是族姓女等悉生彼國，於彼佛所得聞『此經』。**」所以在正法中聽聞「此經」是很正常的事，但這是對菩薩而言。如果不是菩薩，聽聞到「此經」第八識就不正常了，一定是處於末法時代；因爲他們聽來聽去都是識陰所攝的離念靈知，不然就是六識心的綜合體，就是把識陰的自性當作是眞實的自我；那麼他們聽了「此經」第八識時就會很驚訝說：「**嗄？這個離念靈知是假的喔？還有一個第八識才是眞的喔？**」那時他們不能接受，馬上就會離開正法。

既然這第八識才是生命的本源，是一切三界世間的根本，諸佛講的當然會是這個阿賴耶識勝妙法；諸佛下生人間弘法眞的很辛苦，當然不會把比較差的法傳給你，一定是傳給你最好的法，你證得這個法時，不論去到十方三界中的哪一個世界或淨土去，祂們所傳的法都會跟你所證是一樣的第八識。所以我們聽聞到這個法時，要信、要接受、要修學，要聽聞熏習和實際上去履踐，看能不能實際上去證得祂。證得以後去檢驗看看，你有沒有什麼辦法把祂毀壞？從過往無量數諸佛以及諸大菩薩，乃至現今正覺同修會中證悟如來藏的老師們、菩薩們，也沒有誰能有一個辦法把祂毀壞。

不然層次再降低一點，二〇〇三年那一批退轉的人說阿賴耶識是生滅法，我們已經處理完了，因爲我們提出反駁說：「**阿賴耶識如何生的？如何滅的？請提出具體聖教或理證。**」但他們也無法提出第八識要如何生、如何消滅的方法與事實；那麼現在琅琊閣、張志成這一批人繼續再否定一次，也說阿賴耶識是生滅法，我們就把二〇〇三年那一次反問他們的話再反問一遍，請問：「**阿賴耶識既是生滅法，那祂何時生、何時滅？說個道理給我們大家聽聽吧。**」就好像世間法中，指認人家是殺人犯時，總要舉出人事時地：是誰被殺？什麼時間被殺的？他是怎麼下手殺的？殺的地方是在哪裡？人事時地都要有。

既然琅琊閣、張志成等人指控阿賴耶識是生滅法，那就問他們這第八識是何時生、何時滅的？諸佛說：「**阿賴耶識，法爾如是，本來不生。**」而偏偏他們說：

「阿賴耶識是生滅法，所以你們正覺增上班的所有人，老師們包括蕭平實都是大妄語。」但是請問他們第八識是什麼時候出生過？又是什麼時候消滅的？他們總得告訴我們吧，卻又講不出來，只好閉嘴無言，口掛壁上。二〇〇三年那一批人倒比他們好，提出一個《瑜伽師地論》的根據，說：「阿賴耶識，阿羅漢位滅，所以是可滅之法。」可是「什麼時候生」的問題，他們還是沒有答覆。

那我們就回來說「阿羅漢位滅」是指什麼道理？《根本論》中有說明，是學人進修到阿羅漢位時，滅了第八識心體的阿賴耶識性，而不是滅掉阿賴耶識心體；是滅了第八識的阿賴耶識性，不再收集分段生死種子了，所以把祂改名叫作異熟識；只改其名，不改其體，這怎麼叫作心體消滅了？但現在琅琊閣、張志成這一批人顯然不如二〇〇三年那一批人，那一批人至少也有努力去找到論典中有這麼一句「阿羅漢位滅」，算是很有力的證據，只是沒想到是誤會一場；但這一批人根本不答你，你反問了以後他們全都不答，繼續寫新的質疑文章否定正覺所悟的第八識。所以他們寫的文章、講的話，我們有好多同修氣不過就寫文章出來反駁，反駁以後他們全都置之不理、都不回應；然後看看法上沒辦法對付正覺，就改用事相上的無根毀謗，揑造很多的虛假事實。

但是我們聰明，不要跟著人家的笛聲跳舞；他們笛子怎麼吹，那是他們家的事，跟我們無關，所以只有追隨他們的那些彎溜身體的一類有情跟著舞動身體。聰明的人，就像二〇〇三年的時候，我告訴大家說：「**你如果聰明，我告訴你：最好的辦法就是兩邊跑，他那邊說法時你也去聽，這邊說法時你也來聽，然而你自己作比較吧！**」現在我說的道理也是一樣，我也不一定是說要趕人，但還是主張同樣的道理，他們說的法你們都可以去聽，看看去他們那裡可以實證什麼。佛法是現量，不是比量，更不是思想；所以如果張志成講的都是思想或比量的內容，全都不算是佛法現量上的修證；而我們正覺有現量，第八阿賴耶識是現量可證的；但他們把第八識否定了，所謂的修證就只能是思想，不可能是現量。而我希望大家兩邊都跑、都去聽聽他們講的，最好使他們買上兩間、三間講堂正式開講，然後你們去聽看看，聽完以後看要留下，或者要回來正覺都可以。

這就是我一向的觀點，二〇〇三年時是這樣，現在還是這樣，我不會改變。爲什麼呢？就像兩家店都說是在賣黃金，那一家賣的是鍍金，裡面是黃銅，但宣稱是眞金而指責這一家賣假金；然而這一家賣的是眞金，裡外都是金，所以不怕比較或檢驗，所以這一家便鼓勵大家說：「**你們也去另一家買買看，花點小錢，不要一次買太多，買一點點回來試試看。**」因爲假的是外眞內假，不論大小多寡全都假。賣假金的店，不會小的戒指賣你眞的，而大的金塊就賣你假的，不會這樣；如果賣假金的話，他們就全部都假，因爲他們心中也認爲那個假的是眞的，所以一假全部假。那麼大家都可以兩邊比較看看。

我估計《成唯識論釋》，大概兩年後就開始出版第一輯了，以後一定最少一年會出一輯，屆時大家慢慢再比較，不急。反正我又不是明年就要走人了，還要活很久；你們有的人年歲跟我差不多，也不要想說：「**我可能明年就走了。**」不會啦！我保證你們一定還會活很久，都會讀到《成唯識論釋》的！（大眾笑…）正法的力量要這樣才會堅強茁壯。意思就是說，十方諸佛都是講「**此經**」第八識，不會有哪一尊佛說另外一部經——第八識以外的法；因爲如果會有另外一部經或另外有人講出別的法來，那一定是玄想、思想而已，宣講的人也一定不是佛；連菩薩都不是，叫作外道，所說絕對不可能是眞實的，絕對不會是現量，所以 如來作了這個授記。

這時候長者夫人等五百人聽聞 釋迦如來這樣說完了以後，歡喜踴躍，她們是歡喜到踴躍起來。你們養過孩子，有時候孩子心中有一個朝思夢想的玩具，你一直告訴他說：「不行！不可能，那個太貴了，我們買不起。」有一天你突然有個因緣買了回來，要給他一個驚喜；他才一看見了，會歡喜到跳了起來，這就是踴躍！因爲太歡喜了。這五百位長者夫人此時就是這樣的歡喜，所以解下身上的瓔珞價值百千；瓔珞現在是比較便宜，古時候這很貴的，因爲古時候要挖礦都是人工去挖，現在用機器挖，生產量就增加了，所以古時候瓔珞很貴；這五百位長者夫人有配戴瓔珞，就解下來供奉於 佛，這樣供養之後就說偈。

這首偈是這麼講的：「我們五百夫人承蒙釋迦如來的安慰，今世以後捨離了女人之身；而如來從來說話無二，所說都是眞實的。」這四句就是在表達信受 如來的授記，如來這麼授記，她們就相信一定可以往生寶藏蓮華光世界，一定可以聽聞一切寶如意王光明如來再次演說「此經」如來藏，不但可以證得「此經」阿賴耶識，發起實相般若，而且捨離於女身。在那個清淨世界可能她們都將是中性身，就像極樂世界也沒有男人、女人一樣，全都是中性身，這樣就不會被繫縛了；又可以聽聞到如來藏妙法，心中當然很歡喜。

她們反觀回來說「女身爲最惡」，因爲古時候把月事當作是很不清淨的東西；現代人不會，現代人認爲只是一個維持人類生命的生理現象。古時候認爲那是很不清淨之物，所以是應該要遠離的，而遠離的唯一方法就是遠離女身。可是你們看道教或民間信仰裡面，正神的廟就沒有問題；凡是鬼神的廟，女人月事來的時候都不可以去。有沒有聽過這個說法？有！正神的廟就沒問題，因爲正神不吃血食，只有鬼神才吃血食；可是月事來的時候，那個血又是不淨的，他不能吃；眞的覺得那不清淨而不能吃，所以他就生起厭惡之心：「明知道我不能吃，妳還要來。」他就很生氣，往往加以擾亂，所以會招來不吉祥。但是正神的廟都沒問題，所以正神如果是什麼大帝、什麼上帝的就不會有這類問題；如果是鬼神的廟，什麼有應公、石頭公、十八王公的，妳們月事來時就別去，因爲他們喜歡血食卻不能受用，就會起瞋。這也表示什麼？也表示女人之身的生理現象既然這樣，那就是令人厭惡的。所以有的女人月事一來，她那幾天都沒辦法過日子，有的人甚至得請假，沒辦法上班，因爲太痛苦；這也表示是令人厭惡的事，所以應當要趕快捨離，才說：「**女身爲最惡，當願速捨離。**」

「**此經**」如來藏是凡夫與一切愚癡的二乘聖人所迷惑的事情，他們都不知道眞實相；換句話說，實相到底是什麼？他們完全不能理解，當然就沒有般若智慧。我也說過很多次，二乘聖人之所以能成爲二乘聖人，是因爲他們相信 佛說的「**名色從識生、名色依識生**」，他們相信名與色之上還有一個第八識存在，是出生名色的眞實心，而那個識是常住不滅的。那麼不受後有之後，就是剩下那一個識永遠獨自存在，離見聞覺知、離六塵，那就是無餘涅槃，所以說涅槃寂靜。因爲他們相信 佛這個聖教，所以相信這個識眞的存在，而他們不必親證，他們不修佛菩提道，可是因爲相信所以願意把自己滅了成爲無餘涅槃，知道解脫境界不是斷滅空。但由於尚未親證，就無法生起實相般若來，這就是二乘聖人成爲阿羅漢之後，佛還說他們是愚人的原因。那麼二乘聖人既然都不懂這個第八識了，凡夫當然更不懂，所以說「**凡愚之所迷，不知眞實相**」，他們迷惑的就是對實相法界的不解，對實相無知而不能理解。

然後話頭又拉回來說「胎生女最惡」，胎生的女人最令人嫌惡。胎生的女人是一種說法，請問：「胎生的男人就不令人嫌惡嗎？」你剛出生的時候渾身是血，而且往往身體被擠壓到變成紫色的，那好看嗎？也不好看。其實男人、女人都一樣，胎生的都令人嫌惡，所以長者夫人說，最好是「願更不復受」；因此有的人就喜歡往生去淨土，去諸佛淨土時大多不是胎生，就沒有這種令人嫌惡之事。而她們認為女人多了一項嫌惡，就是受人限制，尤其是古印度的女人，又加上每一個月都有不清淨的時候，所以覺得嫌惡，因此她們希望以後再也不要接受女人之身了，這樣可以離開女胎以後來證菩提，這是最棒的事。

那妳們女眾現在有沒有離開女身？應該說有才對，因為妳們證得如來藏以後就不是女身了。請妳們看看自己：「我現在是如來藏，他們男眾也是如來藏，他們跟我都一樣。我兒子跟我一樣，我父親也跟我一樣，所以從我的眼裡去看的時候，我女兒也跟我一樣是如來藏，我媽媽也跟我一樣是如來藏。」這就不是女身了，要這樣認知。這個時候證得佛菩提就是至高無上的事了，因為你證得佛菩提就是證得眞如，眞如就是第八阿賴耶識運行時所顯示出來的眞實如如的法性，這樣實證佛菩提時最爲無上，爲什麼呢？因爲你這時候以眞如智慧來看諸佛時，假使你可以覲謁諸佛時，就可以看看諸佛，祂們示現給你的是不是第八識如來藏？不管哪一尊佛都一樣。

如果有人說：「仰望諸佛，那太高了。」不然你往下看，地面總有螻蟻吧！螞蟻、蟑螂、蚯蚓，你看看是不是如來藏？也是啊！所以這樣證得菩提以後，連螞蟻、蚯蚓、蟑螂等昆蟲，及諸佛都不存在，全都是第八阿賴耶識如來藏；這便是究竟法「一即是多、多即是一」，無量無數的有情都叫作如來藏，也就是一，而這個如來藏可以是無量無數的有情，這便是多。那麼你說，自己可以證這個法，多棒！所以聰明人要趕快證第八阿賴耶識，把這個心實證了，然後去觀察祂的眞如；觀察祂的時候就叫作「閱讀」、或叫作「讀誦」。你觀察越多就是「讀誦」越多，那時你再去讀文字的經典時，還不如先直接讀這一部如來藏經。你從「讀誦」祂的過程中可以懂得更多，等到這些都「讀誦」之後，你說：「如來藏就是這樣，我好像再也讀不出什麼了。」這時候正好可以回來讀文字經典了，因爲如來從各個層面說了非常多，讀過以後就可以觀察到更多。但是不要問我說：「導師啊！這部如來藏經，我什麼時候可以讀完？」我會告訴你：「三大阿僧祇劫，因爲你讀完的時候就是成佛了。」成佛要三大阿僧祇劫。

長者夫人這樣講完了，心中都很歡喜，所以「瞻仰如來目不暫捨」，也就是說她們唯一的歸依就是 如來；因爲法從 如來、法由 如來，假使不是 如來降生人間把這個勝妙法講了出來，還有誰知道？所以說，如來是這部如來藏經、這部第八識妙法的法主，因此她們「瞻仰如來目不暫捨」。

這時候釋提桓因就趕快以天上的曼陀羅華從天上降下來散於 佛上，稟告說：「我們三十三天也同樣都應當要受持這部如來藏經。」他發了這個願，如來就爲他授記：「憍尸迦！你由於受持『此經』如來藏的緣故，如果與阿修羅戰鬥的時候，會使你永遠都得到勝利，不會讓你們的大軍退散。」爲什麼 佛陀能作這樣的授記？這是因爲釋提桓因證得「此經」如來藏以後，他有實相般若智慧時就能知道阿修羅的落處了，所以遇到戰鬥的時候，釋提桓因就拋出繩索來把阿修羅綁住了；那條繩索有一個名稱叫作五欲之繩，所以釋提桓因只要拋出五欲，阿修羅就全部被綁住了。

就像以前我講過，說我證得圓滿的初禪後一週之內，連續三天打坐的時候，天魔的女兒就來了，連續三天，有白種的年輕女人、黃種人，最後一天來了一個黑皮膚的女兒，但不怎麼黑，就像歐巴馬那個膚色，三人都是很漂亮的。人間說的國色天香還比不上她們，因爲國色天香只是人間的女人，她們則是他化自在天的天女下來的，確實很美！但是動不了我，爲了讓她們死心，我就跟她們講：「妳如果真的那麼喜歡我，就來人間投胎跟我當夫妻，我娶妳爲妻。」她們就立刻消失了，再也不來了；因爲我明知她們辦不到，她們都貪著他化自在天的快樂境界，怎有可能下來人間；我也知道她們要幹什麼，所以我把這話講了以後，她們就知道我曉得她們在幹什麼，就知道誘惑不了。這表示她們也是想要用五欲之繩來綁我，但綁不到，因爲我的境界已經超越欲界的境界了。

佛陀授記釋提桓因與阿修羅戰鬥的時候永遠得勝，不會退散，是因爲釋提桓因懂得如來藏「此經」，隨時隨地都知道第八阿賴耶識的所在，都能現觀第八識的眞如法性了，所以知道自己轉依第八識的眞如性以後得解脫了。釋提桓因已經知道眾生爲什麼會被繫縛，是因爲被五欲所繫縛，他就用三十三天的五欲之繩丟出去，阿修羅就全部被綁住了。

這個道理，諸位要用來領悟在諸佛的淨土當中沒有五欲可得。雖然西方極樂淨土也有美妙的食物與香味，但我說那只是下品生的凡聖同居土；往生到下品的凡聖同居土中，你住在那個蓮苞廣大的宮殿裡面，心裡說：「**我現在想念臺灣臺北的永和豆漿，他們那個燒餅油條很好吃。**」那時應念即得。但那是凡聖同居土與方便有餘土才有，可是上品往生的實報莊嚴土就沒有了。那麼這樣看來，上品往生的實報莊嚴土比較差，是不是？（有人答話，聽不清楚。）爲什麼不是？應該是比較差，因爲想要好吃的竟沒好吃的。所以諸位是有智慧的人，因爲境界越高，他的境界就越少，表示所擺脫的繫縛越來越多；當那些繫縛越來越多被擺脫掉了，那麼能繫縛你的事物就越少。

喜歡好吃的是貪味，好聞的是貪香，好聽的是貪聲，好看的是貪色；所以極樂淨土或者諸佛清淨世界，如來都只告訴你好的一面，另一面都沒告訴你。譬如說，極樂世界以什麼爲地？黃金爲地；以什麼來分隔道路？金、銀、琉璃、頗梨爲繩爲柱來分隔；放眼所見到處都是黃金珍寶，沒有人間彩色繽紛的各種花，這樣好看不好看？你若是以世俗凡夫的眼光來看時，好看不好看？你還說好看，我說的是世俗凡夫啦！世俗凡夫都喜歡花花綠綠，所以花就要整片都是紅的、粉紅的，不然全都是白的，然後地上都是綠草，「哇！好美。」如果整個上下一片都是黃金的顏色，你看來看去，大地也是黃金，黃金就不需要收集了；整個房屋也是黃金，所有都是黃金都同一個顏色，單調不單調？單調啊！那些世俗凡夫看了會喜歡嗎？不會！所以依他們的心性而言，往生後要關在蓮苞裡面很久，求生極樂世界的人對這一點要先想清楚！（大眾笑…）

在蓮苞裡面不說別的，只說上品中生好了，品位夠高了吧？上品中生在極樂世界的蓮苞中關一個晚上好好聽經聞法，等於娑婆世界的半個大劫時間；這段長時間之中要去習慣那個境界，然後放你出來，這還是聽聞過第一義而心中眞能信受的人才可能這樣，要很努力修行也對第一義有信解，聽聞過了、有瞭解了，只差還沒有實證；這樣的人上品中生往生極樂，還得要在蓮苞中關娑婆世界的半個大劫聽經聞法，極樂世界的一個晚上過去時才能花開見佛聞法，連續聞法七日後才能證悟得不退轉，再修極樂世界一小劫後才能入地。如果是下品的三生，諸位想想看，那是在蓮苞中要關多久？甚至於下品下生的人都要經歷極樂世界的十二大劫才能出離蓮苞，那是相當於娑婆世界多久了？

所以，意思就是說，一般人都喜歡五欲；我們在娑婆世界學佛有個好處，就是周遭都是五欲，你努力修行時這個也捨離，那個也捨離；不斷的捨離，最後不被五欲所繫縛，而這個能力在極樂世界要修學很久才可能成功，所以 佛告訴你：「**在娑婆世界一日一夜清淨受持八關戒齋，勝過在極樂世界修行善法百年。**」那裡的百年相當於這裡多久？很難算欸！那裡的一天就是我們這裡的一個大劫。所以，聰明人趕快投胎到娑婆世界來，雖然這裡髒污，這裡人心險惡，可是在這裡修行快；假使能力夠，不受引誘，往生到這裡來兩世、三世證得以後立刻回去，大家會驚訝說：「**你證量爲何這麼高？**」而他們那裡才只過了短短幾分鐘或一小時罷了，那你想他們那裡的聰明人要不要往生來娑婆世界？當然要！而且像他們那一種人生到這裡來，修學佛法的時候一定是用拼的，會像拼命一樣努力。

所以，你不要看這一部經中說，有多少人往生哪個世界，又多少人往生另一個世界，那麼我們這個娑婆世界不是都沒有菩薩了嗎？不用發愁，因爲有好多他方世界的菩薩聽聞到那裡的佛說這裡有法，修證也很快，他們就會往生過來。這裡時間短，人心險惡，所以有很多惡劣的環境，有這樣的逆增上緣去修學起來、鍛鍊起來，那個抵抗力就很強，以後往生到任何世界都沒有五欲可以繫縛你，這就是在娑婆世界實修的好處。但 釋迦如來不會宣揚說：「**我的世界是這麼勝妙。**」絕對不會自己讚歎自己，連一句話也不講。但因爲我不是 釋迦牟尼佛本人，我是祂的弟子，就可以講，這是個事實。

所以我也可以講他方世界的情況，就像剛剛告訴你們的「那裡全部都是黃金」，你住在那裡覺得怎麼樣？有的人會悶。會悶的人就要在蓮苞裡面多待一段時間，待慣了才放他出來；所以爲什麼要有那個蓮苞宮殿？目的就是在這裡。可是很多人讀經只看文字的表面：「**哇！這麼勝妙，我要去，我要去。**」他沒想到說，去到那兒關在蓮苞裡那麼久，就是要改變他的心性；心性改變後蓮苞開敷以後離開了蓮苞，所見全部都是黃金，沒什麼景色的變化，但你一定得習慣這樣單調的莊嚴。可是如果自己有能力，留在娑婆世界，以自己的力量來改變心性，那就快很多了。所以我以前說「**他殺不如自殺**」，學佛就是要把自己五陰常住的邪見殺掉，因爲這個五陰身心完全是假；連五陰身心都是假的，還貪身外之物幹嘛呢！如果能懂這個道理，你學佛就會快。這時候我們大家瞭解了，釋提桓因永遠會打勝仗、會勝過阿修羅的原因，就是因爲他有五欲之繩，因爲他證得「此經」如來藏而懂這個道理，轉依眞如成功了。接下來，文殊師利法王子說了什麼呢？

經文：【爾時文殊師利法王子與百千億衆生，皆悉發於善根因緣，文殊師利白佛言：「世尊！如來未發菩提心時，我已轉此不退法輪。」佛言：「文殊師利！十方無量億諸菩薩等，皆發大勝光明猶如日輪。」如是大地亦皆六返震動，諸天雨華盈沒於膝。爾時阿難白佛言：「世尊！以何因緣大地六返震動，諸天雨華？」佛言：「是無量百千億天，聞文殊師利所說，心生歡喜故雨此華，而作是言：『我等皆當受持書寫讀誦此經，亦願當得如文殊師利說如是法。』得聞經已，心生歡喜，大地一切普皆振動，諸天雨華。」】

語譯：【這時候文殊師利法王子以及追隨他的百千億眾生，聽聞到佛陀的授記之後全部都發起善根的因緣，文殊師利菩薩稟白佛陀說：「世尊！如來尚未發菩提心的時候，我已經開始在轉此不退法輪了。」佛陀說：「文殊師利！十方無量億的諸菩薩等，也都發起大勝光明猶如日輪一樣。」就像是這樣子說完了以後，大地也就六返震動，這時候諸天從天上降下天華來累積在地上盈沒了膝蓋。這時候阿難尊者稟白佛陀說：「世尊！現在是因爲什麼樣的因緣大地竟然六返震動，而諸天又降下了天華來呢？」佛陀說：「這些無量的百千億諸天，聽聞到文殊師利所說，心中生起歡喜心的緣故降下了這些天華，而且說了這樣的言語：『我們都會開始受持書寫讀誦此經，也願意將來都可以得到像文殊師利一樣的智慧來解說這個勝妙法。』聽聞到此經以後，心中生起歡喜，所以大地一切都一起六返震動，諸天才降下這樣的天華。」〕

講義：文殊師利菩薩是諸佛之師，他教出來的很多菩薩弟子都已經成佛了，而 文殊菩薩其實也已經成佛了，但是爲什麼又來到 釋迦牟尼佛座下來當法王子呢？因爲 釋迦如來於過無量無數百千萬億那由他劫之前就已經成佛了，想來 文殊菩薩成佛之前，應該是追隨過 釋迦牟尼佛，否則爲什麼成佛以後又來示現爲妙覺菩薩，來奉事 釋迦如來呢？那麼因爲他這樣的菩薩行也感動了好多的菩薩，所以

很多的人追隨著 文殊師利菩薩；有的是在龍宮、有的在天界不等，他們都追隨 文殊菩薩。文殊菩薩這一、兩百年在娑婆世界，也許下一、兩百年又到龍宮去，也許另一段時間又到哪裡去，這很正常。

菩薩有沒有故鄉？有沒有故鄉？有？沒有？你想想，上輩子追隨某一尊佛，祂示現入滅了，這一世來追隨 釋迦牟尼佛，下輩子又是追隨另一尊佛了，你的家是搬來搬去的，那你的故鄉在哪裡？（有人答話，聽不清楚。）對！阿賴耶識如來藏才是眞正的故鄉。說得好，每一個人都有故鄉，這個故鄉叫作如來藏，因爲你所接觸的法全部都由如來藏出生，不能以這個色身來看什麼叫作故鄉，而應該以自己身上所有一切法合集起來，看是全部從哪裡來的，那裡就是故鄉；所以菩薩沒有世俗法中說的故鄉，要懂這個道理。

我以前在這一世的故鄉，買來一塊重劃區的住宅用地一百多坪，那時是說：「未來此法有傳人了，我就回鄉把那塊地蓋起兩層樓來隱居，把往世想要回復的禪定等無漏有爲法再修回來，不然都沒時間修。」所以買了一塊地。那塊地隔壁是我哥哥、我姪女的地，他們都蓋好房子住進去了。有一天我回鄉去看老父，就住在那裡過夜；到晚上十二點，咕咕咕，雞叫了！然後凌晨一點鐘也叫，二點鐘也叫，三點鐘也叫，五點鐘也叫，到了六點鐘時不叫了。我說，牠們每天這樣叫，將來我住在這裡，還能修禪定嗎？想想，不行！於是到我同修的故鄉─我這一世同修的故鄉─又買了一塊農田九百坪想要蓋農舍隱居。

可是現在沒有機會了，我本來想要在二○○一年退休的，那時楊先生他們想要接班，可是親教師會議多數決議決定不准我退，所以當時鄭總幹事提出來說：「**請老師退休，我們推一個領導人來弘法，老師想要回鄉隱居就可以回去。**」親教師會議時有親教師當場回嗆說：「**那也要看他有沒有能力來領導大家。**」結果是我退不了，楊先生也接班不了，所以發動法難。既然退不了，後來我想：「**佛教被密宗用外道法全面取代，被釋印順全面割裂到支離破碎，真的不是個辦法；既然親教師們不讓我退休，我就大大的把它弘揚起來──復興中華佛教，不退了。**」才有今天正覺同修會這個規模。因為以前老是想趕快把往世的禪定、神通、意生身修回來，往世有禪定也有五神通，還有意生身，沒了也是很可惜，才會想要修回來。但是當時在故鄉買了地，說那個叫作故鄉；問題是後來又想，人有無量世，每一世都有一個故鄉，算下來就有無量的故鄉了，到底哪個才是眞的故鄉？對！就是阿賴耶識如來藏。而這個故鄉我們從來沒有離開過，又何必返鄉？對吧？不用返鄉，本來就住在故鄉中，所以禪師說：「**離家三千里，猶在故舍。**」說離開家裡已經三千里地，結果還是住在家裡，就是這個道理。

那麼意思就是說，由於 文殊菩薩的願力就是不斷的利樂有情，感念 釋迦古佛往昔的恩德，成佛後的現在又來襄助 釋迦古佛，觀世音菩薩也是這樣的道理來 釋迦佛座下當妙覺菩薩。那麼因此大家都發起了善根的因緣，什麼叫作「**皆悉發於善根因緣**」？就是本來並沒有想要修學佛法來成佛，現在有了這樣的因緣而發起效法之心，所以就歸命三寶發願成佛，於是發了四宏誓願，發四宏誓願就是「**發於善根因緣**」。這時候 文殊師利菩薩稟白 佛陀說：「**世尊！如來您還沒有發菩提心的時候，我就已經在運轉這個不退轉法輪了。**」這表示什麼呢？表示他學佛是比 釋迦如來更早，釋迦如來是特別、特別精進。所以 釋迦如來還比 彌勒菩薩晚四十劫開始學佛，然後又比 彌勒菩薩早了無量無數百千萬億那由他劫成佛；但是 彌勒菩薩是爲了廣結眾生緣，將來成佛的時候可以度很多人，也是爲了將來成佛時的佛世界更莊嚴，所以他的用心就不在法上精進，就是跟大家廣結善緣、不斷的以善業來廣結善緣，這是不同的因緣。

因此，文殊師利這樣說出他往昔的因緣，佛陀就說：「**文殊師利！十方世界有無量億的諸菩薩們，他們都發起很大的、很殊勝的光明就好像日輪那樣。**」日輪一出，天下光明；也就是說，這一些菩薩們都是 文殊師利之所接引，而現在證量都很高，所以他們都發起很大、很殊勝的光明，那光明就像日輪、就像日光一樣爲眾生照明。菩薩如果發起了意生身，這時候照亮了半邊天，爲什麼只有半邊？因爲大地的另一面照不到；此天空都是亮光，是什麼光？白光夾雜著金光，所以很多的世界中，都是有半邊世界中的人們，只要有天眼的人都可以看得見。

只要有初禪就可以發出很亮的白色光芒，有天眼的人就會看得見，沒有天眼就看不見，陰陽眼也看不見。所以從天界眾生的眼光來看時，他們都知道誰是有證量的、誰是沒有證量的：如果某人只有白光很強，就知道他的禪定很好；如果這個白光裡面夾雜著殊勝的金光，就知道「**這個人有證悟**」，一看就知道了。如果這個人發出來的光芒都是微弱而暗紅色的，那一定是喇嘛或外道，很簡單；他們的光色不強，全都是暗紅色的；如果世界上這裡一點紅，那裡一點紅，就表示這裡有喇嘛教，那裡也有喇嘛教，就是這樣。天界都知道，這是瞞不了天人的。如來這樣講就表示什麼？說 文殊師利菩薩功德無量無邊，所以 世尊這樣講完的時候大地「**六返震動**」，就是東踊西沒、南踊北沒……等，就是六種震動。這時候諸天也很感動而降下天華，那些華整個從地上不斷的累積上來，把膝蓋都給掩沒了。

天，很多人遇到大事情的時候就往天上大呼：「**天啊！為什麼如此啊！**」那麼天到底是什麼？天難道是虛空嗎？如果天是虛空，天就是無情，那你求天幹什麼？對吧？對啊！天如果是虛空，天就是無情，你也不用求它；因為虛空無法，不會回應你，那你求它幹什麼？如果虛空這種天是有情，那麼天就會老。對啊！所以有一句俗話講得好：「**天若有情，天亦老。**」所以說，天人會老，福報快要享盡時就稱為老，五衰相現；福報享盡後死了，就來人間受生。那麼從世間天來講，就是欲界天、色界天、無色界天，所以天是有情，不會是無情。

可是從佛法來講，有解脫天，也有第一義天，或名大乘天。如果求解脫，就去找解脫天，看哪裡有阿羅漢，就去拜師學法。如果你要當菩薩，想要將來成佛，得要找第一義天，第一義天就是大乘法中親證實相般若的菩薩。所以，這一些降下天華來供養佛菩薩的天，是什麼天？叫作生天，是因爲他們前世出生到天界去，就開始享用欲界天的福報了。如果從生天來講，人間的國王就叫作世間天，是因爲他們對所轄的人類有生殺予奪的大權。其實不論生天或者這些皇帝、國王都叫作世間天，他們對於解脫天、第一義天的道理是完全不懂的。

那麼會降下天華來供養佛菩薩的天，當然都是生天，因爲他們出生到欲界天去，主要是生到四王天或忉利天，才會有天華；當然其中也有一部分天人是解脫天或大乘天。這表示供養佛菩薩天華的這一些天，全都是欲界天人。爲什麼不是色界天人？我們修學了義法，對三界法也得要懂。很多人充滿著想像而且很努力修行，想要生到色界天去。但是色界天的境界，你們喜不喜歡？我要先問諸位這一點，你們想要證禪定而往生色界天去，要先瞭解色界天的境界。比如說我想要移民到哪一國去，就要先瞭解那裡；如果對那裡都不瞭解就開始辦理移民，那會太魯莽吧！色界天沒有樹、沒有花、沒有草、沒有泥土，也沒有得吃的；色界天人不吃飯，所以沒有好吃的菜，煎煮炒炸都沒有，每天沒事就靜坐，以禪定爲食。

你如果會想念臺北某家餐廳那個炸物好好吃，那你就別想往生去色界天，因爲你的心跟色界天不相應。如果常常會想著我老婆對我眞好又漂亮，那你也去不了色界天；去了你就得捨，不是世間相捨，是打從心裡就是全捨的。這麼說，那個境界你要不要？也沒有陽光，你要先瞭解啊！

也就是說，你捨得越多才能生得越高，生得越高就是境界越少，越少就越單調；你能夠習慣於那個單調，習慣於什麼法都不存在的境界，才能生得越高，才能越得解脫，這就是三界悉檀的道理。所以如果有人證得初禪，而說他會去貪人家的錢財，天下沒這回事，因爲他的心地都已經是色界天的境界了，要懂這個道理。所以你如果想要證得初禪，就不要貪著人間的各種法，就是這樣修，所以一定要斷除五蓋。你證得佛法之後，要斷五蓋才能得初禪，世間法中的禪定修行也是要降伏五蓋才能得初禪，沒有誰是還在貪錢財、貪女色時能證得初禪的。這就是三界悉檀，是學佛的人要懂的最基本道理。所以我說琅琊閣、張志成那些人，其實是連三界悉檀都不懂的愚人，沒智慧的學人就跟隨過去吧，我們就不留了。

所以「諸天雨華盈沒於膝」，一定是欲界天人供養的天華。那麼欲界天到底是哪一天？這還要探究是哪一天？嗄？是哪一天？三十三天哪！爲什麼不是四王天？因爲四王天是地居天，多數天人不能飛在空中，他們住在須彌山山腰；三十三天有各種最好的天華，而且他們緊鄰空居天而居住於須彌山頂，所以他們散華最適合；他們住在須彌山頂，這樣來降下天華供養佛菩薩。所以他們因爲對 佛的說法感動、對於 文殊菩薩的作法感動，因此阿難這麼問的時候，佛陀說這欲界天的「**無量百千億天**」，表示什麼？表示那些天人很多，有無量百千億。所以天人，並不是說每一個人，而是要叫作每一個天；他們聽聞 如來說法以後心中都生起歡喜，所以降下那麼多的天華來。因爲他們也聽聞到 文殊菩薩的說法以後同樣很歡喜，所以爲了表示認同，降下天華，因此他們也都發了大願；因爲這樣的勝妙法在人間聽不到，佛陀轉述了他們所發的願，說他們都會「**受持、書寫、讀誦此經**」；換句話說，他們信了阿賴耶識如來藏，所以受持，受持的時候表示什麼呢？就是得大乘無生忍。

已經得到大乘無生忍，本來是知道如來藏是什麼，但是忍不得；心裡不能生忍時就是還不能接受，就不會有實相智慧。譬如說，你現在從禪三下來，已經拿到印證了，很清楚能夠現觀自己所證的如來藏真的無生無死，祂本來就解脫；現觀的是你自己的祂，不是我的祂。你自己的阿賴耶識如來藏是本來就解脫的，你於此得忍，智慧就漸漸開始出生，表示你真的有開悟和轉依了。如果我跟你印證了，可是你心中還在懷疑：「這樣叫作解脫嗎？不是我這個五陰入無餘涅槃得解脫欸！」所以心中懷疑，那麼你實質上就是還沒有悟入。到最後乾脆不接受了，那就叫作退轉，就不是得忍。

所以佛法中得忍並不容易，因此實證的人都叫作無生忍；如果入地了，那個對無生諸法的忍叫作無生法忍。那你想，退轉的琅琊閣、張志成等人，設立了一個群組叫作無生法忍，請問：他們有沒有忍？沒有忍。他們就是不能忍，所以把如來藏第八識否定了，說大乘見道不是證第八識，分明表示他們對第八識的本來無生沒有忍；沒有無生忍的人，根本無法對一切法的本來無生起忍，所以否定一切法的本來無生，卻想要證無生法忍，那要怎麼證？矛盾不矛盾？大大的矛盾！想要證無生法忍，先要證第八阿賴耶識的無生忍；無生忍是個總相，從這個如來藏的無生，能接受、能安忍了叫作無生忍，那就是大乘真見道。

但這個大乘眞見道只緣於眞如的總相，可是眞如還有許多的別相，《解深密經》說有七大類的眞如別相，從邪行眞如到清淨眞如，總共有七大類，名爲七眞如，眞見道以後進修時都得要詳細觀察的。這每一類都有很多微細的眞如要觀察，這第八識眞如在各種行相裡面都存在，從種種行相中去觀察第八識所顯現的不同種類眞如，就叫作悟後的「讀誦」；你要讀誦祂，把所有行相中的眞如一一加以讀誦，讀誦完了還要深入去加以理解，讓自己產生勝解；產生勝解以後就是把這個道理寫進你的阿賴耶識如來藏種子中，這叫作「書寫」。先要有受持，然後才能書寫、才能讀誦，書寫、讀誦都完成了才有辦法「爲人解說」；如果書寫、讀誦還沒有完成，就不可能「爲人解說」。

他們退轉者中，有的人批評說：「這平實導師說法都是隨意說，都沒有引經據典。」問題是，什麼人需要引經據典而說？是沒有現觀而想要取信於人的弘法者，才需要引經據典。那我問諸位：釋迦如來說法時有引經據典嗎？諸大菩薩說法時有全部引經據典嗎？全都是依自己所證的「自心現量」的現觀而說的，本來就是這樣啊！如果是菩薩造論，論中當然要引經據典，但引經據典之後再爲大眾演說妙法時，就不需要引經據典了，否則要怎麼演說？除非聞者有疑，為了證信才需要引經據典。因為說法者是經過「受持、書寫、讀誦」的過程，這一些法已經在他心中全都顯露出來了，全部都是「自心現量」的實證，他有現觀，當然可以隨時運用，就不需要引經據典，在某一些情況下才需要引經據典來證明所說可信。

那我三十年來，有沒有引經據典？沒有喔？我都在講經欸！怎麼可以說我沒有引經據典？我都在講經啊！那就看我講出來的經、我說出來的法，有沒有違背經典？全都沒有啊！既然我都在講經，就是引經據典，他們卻說我沒有引經據典，這講法也很奇怪吧！他們的邏輯眞的不通。所以我說學佛首要，一定要先把世間邏輯作好；如果世間邏輯都不通了，說他能學唯識增上慧學，佛門中沒這回事！

那麼這樣子「受持、書寫、讀誦此經」之後，他們希望將來可以像 文殊師利菩薩一樣演說如來藏法。文殊師利菩薩說法從來不引經據典，他有引述過什麼經典嗎？沒有啊！他都是自心流露不斷的說出來，就像 如來一樣都沒有引經據典。所以他們退轉者根本不懂，有無生法忍的人說出來的法就是聖教量，已經引述「此經」第八識的現觀時就是聖教量。比如說，我講過二地住地心菩薩可以轉變自己的內相分，有沒有哪一部經典講過？沒有！三地住地心可以轉變別人的內相分，有沒有經典講過？也沒有！但那是法界中的事實。可是你們別問我是怎麼轉變的，因爲有一天 佛陀給我一念說：「**你如果去轉變了別人的內相分，或是將其中的法講出去，就會下地獄。**」我嚇死了，當下就把它忘掉；眞的全部忘掉了，我如果要重新再把那個法拿回來，最少還要再經歷那三個月的過程重新再來一次。

所以有無生法忍者說出來的法就是聖教量，如果沒有通過初地的無生法忍而進修到高地，你能夠把《楞嚴經》五陰盡判定是哪一地的境界嗎？作不到的。可是讀幼稚園的人讀不懂也聽不懂，你講了也白講，他聽了也不信；因爲他的程度不夠，就像京城裡來的御史大臣，他有生殺予奪的大權而來到一個鄉下地方，鄉村野老什麼都不懂，看到沒有穿著官服的御史時就說：「**你就是御史大臣？我才不信！你如果是御史大臣，老子還是皇帝欸！**」就是這個道理。所以度人時也要看對象，我不要度一般的學人，因爲程度差太遠；所以我到外面去，從來不說佛法。人家說：「**你是教氣功的嗎？**」我說：「**是啊！是啊！**」「**你是算命的嗎？**」我說：「**是啊！是啊！**」「**你算一次多少錢？**」我說：「**我算命很貴的，一般人算不起。**」

所以怎麼說怎麼行，我就不說我是學佛的人，因爲沒辦法跟他們講。

意思就是說，這一些天人希望得到像 文殊師利菩薩那樣的境界，希望可以爲大眾說法，可是要像他那樣實在太難了；而他們肯發這個大願，這是不得了的。那麼來到正覺同修會該不該像他們發這樣的大願？（大眾答：要！）對！要不然你來正覺幹嘛？來正覺就是要求悟，悟了就可以受持，受持了這個法以後每天不捨、每天觀察，就是書寫、就是讀誦；書寫、讀誦累積到一個程度以後，廣度夠了、深度也就夠了，這時候就可以開始爲人說法。佛陀就解釋說，天人們因爲發了這樣的願，所以心裡非常歡喜，導致大地六返震動，他們就這樣降下天華。可是阿難還是有想要再請示，那我們來看他怎麼請示：

經文：【爾時阿難白佛言：「世尊！是經能成諸大功德，是經甚深最爲希有。若有眾生，得聞是經一經耳者，當知是人不從小功德來。」佛言：「如是！阿難！當知是族姓男女皆已供養過去諸佛，是故今於此會得聞是經，心生信解，乃能受持讀誦解說。有此經處即是一切天人中塔，利益無量，其福不虛。若是經卷所住之處，及

能受持乃至書寫者，皆應供養如世尊想。聞是經者命終皆得不墮惡道，降伏眾魔建立法幢，常然法炬照諸幽冥，能吹法螺到菩提樹，擊大法鼓開闡法門，雨大法雨。有求法者皆悉滿足，顯示法界，盡開過去諸佛伏藏；知一切法，除色受想行識想，遠離眼耳鼻舌身意想，離一切法想乃至佛想。若聞是經，信解受持讀誦之者，是眞佛子，皆從法生。阿難！若有善男子等，若欲食法味，坐於道場菩提樹下如我不異，皆當受持讀誦此經，爲他人說；乃至手持經卷，恭敬供養。」】

語譯：【這時候阿難尊者稟白佛陀說：「世尊！這一部如來藏經能成就各種的大功德，所以這阿賴耶識如來藏經非常的深奧是最爲稀有的。如果有眾生，可以聽聞這部如來藏經才一經過他的耳朵而不懷疑的人，應當知道這個人往世不是從小功德而來的。」佛陀說：「就像是你說的這樣！阿難！應當知道像這樣的有名望的男子與女人都已經供養過去的諸佛了，由於供養諸佛的緣故今天來到這個大會中聽聞到這部如來藏經，心中生起了淨信和勝解，才能夠受持讀誦解說。有這部阿賴耶識如來藏經的所在之處就是一切天人中的寶塔，他的利益是無量無邊的，而他們的福德是眞實不虛的。如果有這部如來藏經的經卷所住持之處，以及有人能夠受持乃至於書寫的話，對於這部如來藏經卷或者能受持書寫的人，都應該加以供養猶如世尊之想。聽聞到這部阿賴耶識如來藏經的人，命終以後都可以不墮落於惡道中，並且能降伏眾魔而建立法幢，永遠燃起佛法的火炬而照耀各種幽冥之處，也能夠吹起法螺而到達菩提樹，能敲擊大法鼓而爲眾生打開及闡釋各種法門，並且降下大法雨來。有人來求法的全部都能滿足他們，而且能顯示諸法的各種功能差別，把過去諸佛的伏藏全部都打開來讓大家可以親見；這樣的人了知一切法，除掉了色受想行識之想，遠離了眼耳鼻舌身意之想，遠離一切法想乃至佛想。如果聽聞到這部阿賴耶識如來藏經，信解受持讀誦的人，他就是眞正的佛子，全部都是從佛法中而出生了。阿難！如果有善男子、善女人等，若想要親自品嘗這個佛法的法味，想要坐於道場之中住於菩提樹下猶如我釋迦牟尼佛沒有兩樣，全部都應當要受持讀誦這一部如來藏經，爲他人解說；乃至手持經卷，而恭敬供養。」

講義：阿難總是盡量爲我們向 佛陀挖寶，他挖了很多法寶流傳下來，我們就得到這一些法寶。這時他又報告說：「世尊！這部阿賴耶識如來藏經成就各種的大功德，」當然成就各種大功德，譬如說，某甲今天買了一大片地、蓋了一個大別墅，一家人住在裡面和樂歡喜，他是因爲有一家大公司，所以賺了很多錢，養了公司裡好多個家庭；請問你們增上班的同修們，他這些世間法中的成就，是不是從如來藏來？如果不是如來藏，他能成就這一些功德嗎？一定是阿賴耶識如來藏，他才成就這一些大功德。

有一天這某甲想一想五子登科了，世間的諸法沒有什麼所求了，想想一生就這麼過嗎？不甘心，所以開始學佛，有一天又實證了，乃至出來弘法了，但是推究下來，假使不是有阿賴耶識如來藏，他能有這些成就嗎？他任何一法都不能成就；因爲如果沒有他的如來藏，他五陰尚且不能存在，何況有這些成就。假使有一天，他身爲國王四十幾歲了，想一想：「聽說有轉輪聖王可以成就七寶，如果我是轉輪聖王多好！」沒想到竟然輪寶來了，於是所求皆成；接著珠寶、玉女寶、馬寶、象寶、主兵臣寶、主藏臣寶等總共七寶全部具足了，這時候他不是擁有一個國家而已，是擁有整個南贍部洲無量無數的國家，如果是金輪王就擁有四大部洲所有國家；可是你看看，他這一些成就，假使沒有如來藏就全部歸於烏有，你說阿賴耶識如來藏是不是成就諸大功德？

乃至有一天成爲四禪天王管理一個三千大千世界，他的成就還是從他的如來藏來。所以隨著眾生心想的不同，而阿賴耶識如來藏有不同的化現給他，所以說這一部如來藏經可以成就各種的大功德，乃至於將來成佛還是「此經」第八識的功德。全部都是這一部如來藏經的功德，結果有人告訴你說大乘見道不是證這一部經——不是證第八阿賴耶識心，那你信不信？鬼也不信，不說人不信。所以阿難就讚歎說這一部阿賴耶識如來藏經非常之甚深，這是最爲稀有的，因爲三界內外沒有一法比這一部經更勝妙。

最稀有的就是祂有一個定數，不可能增加；如果是工業產品，不管它多貴，有一天它都會降價、再降價，最後降得很便宜。我們小時候一條 Tetoron 的長褲，筆挺而不變形，大家都很珍惜；可是後來便宜到沒有人要買，又回過頭來買棉布的長褲，爲什麼呢？因爲它是工業產品，可以快速的生產很多。那你看看，臺灣土地爲什麼現在這麼貴？因爲它不能增加，它就這麼多，而人口或者錢財持續增長，一定會有人買，或是房屋蓋了就沒那塊地了。同樣的道理，如來藏就這麼多，每一個有情同樣只能擁有一個，誰都不可能擁有兩個如來藏；所以不論再怎麼有權勢、再怎麼有錢，都不能跟人家買得到；那你說，每個人永遠就只有這麼一個如來藏，你可以不要嗎？不能不要，因為你如果不要，立刻就沒命了。可是你也不能再增加，所以你就只能擁有一個，而祂的自性也是不增不減，那你當然要寶愛祂，而你將來成佛也要靠祂。

可是這部阿賴耶識如來藏經畢竟很難唸，要讀誦祂並不容易；你要先能受持，受持了祂以後才能讀誦祂；你若不受持祂，就不能讀誦祂。可是受持阿賴耶識如來藏心很難，因此一定要能忍。想我初弘法那幾年，我幫多少人找到阿賴耶識如來藏，可是沒幾個能忍，絕大多數人都退轉了；因為以前給的太容易，他們都沒有先修次法，沒有先建立六度的修學基礎，我就幫他們把第七樓的房子蓋了，所以後來颱風一吹全都倒掉了，因此現在才需要這樣好幾年的課程，最少禪淨班兩年半。兩年半之後能上山去而破參的都是有往世的因緣，通常都要再進入進階班，然後讀上好幾年再上山好幾次，才有辦法破參。

所以說這一部阿賴耶識如來藏經很深、甚深，而且這一部經最為稀有，你想要聽聞這一部經還眞的很難；不信的話，諸位！不談大陸，光臺灣一個小小的島就好，你到處去看，有哪個地方在講解這部阿賴耶識如來藏經的？甚至於網路上有個大山頭的網頁說：「**如來藏是怎麼樣、阿賴耶識是怎麼樣……**」在第一頁你看他們有在傳授第八識如來藏，然而看到第三頁時他卻說：「**阿賴耶識如來藏是不存在的。**」只是爲了吸引你點進去看他們的網頁。所以你要聽聞這一部第八識的眞經還眞是難哪！眞的很稀有。所以他們都在糟蹋這一部阿賴耶識如來藏經時，只有我們能忍而且能推廣祂、弘揚祂。

所以這一部阿賴耶識如來藏經很稀有，當這一部經這麼稀有的狀況下，如果有哪一個眾生可以聽聞這如來藏經「**一經耳者**」，只要耳朵聽過，他便可以聽得下去而不會走人，阿難說：「**這個人不是從小功德來的。**」因爲聽聞這部如來藏經而能信受，他一定是有往世的因緣，而且這個往世因緣不是小功德，否則一般人聽到講阿賴耶識、講如來藏，馬上就會跟釋印順講的那一句話聯結起來——外道神我，他會馬上聯結起來說：「**這個第八識是外道神我，不要聽。**」但他們不懂：「**外道神我其實只是識陰六識的境界，而如來藏是出生識陰六識的，不可能是外道神**

我。」你跟他講這個道理，他也聽不懂，因爲他猶如張志成，同樣是被部派佛教遺緒的釋印順邪見所迷惑了。

因此，能夠聽聞阿賴耶識勝妙法，而且能待得下來的人，都是有往世的大因緣，所以阿難尊者說得好：「當知是人不從小功德來。」那麼不只是聽聞阿賴耶識如來藏，如果繼續修行而想要實證，還得有更大的功德，菩提達摩不是講了嗎？諸佛如來曠劫以來，修行所成的這個妙法，他講了好幾句話，最後說：「豈以小德小智，輕心慢心，欲冀眞乘。」怎麼可以用小小的德行、小小的智慧，而且還具足輕心與慢心就想要親證這個眞正的大乘法呢？菩提達摩就講這麼白了，所以信受「此經」的人都不是從小功德來，往世一定曾經都有什麼大因緣。

阿難尊者說完了，佛就說：「就像是你說的這樣！阿難！你應當知道來修學這個如來藏妙法的有名望的男人、女人，都是過去世已經供養過諸佛了。」換句話說，過去的諸佛，他們供養過很多尊了。也就是說，能親證「此經」如來藏的人，證了以後不退轉，一定是過去供養過很多尊佛，從那麼多尊佛那裡聽聞到阿賴耶識如來藏勝妙法，他們不斷的熏習和累積供養種福田之後，來到這一世才可能信受以及親證不退。如果不是這樣，純粹靠善知識奉送，悟後保證退轉，這個我可以開保證書；因爲我已經經歷過很多退轉者了，現在都還有退轉的人，所以一定可以開保證書。如果已經「**供養過去諸佛**」以來，來到今天他又種了很多福田廣修福德，又聞熏諸佛如來所說的阿賴耶識如來藏妙法，當然他就不退轉，親證以後就能受持，能受持就能讀誦，能讀誦即能書寫，將來就可以「**爲人解說**」。

所以這一些「**族姓男女**」，今天在這個法會上聽聞到這一部如來藏經，心中生起了信受和勝解第八阿賴耶識，他才能夠「**受持讀誦解說**」，因此「**受持讀誦解說**」之前就是要能夠有信受和勝解。信受和勝解是要合在一起，因爲如果對如來藏的信不夠，就算他有勝解了，不久又會起疑就退轉。所以經過奉事諸佛、供養如來、不斷聽聞熏習之後才能夠產生信，這個信具足了以後，等到哪一天親證阿賴耶識的時候才能有勝解，有勝解才能受持。所以信不夠的人縱使你幫他勝解了，他還是會疑，有一天又退轉，一定不能如法受持；因爲信和勝解不具足，所以這是有層次的。信受勝解之後，他的勝解內涵已經夠了，所以才能受持，受持就是生忍，就是生起忍法。忍法的意思就是他心中接受了，對這個阿賴耶識勝妙法接受了，接受說：「五陰身心的自己是假的，而出生我五陰身心的如來藏才是真的。」他對阿賴耶識的現觀已經信受了，信受了才能夠受持，到受持的階段就是忍已經完成，他有無生忍了。

如果要講引經據典，很容易的，《楞伽經》不是講了嗎？說五陰身心都是幻化的、虛假的，最後說：「猶如木人，機發像起，咒力起尸，是名人無我智。」大意如此。也就是證得無生忍，這不就是證悟阿賴耶識如來藏了嗎？而我三十年來講說《楞伽經》這些道理，不正是引經據典嗎？所有證悟如來藏的人都懂這一點：五陰身心猶如幻化，說五陰身心都是假有的；最後觀察到好像一個木頭人安了機關，當這個機關發動了，那個木人之像就站了起來開始走路了；又猶如一個屍體，有個人唸了起屍的咒語以後，這個屍體就站了起來開始走路了。我這樣引經據典，又講解了很多部經與論而加以衍伸及解說以後，張志成還說我沒有引經據典；依他的標準，我大約是要引用釋印順、學術界講的內容，才能算是引經據典吧？但那些人全都是凡夫，也是嚼文字穀而不懂舂炊的愚人。

所以對佛法的修學有兩個階段：第一個階段就是先知道五陰身心是虛幻的，

是二乘菩提的見道；第二個階段叫「**咒力起尸、機發像起**」，能如是現觀的人，叫作大乘無生忍，看你接不接受？所以這個道理就很清楚了，你就是要證如來藏；這就是第八識如來藏，《楞伽經》就告訴你，佛講的就是阿賴耶識如來藏。菩提達摩爲二祖神光慧可印證時是用什麼經印證？對了，諸位都知道是《楞伽經》，但《楞伽經》中說阿賴耶識名爲如來藏，與無明及七識共俱，不斷地像洪流一樣流注出各類種子。那麼依張志成所說，這樣親證第八識如來藏而不能叫作證悟，還有什麼能叫作證悟？那就是他自己玄想得來的證悟，那就是佛法以外的所謂證悟，全都只是思想，不是佛法中的證悟。所以一定要先對第八識如來藏有具足的信心，具足信以後加上找到了阿賴耶識如來藏，觀察之後生起了勝解：「**啊！原來這就是眞如。**」這樣有了勝解之後終於能接受了，能接受了就是受持，也就是大乘無生忍，這時候才有辦法開始讀誦祂、寫祂說祂，這個道理，諸位要懂。好，我們今天講到這裡。

《不退轉法輪經》我們上週講到一百零六頁第一行第一句，今天要從第二句開始：「**有此經處即是一切天人中塔，利益無量，其福不虛。**」那麼請問諸位：「**此**

經」到底是什麼？（大眾答：如來藏。）所以諸位齊聚一堂坐在這個地方，「有此經處」就是「一切天人中塔」，所以你們眼前看見我這一尊塔，我眼裡看見你們這麼多尊塔；九樓的你們是這樣，這六個講堂，總共就是一千多尊佛塔，這都叫作「天人中塔」，不是一般的塔。因爲諸位信受「此經」阿賴耶識，甚至於有的人已於「此經」得勝解，勝解之後而能忍，這叫作「天人中塔」；而且是只要信解了就叫作「天人中塔」，不問你有沒有證得「此經」阿賴耶識。就好像我們在《金剛經》、《法華經》中講的「此經」，也是《大法鼓經》中講的「此經」，《佛藏經》中講的「此經」，莫不是這個第八阿賴耶識如來藏。

那《法華經》告訴我們：「有『此經』的所在就是有七寶塔。」《法華經》甚至告訴你：「走到園林之處，看見有『此經』就立一座寶塔。」去到任何地方，去到佛堂乃至你的臥房裡，看見有「此經」就立一座寶塔，怎麼立？沒有忘記吧？我們講《法華經》時講過了！所以你看，有一天 如來遊步於人間，釋提桓因等人追隨著，這時 如來突然撿了一根樹枝，在沙地上畫了個圈兒說：「此地宜建梵剎。」就畫這麼一個圈，說這個地方很適合建立一所清淨的寶剎。那玉皇上帝釋提桓因聽了二話不說，去路邊摘了一莖草來，在這個圈裡面這麼一插，雙手合掌稟白：「啓稟世尊！梵刹建竟。」那寶塔叫作梵刹，就是清淨的佛寺，他這麼一莖草往那圈裡面一插就稟告 佛說：「寶塔，我已經建好了。」

假使你今晚是第一次來聽經，試想一下：「釋提桓因到底建了什麼寶塔而稟告佛說已經建好了？」所以「此經」就是第八識如來藏，世出世間唯有如來藏是最最尊貴之法、是最最究竟之法、是無餘等之法，只要有此阿賴耶識如來藏所在的地方，那就是「天人中塔」。如果你能看見「此經」如來藏眞的在這裡，那你這個五蘊是不是一座寶塔？而且是「一切天人中塔」？因爲就像一句俗話講的「上窮碧落下黃泉」，不管怎麼樣上天下地去探究，「此經」阿賴耶識都是最究竟法、至高無上之法；所以一切天中最尊貴的無非是天主，然而那天主還是由「此經」阿賴耶識來造出五陰寶塔，否則天主的五陰身心又從何來？還是「此經」阿賴耶識所造。那你如果能夠親見「此經」阿賴耶識，表示你證得本來自性清淨涅槃了，因爲你已經現見眞如而可以現觀無餘涅槃中的本際了，那你也就有了實相智慧，知道五陰身心和「此經」如來藏非一非異，成就中道義。

到這個時節「利益無量，其福不虛」，爲什麼「利益無量」？說個比較簡單的，從此滅盡異生性而永遠不墮異生道，這利益就夠大了。而且你如果出世弘法，假使眞的道糧無以爲繼，開放給弟子們供養也是一生受用不盡，也可以盡未來際受用不盡。依這樣的福德來說，當然是「利益無量，其福不虛」啊！《華嚴經》說，想要遇見善知識時有八種難，從「出興世難、得值遇難」到末後的「得隨順難」，總共八個難，很不容易，所以學法的人供養善知識是天經地義的事。

假使我今天沒有資財，生活上無以爲繼，我就開放給大家供養，每一個人供養一把米，我就吃喝不盡了，都不用去賺錢；因爲一生就奉獻給眾生，爲眾生說法利益大眾，受供養當然是應該的。諸經中也說一切弟子都應該供養善知識，從奉事如來、諸大菩薩開始，一直到乃至對方只是第七住位的善知識，你受學此法想要實證阿賴耶識時也應當供養。本來學佛就應該是這樣，如果學佛老是看不起善知識，心裡面哼了一聲說：「你是個人，我也是個人，幹嘛我要供養你？」那他學佛就學不好。因爲於善知識無有恭敬之時，法就聽不進去了；然後善知識說的法，他心裡總是說爲非法；有時候聽了善知識說的法，他口中說這個是法，但對於善知識的解釋，他說那是「**非義**」，正是經中說的「**謂法爲法，非義爲義**」，那你說他學佛怎麼學得好呢？不過我不是要諸位供養，因爲我不缺生活資財。這就是說，證得「**此經**」阿賴耶識是學佛之中非常重要的事，即使糊塗如釋印順都懂得學法的首要就是見道，雖然他對見道的定義定錯了。這意思就是說，你如果證眞如了，親見「**此經**」阿賴耶識時時刻刻顯示祂的眞如法性，那就是「**利益無量，其福不虛**」，一生受用不盡。

不但「**此經**」阿賴耶識如來藏如此，接著說：「**若是經卷所住之處，及能受持乃至書寫者，皆應供養如世尊想。**」這裡說的是「**經卷**」，表示前面講的「**此經**」不是指經卷，現在才說到的「**經卷**」是白紙黑字寫的經卷，講解這部第八阿賴耶識如來藏的經典所在的地方，以及能受持乃至讀誦、書寫，所以總共四種，「**皆應供養如世尊想**」。演講阿賴耶識如來藏的「**經卷**」所住的地方，譬如說你家有一本《大方等如來藏經》，或者有一本《大乘同性經》，或者《佛說解節經》、《不退轉法輪經》等，凡是講如來藏的經典只要有一部在此，你就應當作供養之想，當作是 世尊所在而如法供養。

那麼如果能夠信解受持，能夠讀誦、書寫、為人解說的話，這四種只要有一種，都應該「供養如世尊想」。如果有人是親證而且具足受持等四種功德時，學人當然更要「供養如世尊想」。這表示你如果證得「此經」阿賴耶識了，現觀第八識運行時顯現出來的眞如時，就當作這個地方是有「天人中塔」，不但是人間的寶塔、也是天上的寶塔，所以不管你去到哪裡，看見有「此經」如來藏的地方，就應當要供養。怎麼供養呢？走到了餐廳就吃飯，在路上走著、走著，有時候想應當供養一下，那就摸一下額頭，這也是供養；只要你的心中存有供養之想，不論你作什麼都叫作供養。

可見「此經」第八阿賴耶識的重要，因為從凡夫流轉生死下墮三惡道，乃至修行證悟或將來成佛都靠「此經」阿賴耶識心，要想證得二乘解脫、要想證得佛地一切種智，也都全靠「此經」阿賴耶識，所以說「此經」是「天上天下唯我獨尊」。釋迦老子來到人間開口就講了這麼一句話，可是好多人愚迷不解還在否定「此經」。接著說不論「此經」阿賴耶識之實證，乃至只有演說「此經」阿賴耶識的「經卷所住之處」，那就等同「此經」的所在，看見佛堂中佛案上供著一本《大方等如來藏經》，趕快就禮拜，因爲要當作「如世尊想」。你如果不信，把它翻開讀一讀，那不正是 世尊在爲你說法嗎？而且說的是絕妙上法，所以「皆應供養如世尊想」，這是如實語。

接著說：「聞是經者命終皆得不墮惡道，降伏眾魔建立法幢，常然法炬照諸幽冥，能吹法螺到菩提樹，擊大法鼓開闡法門，雨大法雨。」如果能夠如實的聽聞這一部如來藏經深信不疑，你就有大利益了，因爲「命終皆得不墮惡道」；換句話說，你如果聽聞到阿賴耶識如來藏，了知自身也有如來藏，一切有情同樣都有如來藏，而祂是執持自己的一切業種；既然如此，你信不信因果？一定信啊！因爲五陰身心能取、所取都是如來藏變現出來的，那自己當然有生以來都生活在自己的阿賴耶識如來藏中，因此所造一切善惡業種子悉皆不失；既然所造一切善惡業種子悉皆不失，那當然就信因果了；因爲一切有情從來不曾外於如來藏而生活，都活在阿賴耶識如來藏裡面，如果造了惡業、造了善業，當然種子也會落謝於如來藏裡面。這樣的人深信因果，不可能造惡業，而且一定鼎力護持第八識妙法，這樣的人當然不墮惡道。如果進一步生起了勝解，有勝解就是親證第八識可以現觀眞如了，這時候即使天魔來了也轉變不了你。

學法之人之所以會退轉，是因爲他對於所證的如來藏朦朧無知；如果你對阿賴耶識如來藏的體驗夠，絕對不退轉。因爲體驗不夠，只知道一個表相的密意，而其實那個表相的密意並不是密意，爲什麼？因爲經論中都寫出來了，還能叫作密意嗎？他們退轉者對我威脅說：「**你再不聽從我的，我就把你的密意公布，讓你不能再弘法了。**」我聽了就說：「**讓他去公布。**」結果他公布出來是什麼？只是《成唯識論》裡面的一段文字。那些文字既然可以寫在《成唯識論》裡面公開，還能叫作密意喔？所以有的人即使來跟我說了，他經過考驗以後的那個所謂密意，我說那還不是密意，因爲他只知道表面，猶如俗話說的「**知其然而不知其所以然**」，所以就不是密意，而他那個密意其實都落在六識心行裡面。

就好像佛性也有密意，眾生所知道的佛性的密意都落在六識裡面，那不是佛性，因爲佛性是第八識的神用，道理也是一樣的。所以佛法不簡單，可是你如果實證了阿賴耶識而能現觀，對於所實證的「**此經**」如來藏，祂在三界中現行時有什麼所依，祂有什麼所緣，祂能變生什麼法，祂有哪些種子，祂的自性是如何，你都了知了，這樣還會退轉，殺了我也不信。所以退轉者都是矇朧無知的狀態，才會退轉。

眞正實證「此經」而能深入現觀眞如的人，他可以「降伏眾魔」，煩惱魔來了，一看：「這不過是如來藏函蓋的五十一個心所中的一個。」一腳就把它踢開了。死魔來了，這實證者說：這本來就是如來藏中的現象，都是從如來藏中所出生的法，現在只不過要回歸如來藏罷了，有什麼死可說？死不存在，生也不存在；追根究柢，它就是阿賴耶識如來藏，沒有眞正的我存在，只有這個如來藏，於是死魔也動轉不了他。所以五陰魔乃至天魔波旬來了都不爲所動，假使天魔要影響你什麼，你就用如來藏來現觀：「那一切全部都是如來藏所生的。」天魔聽你這麼一講，知道你有大乘無生忍，他摸摸鼻子，回天宮去了。

所以你能夠「降伏眾魔」，四魔都影響不了你；這時當然你可以爲眾生說法，於是就先「建立法幢」。例如以前玄奘在天竺建立的法幢，依中國話來說就只有四個字「眞唯識量」，告訴大眾說：「我提出的宗旨是，一切法眞實而無誤的全部內容，全都是唯識所現的事實，這叫作眞唯識量。」法幢建立了，開始爲眾生說法，這時候叫作「常然法炬照諸幽冥」。始終不斷的爲眾生說法，佛法越說越深妙、越廣大，這就是「常然法炬」。「常然法炬」的結果，眾生心中的幽暗就被照耀而消失了，所以說「照諸幽冥」。既然能夠這樣，當然舉世所見無所畏懼，這叫作「吹法螺」。吹起法螺來，不但自己能夠「到菩提樹」，也接引很多眾生同到菩提樹，那麼請問諸位：「菩提樹到底是什麼？」爲何答得心虛？也就是第八阿賴耶識如來藏啦！因爲你這五陰身心是如來藏之所建立，而如來藏遍布你五陰身心的一切處，無所遺漏。這時你既然「能吹法螺」，當然就有能力帶領眾生「到菩提樹」。

這時候假使有外道或佛門凡夫大師演說邪見諸法來誤導眾生，你當然可以「擊大法鼓」。「擊大法鼓」是破邪顯正，目的不是要殺害外道而是要救護眾生，那一面大法鼓塗上了解毒之藥敲擊起來，這鼓聲所到之處，所有眾生所蒙受的毒藥之害全部消失。所以，臺灣佛教界爲什麼現在懂得所謂的藏傳佛教密宗、不是眞正的佛教？因爲咱們二十年前「擊大法鼓」了。所以，有個政府單位詢問臺灣的中國佛教會：「爲什麼藏傳佛教不是佛教？」中國佛教會回答說：「本來就不是佛教。」政府單位問：「爲什麼不是佛教？」中國佛教會就把《狂密與眞密》拿出來送上去說：「這裡面證據太充分了，已經足夠證明它不是佛教。」這表示密宗的勢力在臺灣爲什麼現在無法大力發展了；以前的發展那叫作如日中天，而現在大眾漸漸瞭解他們的外道本質了。這表示我們「擊大法鼓」，所以鼓聲所到之處，眾生所中的法毒就消失了。那我們繼續「開闡法門」，所以我們講了很多部經，從各個層面都對「此經」如來藏加以說明，這就叫作「開闡法門」。這樣整個過程就是「雨大法雨」，因爲這個法雨不是普通的雨，這是三界中至高無上的大法，所以你爲眾生宣講這一些法的時候等於是降下了大法雨，這就是眞正的利益眾生。

接著說：「有求法者皆悉滿足，顯示法界，盡開過去諸佛伏藏；」現在講到「伏藏」，你們知道：佛教經中有講什麼，密宗就有什麼，可是他們那個什麼全都不是佛教中的什麼。所以他們看見顯教的經中有說「伏藏」，他們就偷偷去寫了一些所謂的經典，再去山上弄一些石頭把它蓋起來；然後等他死的時候交代弟子說：「你們哪個時候應當去什麼地方，把那一些石頭給挖開，裡面有伏藏，依著伏藏的教導好好去修行。」弟子們就去挖，挖開了，原來是他寫的，但都不知道是他寫的。因爲經中說龍樹菩薩曾經去龍宮寶藏取了經典回來，所以他們也來搞這一套，他們最會學表相，然而那個伏藏講的都是外道法。可是諸佛所說的法，爲什麼會是「伏藏」？因爲它潛藏在眾生心中，除非有人示現成佛才會全部演說出來，但諸佛演說時也不可能明說，所以說是「伏藏」。

所以，這個時候如果有人來求法，因爲知道這位善知識有眞正的法，就來求法了，那他就度化這一些眾生「**皆悉滿足**」。這個「**皆悉滿足**」，你不要以爲說：「**每一個人來了，善知識全部都幫他證悟。**」沒這回事！也就是說，要依著菩薩六度來修行，如果第一度布施，而他沒有福田可種，因爲到處都是外道法，或者佛門內的外道或者佛門外的外道。他沒有善良的福田可以種植，那善知識就有義務開闢福田，就開出一方福田讓大家來種。大眾有福德了，教他們應該如何受持菩薩戒，這樣一度一度終於修到般若度，要這樣具足六度的修行才能夠讓他們證悟。如果有的人沒有福德，你要開福田給他種，這就是滿足他；因爲他欠缺福德，你就開福田給他種。他如果還沒有戒體，你就傳授戒法給他，讓他產生戒體；乃至他的忍辱修不好，你就派人折磨他，讓他好好修眾生忍。如果他於法不能生忍，你就不斷的開示他：「**法是怎麼樣的，所以你應該要對法起忍。**」如是等等，一直教到第六般若度，這樣叫作「皆悉滿足」。

可是仍然要為他們同時「顯示法界」，也就是有情身上的一切諸法的功能差別，你都必須要為大眾解說，讓他們知道全都是阿賴耶識的功德，這叫作「顯示法界」。把這一些諸法的功能差別都顯示完了，眾生想要親證「此經」如來藏就不是難事，這樣就叫作「盡開過去諸佛伏藏」。所以善知識所說的法固然沒有創見，全部都是 佛陀曾經講過的法，可是對當代的有情來說卻往往是創見，因為大家都不知道。譬如說我們寫了《阿含正義》，對佛教界來講，裡面有多少創見？太多了，可是那一些所謂的創見，其實 如來在《阿含經》中都講過了。又比如說，我出來弘法沒幾年，就說有內相分六塵，是阿賴耶識如來藏所出生的，以前的兩岸佛教界誰講過？也沒有人講過。所以我專門出來講一些末法時代聞所未聞的法，然而全都不是我的創見，因為我的現觀是這樣；而我後來在《阿含經》也找到證據，《阿含經》也說有「內六入、外六入」。

所以這一些諸法的功能差別，你真的要如實為眾生宣講，眾生的錯誤邪見才可以扭轉過來。可沒想到這兩年張志成等人還在跟我爭執沒有內相分，我都已經講了二十幾年了，而且十年前還舉示《阿含經》中的證據了，他們都還不信、還是退轉；顯示他們入寶山雖然不是空手而出，卻撿了一些鐵塊回去當作是黃金，還指責我沒有引經據典，你說我能怎麼辦？所以有時候「盡開過去諸佛伏藏」，你還得看是面對什麼人。因此禪師講的說：「學人自己也得是個道器。」如果是個破缽，禪師給了法水，他就只能裝那麼一丁點兒。如果他是個很大的籃子，禪師給他很多法水，結果他也全部漏空了，有什麼用？所以說在修學佛法上，所應該具備的那一些條件與次法，自己一定要如實的一步一腳印付諸於實行，不要只是聽聞；因爲聽聞以後只是聞慧，都還不是思慧，更不是修慧，至於證慧、得慧就不用提了。所以說大乘佛法的修證，「聞思修證得」五個階位都要去作到。那佛法的修行就是六度跟十度，所以三賢位中修六度的時候，一定要如實履踐。如果不能如實履踐，那就來世繼續再修，修到有一世眞的可以如實履踐了，證阿賴耶識如來藏便易如翻掌、太簡單了。

就像《成唯識論》講的，如果有人眞懂得有內六塵的話，他就可以親證如來藏了。爲何這麼說？因爲他對六塵相信是內六塵，知道這覺知心所了別的並不是外六塵，是自己如來藏所變生的內六塵；如果是這樣，他當然如實信受有阿賴耶識如來藏。因爲既然每一個人各有自己的內六塵，覺知心所觸知的並不是外六塵，那如來藏一定存在，否則這內六塵打從哪兒來？這樣的人相信自己七轉識所接觸到的六塵，全都是自己的阿賴耶識如來藏所變生的，如實信受，他將來就有資格可以親證「**此經**」如來藏。

反過來說，不相信有內六塵的人，就沒有資格親證阿賴耶識如來藏，善知識濫慈悲幫他證了，他還是會退轉，會繼續跟你爭執說：「**我所見的六塵都是外六塵。**」可是他沒有智慧去想一想：「**我這六識是心、是精神，精神不能接觸物質性的六塵，因爲六塵是色法。**」他沒有去想這一點，或是聽善知識講過而他不信，所以他把自己所接觸的六塵當作是外六塵，那就是心外求法，當然沒有資格證如來藏。這樣的人寫懺悔書，懺悔大妄語業，我舉雙手贊成，因爲他們都應該寫；所以我一開始就沒有反對他們寫懺悔書，因爲他們確實該懺悔。

這就是說，你如果能夠顯示諸法的功能差別，從眼識、耳識、鼻舌身意識、末那識、如來藏第八識的諸法功能差別，都能爲眾生顯示，那就是說，諸佛—不論是現在諸佛或過去諸佛－的所有「伏藏」，你已經爲眾生顯示出來了。這時候所知就不同，所見就不同，所想也不同，所住的作意也跟以前不一樣，所以說：「知一切法，除色受想行識想，遠離眼耳鼻舌身意想，離一切法想乃至佛想。」也就是說，現在對一切法有重新的認識而跟以前不同，以前所認知的「一切法」就是「一切法」：這叫作眼根、耳鼻舌身意根，這叫作眼識、耳鼻舌身意識，這叫作色塵、聲香味觸法塵，一一各有不同的功能差別，可是沒辦法聯結在一起，全都是生滅法。就像釋印順那樣，這個法是這個法，那個法是那個法，另一個法是另一個法，所以般若叫般若，中觀叫中觀，唯識叫唯識，是不同的體系而非互有關聯的，成爲支離破碎而沒有關聯的；太虛法師就看穿了他的手腳、看清了他的落處，所以公開評論說：「我的徒弟釋印順，把佛法割裂到支離破碎了。」而他自己講了以後，師父也這樣評論他，他還不信，所以在釋印順的想法中：「阿羅漢是阿羅漢，佛也是阿羅漢，阿羅漢也是佛，沒有眞正獨立於二乘解脫道的法。」他就否定大乘法而混在一起，認定二乘菩提就是全部大乘佛法。「他認爲大乘經中所說的佛法呢，唯識是唯識，阿含是阿含，般若是般若，空宗是空宗，有宗是有宗，都是各自獨立而不相關聯的不同系統。」但其實一切諸法全都叫作「一切法」，而「一切法」就是阿賴耶識如來藏，他卻不懂，當然也無法現觀。

所以菩薩實證以後對於「一切法」所見不一樣，在「一切法」中明明看見有「色受想行識」，可是這五陰全部都是如來藏所變生的，所以重新看見五陰的時候知道這是如來藏，不是五陰了；看見了「眼耳鼻舌身意」六根的時候，說不是六根，而是阿賴耶識如來藏；看見「色聲香味觸法」六塵，看見「眼耳鼻舌身意」六個識，說這六識、六塵都是阿賴耶識如來藏。所以《楞嚴經》告訴你：「云何五陰本如來藏妙眞如性？」問你這個道理，然後 佛就爲你解釋爲什麼五陰本來就是如來藏的妙眞如性；然後「云何五陰本如來藏妙眞如性？云何六入、云何十二處本如來藏妙眞如性？云何十八界本如來藏妙眞如性？」就這樣一直跟你宣演說明，原來「一切法」全都是阿賴耶識如來藏。這時候，你看見「一切法」都是如來藏，當你看見諸位妙覺菩薩、等覺菩薩的時候又是什麼？對了！也是異熟識如來藏；乃至於看見佛的時候，原來也是如來藏無垢識，就是「此經」。這時候，魔來魔斬、佛來佛斬，全部斬卻，因爲全部就是阿賴耶識如來藏，哪裡有佛？佛也是第八識如來藏變生的，魔也是第八識如來藏變生的。

到這個時節，哪一天你打坐入了定境，天魔波旬來了，用五欲之繩要來綁你，你就告訴他：「**波旬老兄啊！你不要來障礙我，你障礙我就是障礙你的如來藏，而你的如來藏那麼盡心盡力的護持你，你竟然還要來毀謗如來藏、障礙如來藏的弘揚，你這個人眞的叫作忘恩負義。假使你能夠捨棄了這個忘恩負義的心行、身行，哪天你證得阿賴耶識如來藏了，可就成爲解脱的聖者了。**」他當時聽了可能不信，但是回天宮以後，有一天他會想的。他爲什麼會想？因爲你把種子種進去他心中了，他當然有一天就會想起來說：「**人間這某某菩薩爲何跟我這樣講？**」想久了，他就有因緣了，他就會變成菩薩。

換句話說，這時候無佛、無法、無僧、無眾生，沒有任何一法可得，所有一切諸法都是如來藏，因爲都是由阿賴耶識如來藏變生的，也都是依止如來藏的支持才能存在及運行，所以都歸於如來藏，本來就是如來藏中的一部分，《華嚴經》把這叫作「**萬法唯識**」，整部《成唯識論》就在講解與證明這個「**一切法唯識**」的道理。所以《成唯識論》十卷把它揉合起來、歸納起來，只有五個字「**一切法唯識」，論名便稱爲《成唯識論》。既然從卷一開始講到最後結束，都在告訴你這個道理，說「一切法」唯識所變，那麼請問，十八界中的六根、六塵、六識，是不是「一切法」所攝？是！那麼這十八界也是唯識所變。既然六塵也是唯識所變，那怎麼會沒有內相分的六塵？說句不客氣的話，外相分的六塵也還是唯識所變，因爲器世間都還是共業眾生的如來藏共同變現的，怎麼不是「一切法唯識」？沒想到退轉的糊塗人張先生不懂還自以爲懂，講出來的跟《成唯識論》講的都正好顛倒；他每講一個法都跟《成唯識論》顛倒，你說怎麼辦？這樣的人有沒有得法的因緣？當然沒有。因爲他們對於「此經」阿賴耶識不得忍，只信受釋印順的六識論邪見，所以講出來的跟《成唯識論》講的全部顛倒，沒有一處是相符合的，卻自稱懂得《成唯識論》。

這時當你離開一切想，唯一之想就是如來藏想，因爲一切法都是如來藏，所以「若聞是經，信解受持讀誦之者，是眞佛子，皆從法生。」你看，如來對佛子的定義很明確，一點兒都不含糊。如果聽聞到「此經」阿賴耶識如來藏，心裡面起信也能夠勝解，然後可以受持、心不搖動；接著每天可以讀誦祂，讀誦「此經」

就是每天觀察如來藏的自性，也觀察阿賴耶識如來藏的功能差別，這叫作讀誦，這樣的人就是 釋迦如來眞正的弟子。所以要當祂的兒子不簡單，釋迦老爸收了好多的兒子、生了好多兒子，可是這一些兒子都是「**從法化生**」，依於如來藏這個妙法而化生出來，所以是 佛的兒子。如果是外於如來藏、不信有如來藏，而自稱他是佛子；我永遠不信。不但此世不信，過去世不信，未來世也不信。

也就是說，佛子的廣義定義，至少都不否定第八識如來藏，因爲他聽聞「**是經**」阿賴耶識以後要能信受。勝解比較難，因爲要證得第八識如來藏才能有勝解；可是如果從另一方面來說，聽聞之後對所聽聞的如來藏法義能夠生起聞慧上的勝解，也是不錯的。譬如說，善知識告訴你：「**這第八識如來藏離見聞覺知。**」你聽了以後說：「**喔！我有一個眞心是離六塵中的見聞覺知的。**」然後哪天善知識又講：「**因爲對六塵離見聞覺知，所以祂在六塵境界中都不分別，祂叫作無分別心。**」好，又信受了說：「**我有一個眞實心是對六塵沒有分別的心。**」這樣逐次聽聞而使他有所增益、有所信受的內容，逐漸增加而更多了，都可以如實生起信心，這就是最基本的佛子的定義。

如果不信有第八阿賴耶識，而自稱他是僧寶，那都是騙人的！因為 佛不承認有這樣的出家弟子。所以，那一些人一天到晚在否定第八識，一天到晚開口閉口都說「大乘非佛說」，而他們都自說是佛門僧寶的六識論者；請問諸位：今天開始你信不信他們是僧寶？不信了！因為他們說的法都跟 如來打對臺！如果你生了個兒子，一天到晚跟你競爭，都在跟你打對臺，說你的產品有問題，說你作人有問題，說你沒有誠信，一天到晚毀謗你；然後另外拿出一個東西說這個才是我老爸公司生產的東西。他那樣就是在賣贗品，這樣的人，你承不承認他是你的兒子？還有人承認喔？（大眾笑…）因為你們有的人沒有說不是啊！這個道理就很清楚了，那一些人一天到晚否定 佛在經中所說的第八識妙法，佛當然不承認他們是兒子。你如果能夠勝解，就是親證上的勝解，能現觀了而且能受持，也能每天讀誦「**此經**」阿賴耶識如來藏，那當然更是「**眞佛子**」；這就是從法化生，依於 佛所說的法中法身慧命出生了，所以叫作眞正的佛子。

那麼 佛就作結論說：「**阿難！若有善男子等，若欲食法味，坐於道場菩提樹下如我不異，皆當受持讀誦此經，為他人說；乃至手持經卷，恭敬供養。**」佛陀是把勝義與現象兩個層面都提出來講了。從勝義諦來講，如果有善男子、善女人想要飲食這個如來藏經的法味，想要「坐於道場菩提樹下」，道場就是阿賴耶識如來藏；「想要坐於如來藏這棵菩提樹下，猶如我釋迦牟尼佛一樣沒有差別，他就應當要受持『此經』阿賴耶識如來藏，也要讀誦『此經』如來藏，不但如此，還要為他人解說『此經』阿賴耶識如來藏。」這是從勝義諦來講。可是如果有人發願為眾生講解阿賴耶識如來藏，但他還沒有親證，於是就手持宣講如來藏的經典；凡是解說如來藏的經典，他就拿著經卷依文解義為別人解說；這樣的人，所有人對他也都應該「恭敬供養」。

因此，二十年前臺灣後山那位老比丘尼，曾經為人講解如來藏經，雖然是依文解義，我曾私下對某些人說應當恭敬供養於她；可是她後來不講阿賴耶識如來藏了，她跟著釋印順講大乘非佛說等，還跟 世尊打對臺說「意識卻是不滅的」，還出書亂說十地菩薩所證都是意識境界；我就開始評論她了，因為她已經不是 佛的兒子。冒充是 佛的兒子，那個罪還輕；她現在冒充是成佛了，因為她叫作宇宙大覺者，罪更重。然後你們如果去各地的慈濟醫院，看入門時大廳那個壁畫是什麼？

畫著她在爲弟子探病，不是畫 佛陀爲弟子探病；聽說被人評論以後，改畫爲釋印順向弟子探病了。她們不是以 佛陀爲弟子探病的現成的實例來畫，就表示她認爲釋印順或自己已經成佛了。你們要懂她畫那一幅圖的意思，因爲她不是畫 佛陀的圖像；那一幅圖像稍早以前畫印順，後來又畫了她在旁邊，這就表示她認爲釋印順成佛了。

釋印順過去以後，因爲那是印順還在世的時候蓋的，但釋印順過去以後，她也鑄造了一尊像，賣三十萬元臺幣，說是佛像，每年五月浴佛的時候就用來當作佛像給大家來敬浴；可是那個身形、那個面容是誰？就是她自己啊！所以你說，這一些人還能叫作佛子嗎？他們就像某一些上市公司的老闆夥同少數幹部掏空了公司一樣，他們是掏空了佛法中的財寶而代之以常見外道法。

所以，佛陀對佛子的定義很清楚，你至少要對如來藏生信；信受不疑之後努力修行、去求證，求證之後可以讀誦，可以爲人解說，這就是眞佛子。所以信受不疑也是眞佛子，這是佛子的最起碼、最基本的條件，否則連十信位都不是，就別說十住乃至成佛了。如果還沒有辦法實證，至少他信受了第八識，身相也是個僧寶，他就持如來藏的經卷為人解說；自己講完下座了，把「經卷」供上佛案，自己也恭敬供養於宣演如來藏的經卷，那眾生對他也就應該恭敬供養，這就是如來對「此經」如來藏應該如何看待的結論。接著阿難尊者又為我們挖寶了：

經文：【阿難白佛言：「世尊！於末劫中，當有人能受持讀誦，手持此經恭敬供養不？」佛言：「若今聞經明信解了，於將來世亦能受持讀誦、為他解說，手持此經禮拜供養。若有沙門婆羅門天人及阿脩羅今聞此經，於未來世更不聞者，無有是處，何以故？以今聞法因緣力故，若於後世亦得聞法，必能信解。譬如長者多諸男女，其家大富財寶無量，金銀、琉璃、珊瑚、琥珀、硨磲、瑪瑙、眞珠、珂貝，奴婢僮僕象馬車乘，有如是等一切財寶置之於後，遊行他方還至本處，得此寶不？」阿難言：「得！何以故？此諸財寶本屬己故。」佛言：「阿難！如是法寶，今得聞者即是己法，後還復聞。我今亦以佛眼，見現在世受持讀誦此經典者，後則還得如今無異。若未來世有諸眾生受持此經者，皆以佛眼觀察，如今所見等無有異。若有誹謗此經典者，我以佛眼明見此人，亦如今日。」】

語譯：【阿難尊者稟白佛陀說：「世尊！於末法的時劫當中，還能有人可以受持讀誦，或者手持**此經**的經卷來恭敬供養否？」佛陀回答說：「就像是今天聽聞此經如來藏而能夠明白的信受勝解了，於將來之世也能夠受持讀誦、以及爲他人解說，並且也能手持**此經**而禮拜供養。如果有出家人、在家人、天人以及阿修羅在今天聽聞到**此經**，於未來世竟然可以不再聽聞到**此經**的話，沒有這個道理，爲什麼呢？因爲今天聽聞正法因緣勢力的緣故，如果於後世也可以再度聽聞到此如來藏妙法，必定可以生信及勝解。譬如有一位長者他生了許多個子女，而且他的家業非常的大、很富有，財寶無量無數，他擁有金銀、琉璃、珊瑚、琥珀、硨渠、瑪瑙、眞珠、珂貝，還有許多的奴婢以及僮僕和象馬車乘，有這樣的一切財寶而把它放在他的車中，乘載於身後，遊行到其他的地方依舊回來到他本來所住的處所，他能得到這一些財寶否？」阿難尊者回答說：「得！爲什麼呢？因爲這一些財寶本來就屬於自己而不曾遺失的緣故。」佛陀說：「阿難！像這樣的法寶，如今能夠聽聞的人就歸屬於他自己的法，未來世還是一樣可以重複再聽聞到。我如今也以我的佛眼，看見現在世受持讀誦這一部**如來藏經**的人，他們在未來後世一樣還是會像如今聽聞沒有差別。如果未來世有各種各樣的眾生受持此**如來藏經**的話，我同樣都以佛眼觀察，猶如今天我所見的諸人受持這一部**如來藏經**而沒有差別。如果有人誹謗這一部**如來藏經**的話，我以佛眼分明的看見這樣的人，也如同今天不相信此**如來藏經**而加以誹謗的人一樣。」】

講義：阿難尊者總是盡量爲我們請問，佛陀就有因緣講更多的道理出來，所以阿難尊者問：「世尊！於末法的時代裡，未來還會有人能夠讀誦『此經』、受持『此經』，下至有人可以手持『此經』而恭敬供養否？」這等於作球給世尊，因此世尊可以從另一個層面再來說明。佛陀回答說：「如果今天聽聞到這一部如來藏經而能夠明白經中所說的法，也能夠信受、能夠勝解，這樣算很好了；可是也有人聽聞之後可以了知，」「了」就是全部具足圓滿的知道，「具足圓滿的知道這一部如來藏經，那麼這一些人於未來之世，同樣也能夠受持『此經』、讀誦『此經』，乃至於有了勝解而爲別人解說；或者有人聽聞之後沒有勝解，但是他可以手持『此經』永不放棄，每天禮拜供養『此經』。」

如果從勝義諦來講，「手持此經」而恭敬禮拜供養，這就不容易了。請問如果你禮拜供養這一部經卷的時候，你會拿著這一部經典來禮拜供養嗎？一定把它供在佛案上，才能禮拜供養；但他是「手持此經」而禮拜、而供養，請問這是何許人？他就是實證者。所以我每天早上「手持此經禮拜供養」，因為「此經」就讓我執持著，我就這樣禮拜供養，就以這一部經來禮拜供養 釋迦牟尼佛，同時就是「手持此經」而禮拜供養了自心如來阿賴耶識了。如果今晚是第一次來聽我講經，可能心裡想說：「奇怪？我又沒看見您拿著哪一部經，怎麼說您拿著這一部如來藏經在禮拜供養釋迦牟尼佛？」可是我一到講堂，就是「手持此經禮拜供養」，而諸位也跟著我一樣是「手持此經禮拜供養」，只是有的人有看見如何「手持此經」，有的人沒看見如何「手持此經」罷了，但一樣都是「手持此經禮拜供養」。

你們大眾生來這一世，可以聽到我這樣演說佛法就值了；你這一世就值了，即使這一世還沒有實證，來世也可以實證；因為沒有哪個善知識敢這樣講，而咱們把「此經」的眞實義講了，也有許多人現證，同樣可以「手持此經禮拜供養」。那麼如果這一世你還沒有機會實證，至少你已經聽聞了，這個種子種進腦海裡，死了轉進如來藏裡面去了，來世就有因緣再聽到「此經」，聽到了就心生歡喜而想：

「這個才是我要的，我要努力求證『此經』，發起實相般若的智慧。」以後再聽到釋印順那一些六識論者所謂的緣起性空，立刻就知道那是無因論的緣生性空，並不是眞正的緣起性空，於是聽也不聽，扭頭就走，繼續尋覓第八識眞經，那麼你總有一世要親證「此經」的。

佛陀告訴我們的就是這個道理，所以就說：「如果有出家人、在家人以及阿修羅，」現在把阿修羅也容納進來了，雖然阿修羅叫作無酒，因爲他們脾氣暴躁，但是有些阿修羅也是喜歡修學佛法的，佛說：「假使有阿修羅如同在家人、出家人、天人，今天聽聞到『此經』如來藏，於未來世再也不會聽聞『此經』如來藏的話，」佛說：「沒有這個道理，」除非聽了以後心生厭惡，來世就沒有因緣；如果心生歡喜信受了，來世還會有因緣再次聽到。當他聽到人家在哪裡講如來藏，就說「我也要去聽受」。所以在這信與不信的兩種人之間，未來世是否親證的果報差別太大了。這一段話就是告訴我們，聽聞到「此經」如來藏阿賴耶識的時候，要從心中確實信受，而且把祂信到最深層的心裡面，未來世一聽到如來藏阿賴耶識就心生歡喜，這樣未來總有一世要證「此經」如來藏。

佛陀就解釋那個原因說：「今天或者這一世，由於聽聞正法因緣勢力的緣故，如果於後世同樣也可以聽聞到這第八識妙法時，他心中必定可以對阿賴耶識生起信受和勝解。」因為心中已經信了，信自己也有一部勝妙的經典叫作如來藏經，又名阿賴耶識。講到這裡，我就要問諸位了：當善知識說你五陰之中有一部很勝妙的如來藏經，名為阿賴耶識自性清淨心；現在產生兩個狀況，一個人如實信受，另一個人完全不信，信的人知道說「我身中有這一部如來藏經很勝妙」，心中很歡喜；不信的人說「我身中沒有這一部如來藏經，那是編派的」，一點歡喜心都沒有；而這一部如來藏經阿賴耶識眞實有、眞實可證，請問：是如實信的人有福，還是不信的人有福？（大眾答：如實信的人。）當然是信的人有福。所以我說不信的人叫作愚癡人，他們自以為聰明，是因為他們想：「佛陀說有這一部如來藏經第八識在我身中，而我不能證得，多沒面子，乾脆把祂否定了，別人就不能夠說我沒有證悟。」他們是從世俗法來考慮而自以為聰明，可是因為他們不信有眞心阿賴耶識，未來世就不可能求證「此經」，不求證就永遠證不得，那麼三乘菩提的解脫功德與智慧當然永遠不會生起來。

另一位如實信受的人，他會去看：「有不少人眞的實證了，我可以百分之百信受。」如果還沒有人實證，也許八成信受，也許六成信受，也許乃至兩成、一成信受，都比完全不信受的人要好。「如果善知識講了以後，也有指導諸多弟子實證『此經』阿賴耶識了，並且也出來證明眞的可以實證，那我當然要百分之百信受；我今世信受了，來世就有因緣可以實證，我當然比較有福。」可是不管信與不信，「此經」如來藏阿賴耶識都眞實存在，是每一個人自家裡都有的寶貝，不會因爲他不信就消失不見了。

所以 如來講了一個譬喻：譬如有一個大富長者，他生了許多個兒子、女兒，而他的家業非常之大，所以是個大富的人；他家裡財寶無量無數，金銀、琉璃、珊瑚、琥珀、硨磲、瑪瑙、眞珠、珂貝全部都有，而且每一樣的數目都非常多，因此他還要僱用許多的奴婢以及僮僕來幫他處理這一些家業；而他家裡還有大象所拉的車乘很多輛，以及馬所拖拉的車乘也有很多輛，於是當他需要出門長期旅行時，就把這一些無數的財寶都放入大象所拉的車輛中，以及放入很多駿馬所拉的車輛中，隨著他到處去遊行時可以使用。

這像不像諸位？像不像呢？（有人答話，聽不清楚。）答這麼小聲！眞的像啊！每一個人都是這樣，有很多的兒子、女兒，對不對？如來藏阿賴耶識出生了七轉識，不就是七個兒女了嗎？七轉識還有很多的心所法，那兒女到底是有多少？然後用這個大象所拉的這個車乘，用很多馬所拉的車乘，就譬喻這個身體，這樣帶著到處遊行；遊行世界諸國後又回到你原來住的家中，這一些財寶始終都跟隨著你，奴婢僮僕也跟著你。什麼叫作奴婢與僮僕？說句比較難聽的，奴婢僮僕就是你的侍者、就是你的如來藏，都是祂流注出許多的心所法在奉侍你，還供給你非常非常多的財寶；然後你就這樣帶著祂到處去遊行，遊行膩了回到本國你住的家中，請問你這一些財寶是不是還歸你得？對啊！還是歸你得，別人不得；因爲你一直帶在身上，就這樣遊行諸國回到你原來的地方。

如來就問說：「他這樣遊行他方還至本處，得此寶不？」作了這樣的譬喻來問阿難，阿難尊者回答說：「得！爲什麼得呢？因爲這一些財寶本來就屬於他，又不曾離身。」佛陀就說：「阿難啊！像這樣本來而有的上妙法寶，如今可以聽聞的人，當他聽聞了之後，這一些法寶就是他自己的法。」也就是說，好像自己住的一個很大的住家，在庭院裡面埋藏了很多種類的財寶，可是他自己不知道。有一天，有個人有天眼看見了，來告訴他說：「你家那麼大的庭院，很多地方都埋藏著財寶，你可以去挖。」所以他聽了以後就去挖，挖了三個月、五個月，挖到幾處財寶了，受用無盡。

就好像聽聞到自己身上有「此經」如來藏一樣，終於他知道有阿賴耶識這個財寶，他就珍惜這個財寶；然後又繼續修學，就譬喻那個人在庭院別的地方又繼續挖，於是又挖到另一批財寶。也就是說，他進入加行位了，確認能取的七轉識我、所取的六塵相分，也都是如來藏空性中的法，「那我要把如來藏找出來」，這就是最開始挖到一小部分財寶。然後他開始參禪尋找了，等於他挖到另一部分財寶，然後這個加行位也就是參禪過程完成了，他終於找到阿賴耶識了，就是挖到一處更大的財寶，終於能如實「受持」了。然後從這個更大的財寶，順著根源線索去追尋，又找到更多的財寶，這就是「讀誦」；「讀誦」完成了，他具足了知以後就可以「為他解說」，就是使用這一些財寶來利樂一切有情，佛陀這個譬喻講的就是第八阿賴耶識這個道理。

所以今世聽聞到此第八識妙法，如果還沒有實證，沒關係，未來世聽聞了還是有機會實證；因爲人都有未來的無量世，終究有一世會重新接觸了義法而得修行及實證的；這也是因爲每一世聽聞時都心生歡喜，而每一世也都在修集六度，遲早有一世要證悟「此經」阿賴耶識。所以，佛陀說「今得聞者即是己法」，因爲聽聞了以後就是自己的法了，「後還復聞」，未來世還會繼續聽聞；因爲善知識不會只有出現一世，在法可以弘傳的世代，總是會一世又一世出現。

你可別說：「那可不一定，那善知識也許到色究竟天去，也許過一段時間又到兜率陀天去，也許到極樂世界去，我怎麼知道還可以再值遇善知識？」那麼請問諸位：「善知識肯爲眾生出來說法，不求名不求利，他會只顧著自己躲在兜率天宮、躲在極樂世界嗎？」不會的！即使他到兜率天去，或是去極樂世界、或去琉璃世界，他去上幾十年以後，心裡總會想：「娑婆世界那些人不知道現在道業如何？」對啊！佛陀視一切眾生如獨子想，那善知識視一切眾生至少也會像兄弟姊妹想吧？難道可以把兄弟姊妹放著不管嗎？不會吧！所以他總是會回來的。他雖然會想念諸佛如來、想念一生補處菩薩，總不會去了就一直待在那裡，難道他以前對釋迦牟尼佛發的四宏誓願不算數了？難道入地時發的十大願也不算數了？是不是這樣？不會的！那個願一定在，所以對善知識要有信心。

我對善知識有信心，反而對眾生沒信心（大眾笑…），因爲有的人三心二意，今天說：「我信有如來藏，所以我要求證如來藏阿賴耶識。」明天想一想：「搞不好那是假的。」他心裡又不信了。可是善知識由於已經實證了，所以絕對信受，也絕對記掛著眾生；因爲善知識懂一個道理，什麼叫作「攝受佛土就是攝受眾生」，諸位都知道；如果沒有眾生，你哪能成佛？所以眾生道業成就，自己才能成佛，這是所有地後善知識都懂的道理，那他當然會記掛著一切眾生，所以縱使有時候想念 如來、或者想念一生補處菩薩，去一去經過相當於人間的幾十年他就回來了，難道會在那裡待到老死喔？這個道理永遠都不會改變。所以 佛就說：「我如今也用我的佛眼，看見現在世受持『此經』、讀誦『此經』阿賴耶識的人，他們後世還會像如今這一世沒有差別的繼續信受以及讀誦『此經』。但是我也同樣用佛眼看見，如果未來世有各種各樣的眾生受持『此經』的話，我如今也是以佛眼觀察到，他們就像今天這一世受持讀誦『此經』一樣沒有差別。」所以從此世講到未來世，從未來世所見的講到此世，這些眞正在學佛的人其實是同一批人；由於信受如來藏經的人是同一批人，所以今世信受阿賴耶識的人，未來世還是同樣會再信受，而現在看見未來世會信受的人，就是今世信受的這一批人。

所以有的人口頭告訴我，或者寫信告訴我說：他悟後要去度他的師父，而他的師父以前都是在否定第八識如來藏，也不信如來藏就是第八阿賴耶識。諸位看看我會作何想？我一定告訴他說：「你不用去度他，因爲他不會信受。」他都已經公開誹謗「此經」如來藏了，都公開宣稱第八阿賴耶識不存在了，你還要度他，他怎麼可能信受？尤其你是他的弟子，他一定會想：「我作師父的都沒悟了，你這弟子倒悟了。」對啊！我這一世所歸依的師父就是這樣，聖嚴法師當面告訴我：「我這個作師父的都沒有開悟了，你這個弟子倒是悟了。」他就這樣跟我講，當著我的面這樣跟我講。所以我一定會告訴他說：「你不用再去度你的師父，只要把自己度了就夠了。」因爲此世否定「此經」如來藏的人，就是未來世會否定「此經」如來藏的人；而未來世會否定「此經」如來藏的人，就是此世在否定、誹謗如來藏阿賴耶識的人。

所以最後結論說：「若有誹謗此經典者，我以佛眼明見此人，亦如今日。」爲什麼呢？因爲邪見的種子如果沒有深心去懺悔而滅除，這個邪見種子會一直留存在心中，縱然他否定「此經」阿賴耶識，誹謗「此經」之後來世下墮三惡道，歷經種種痛苦竟然不知爲什麼受苦；然後受報完了，回到人間的時候聽聞到「此經」如來藏，以及聽聞善知識說明如來藏又名阿賴耶識時，重新又再誹謗，於是又下墮。所以這個謗法的種子是很厲害的，然而想要滅除這個惡法種子很難。諸位想想看：他們會否定「此經」如來藏、會誹謗「此經」阿賴耶識的原因是什麼？是什麼？是因爲名聞利養，他們太看重名聞利養了。所以即使以前被誤導，那無所謂，但是後來有善知識出世弘法，再三說明眞的有「此經」如來藏而且可以實證，他們那時就應該趕快去尋找相關的經典、論典加以求證，看善知識所說是否屬實；而他們不可能沒有求證，求證之後知道經中、論中都說實有「此經」第八識，卻繼續誹謗，那是爲什麼呢？因爲放不下名聞利養。

所以，這樣的惡知識座下有好弟子，終於懂得尋求正法的實證，他們如果發願說：「我悟後一定要去度我師父。」我如果見了這種有善根的弟子，一定會當面告訴他：「你不用度他了，因爲他都已經成爲一闡提人了，你還有能力度他嗎？不說你，我蕭平實都沒辦法度他；即使佛來了示現給他看，也是沒有辦法度的，除非他的一闡提業消滅了。」因爲《楞伽經》裡面講得很明白，只要有人開口誹謗「此經」如來藏阿賴耶識，他就是一闡提人。既然是個斷善根人，你還想要花心思去度他作什麼呢？不如度他好好善護口業、修人天善法。但那一種人是不可能接受的，因爲他們太看重名聞跟利養了，放捨不下就與此法無緣。接著，阿難尊者又爲我們請問了某些法上的事：

經文：【阿難白佛言：「世尊！若人不信不解，誹謗是經，當趣何所？」佛言：「止！止！阿難！莫作是問。」阿難白佛言：「世尊！唯願說之。當使未來眾生有不信者聞斯果報，則便恐怖令生信解。」佛言：「若是誹謗、不信果報，所受苦痛與五逆業其罪同等。若以利刀殺害眾生滿三千大千世界，於意云何，是人罪報當趣何所？」阿難言：「是人業報當趣惡道。」佛言：「阿難！汝今應當作如是知：若恒河沙諸佛入涅槃後，爲供養舍利造作塔廟，有人惡心焚燒毀壞；於意云何，是人當得

幾所罪報？」阿難言：「如是人等受報甚苦，則不可說亦不可聞。若誹謗此經，說其過惡所得罪報，亦復如是不可得聞，何以故？是人毀壞過去、未來、現在諸佛一切法眼故。」佛言：「若見有人受持讀誦此經典者，而起誹謗、輕笑、毀訾，教他不信，令使是人不得讀誦、如法受持，當知是人其罪甚重，復多於彼。」阿難言：「若滿三千大千世界眾生，具足十善住菩提道，若有壞如是等人眼者，得幾所罪？」佛言：「是人當於無量阿僧祇劫，所受諸身則常生盲；於地獄中受苦無間，常挑其目。若有一人於此經中而生誹謗、心不信者，我說是人罪亦如彼。」

語譯：【阿難稟白佛陀說：「世尊！如果有人不信受也不生勝解，而誹謗這一部如來藏經阿賴耶識，他死後將會趣向什麼處所？」佛陀說：「停止！停止！阿難！你不要問這個問題。」阿難尊者稟白佛陀說：「世尊！唯願世尊為大眾說明。將可以使未來的眾生有不信受的人聽聞到這個果報以後，心中就會生起恐怖而能使他們信受理解此經如來藏。」佛陀說：「如果是誹謗和不信受此經阿賴耶識的果報，所領受的苦痛和五逆罪的業，他們的罪是同樣平等的。如果以利刃來殺害眾生遍滿三千大千世界，你的意下怎麼樣呢？這個人死後的罪報應當要趣向什麼地方呢？」阿難尊者回報說：「這個人的業報將會趣向三惡道。」佛陀說：「阿難！你如今應當這樣子了知：如果恆河沙數的諸佛入涅槃以後，有人爲了供養這恆河沙數諸佛的舍利而造作了非常多的塔廟，然而竟然有人生起惡心來焚燒毀壞這一些塔廟和舍利；你的意下如何，這個人未來將得到多少的罪報？」阿難尊者回說：「像這樣的人，他們所受的果報非常的痛苦，那就無法說明也無法聽聞了。如果誹謗此經阿賴耶識，而指稱這一部如來藏經有什麼過失或罪惡，他所得到的罪業果報，也就像是我說的這樣不可以聽聞，爲什麼呢？因爲這個人是毀壞了過去諸佛、未來諸佛以及現在諸佛一切法眼的緣故。」佛陀就說：「如果看見有人受持讀誦這一部如來藏經的人，而生起了誹謗、輕笑和毀呰的話，乃至於教導別人不信受此經阿賴耶識，使得這樣的人不能讀誦而如法受持，應當知道這個人的罪報是非常的深重，還遠多於那個殺害眾生滿三千大千世界的人、或者毀壞恆河沙諸佛舍利和塔廟的人。」」好，今天只能講到這裡。

本來今天要跟諸位先講一小段經文，但我想還是把它留到下一週再來講；因爲咱們週日會員大會也隨緣講了不少勝妙法，讓大家先消化一下。但是會員大會上有些同修以及理事長告訴我，請我吩咐說：大家不要拼了命一直作，都不肯休息；因為有的幹部甚至於凌晨一點、二點還在寫信，乃至有的人已經到了三點、四點快要天亮時還在寫信，現在我要提出一個觀念：「留得青山在，不怕沒柴燒。」很多的同修們私下裡抱怨，這一年多以來因為這個新冠肺炎的關係，所以好多義工都停了，沒得義工可作。

我就想，我們幹部們那麼忙，為什麼不要把一些工作分給別的同修來作？這不但可以滿了同修們有義工可以作的願，幹部也可以留得青山在，走更長遠的路。我說，我這個老人還要再走十九年的路，你們可別有誰在我走人以前就先走了。在臺灣的習俗，兒子、女兒先走時，老父親送棺時是怎麼送的？要拿了拐杖敲他的棺材頭，意思是說你是個不孝子沒有活下來好好供養父母，竟然比我們老人先走。所以，你們每一個人至少都得再活上三十年、四十年，這樣才能有人繼續承繼　如來的宗門正法以及增上慧學；你們如果是年輕人，還要活上五十年、六十年，等候我再回來正法中，完成尚未完成的復興佛教大業。

也就是說，幹部們的工作要分給大家作，因為疫情期間很多事情都停了，大家沒義工可作，結果他一個人作到那麼辛苦、作到半夜或凌晨，而其他人沒得作，也不是很好。我希望我們幹部們就是分派工作、指揮工作，然後一定要好好追蹤工作進度就好，不要自己親自操勞，這樣才能持之久遠；因爲道業不是一世、兩世的事，不是十年、二十年的事。所以，我們希望大家有這個觀念要改正一下，以後如果有幹部凌晨了還在寫信，請理事長、董事長回信要罵一罵，別讓他們這樣作，這樣作不能長久的。

回到《不退轉法輪經》，這部經已經開始進入尾聲了，然後準備要講《解深密經》。我們上週語譯到一百零八頁第一行「其罪甚重，復多於彼」，【阿難尊者又請問說：「如果滿足三千大千世界的所有眾生，全部都具足十善而住於佛菩提道中，那麼如果有人出來毀壞這一些眾生慧眼的話，他會得到多少的罪業？」佛陀說：「這樣出來毀壞眾生慧眼的人，將來會在無量阿僧祇劫之中，每一世所領受的各種色身，不一定是人身，而且一直都是出生以來就盲無眼睛成爲生盲者；他捨壽之後先往生於地獄之中而且受苦沒有間斷，並且獄卒也會時常來挑出他的眼睛。如果有一個人在這一部宣演第八識妙法的經中所說的法，產生了誹謗的行爲，他心中

也是不信受此經阿賴耶識的人，我說這個人的罪就像那個遮障三千大千世界眾生慧眼的人果報一樣。」】

講義：好了，聽聞到這裡，有沒有為某些人腳底涼了？阿難稟白說：「世尊！如果有人不信受『此經』阿賴耶識、不能夠勝解『此經』如來藏，而且進而誹謗『此經』，」「此經」就是如來藏阿賴耶識，「他們死後將會往生到哪裡去？」佛陀本來是不想說的，所以 佛陀說：「停止啊！停止啊！阿難啊！你不要問這個問題吧。」可是阿難為了警覺末法時代的眾生，到底是為哪一些眾生而問？以古時候來說就是為部派佛教那些聲聞凡夫僧、凡夫論師而問，部派佛教那些聲聞僧一天到晚跟菩薩諍論，還寫邪論出來跟菩薩相爭。菩薩說得太深而他們不能勝解，也不能信受，說怎麼可能有一個第八識心是這樣的，是自性清淨心而有染污，所以不信之後還寫了謬論印出來跟菩薩諍論。

如是邪見思想流傳到後代，那些部派佛教的遺緒就是釋印順這一些人。釋印順是標準的六識論者，所以根本無法與解脫、般若、種智相應。他死了以後，他的出家追隨者現在比較安分了些，但是卻有一位姓張的退轉者主動繼承他的六識論思想，這一些人，從釋印順到張先生，全部都是部派佛教那些聲聞僧的遺緒。所以說，部派佛教那些六識論的聲聞論師寫的邪論影響大不大？有的人還阻止我說：「老師！您講法就好了，不要講他們的錯。」我說：「我如果不講，那些錯誤的法會繼續延續，來破壞今世、後世所有學人的慧眼，猶如部派佛教的思想，一定會遮障大眾的慧眼，讓大眾慧眼無法出生，繼續走向部派佛教的邪思謬想中。」因為我看到這一點，所以主動批判釋印順；他是沒有批判我的人，我卻主動批判他，因為不能不批判他。他的本質是什麼，我必須要批判給大家知道，他就是部派佛教那些聲聞凡夫論師們的遺緒。

聲聞法傳到部派佛教中期的時候已經沒有證果的人了，可是他們繼續去讀大乘經、大乘論，然後自以為是大乘僧，都不知道自己的本質其實是聲聞凡夫僧，也來寫論跟菩薩諍論。你們看，那個安惠論師寫的《大乘廣五蘊論》，內容有多麼荒唐，把能生識陰的第八阿賴耶識也攝歸識陰之中，然而三、四十年前，釋印順還規定所有佛學院都要教這一部邪論；那他就是把六識論的思想灌輸到所有讀佛學院的學生以及學僧的腦袋裡去，所以臺灣佛教界六識論的邪見才會那麼猖狂；

猖狂到我們把它破了，現在還有張志成先生在釋印順死後，追隨李元松而主動去繼承釋印順的邪說，繼續拿來否定正法，但李元松死前作了公開懺悔，張先生卻完全不加以理會。你看，這事嚴重不嚴重？所以當年窺基勸止玄奘，說不要指名道姓破斥部派佛教的聲聞論師，這是有很大過失的；所以後來他寫了《成唯識論述記》的時候，特地反過來指名道姓而寫出部派佛教那些論師的姓名，想要彌補過失，可惜的是《述記》同樣文字艱深而效果不彰；所以我才要寫作非常白話的《成唯識論釋》，同時把部派佛教那一些聲聞論師的人名列出來，說明玄奘菩薩破了邪見的這一段論文是破誰，講那一段法義又是破誰。我得要把他寫進去。

佛陀本來不想說，阿難卻繼續請問：「世尊啊！唯願您爲大眾說之。因爲您講了以後，可以使未來世很多眾生不信受『此經』如來藏的人，聽到了這樣的果報以後，心裡面就恐怖起來，不想領受那個謗法的果報，然後他們就會努力的修學，在心中生起對於『此經』阿賴耶識的勝解，有勝解以後就不會退轉。」阿難立意良善，他希望 世尊把那個抵制正法的果報如實講出來，後末世如果有人讀了這一部經中 如來的警示，知道會領受那種極惡劣的果報，應該就不敢再故意毀謗了。

然而有可能嗎？阿難一廂情願想要救人，可是即使 佛已經說了，也救不得所有人；在很多部經中，佛都有談到毀謗「**此經**」如來藏的嚴重後果，可是每一代都有人繼續在毀謗。

二〇〇三年那一批退轉的人沒有毀謗「**此經**」，他們只是自己再創造一個第九識出生第八識，來宣稱他們的法更棒，所以他們沒有毀謗「**此經**」，跟現在琅琊閣主及張志成這一批人不一樣。所以我說那一批人的善根比現在退轉的這一批人善根要好很多，他們只是發明一個第九識眞如，宣稱說「**我證的是佛地眞如，祂出生了第八阿賴耶識，比你們正覺的修證更棒。**」是這樣子。但現在琅琊閣這一批人是直接把第八識否定，說大乘見道不是證第八識，眞如也跟第八識的自性無關。那不然開悟時是要證什麼？大乘見道是要證什麼啊？這就是一個問題。他們既然推翻了第八阿賴耶識如來藏，就得要提出大乘見道是證什麼的答案出來，因爲這是否定第八識以後必然要面對的命題。一定是這一邊有另一個證據在手，才能夠說另一邊講的大乘見道證第八識、證眞如是錯誤，才可以這樣公開講。

可是第八阿賴耶識是宇宙萬法產生的根源，由共業眾生的第八識如來藏共同來變生出這個世界之後才有流轉的時間而稱爲宇與宙，合稱爲宇宙；這個宇宙即將壞了，共業眾生的如來藏又會在另一處虛空中又變生了另一個宇宙，等候可以住的時候，這些人就往生過去；那麼禪宗或者說佛法中的開悟而發起實相般若，當然是要證第八識，因爲第八識就是宇（器世間）和宙（時間流轉）的根源。

不然就不談器世間，說每一個人的五陰是怎麼來的？有沒有人問過媽媽說：「媽媽！我眞的是您生的嗎？」沒有人問過，因爲從世間法來說眞是媽媽生的，這句話不能問，不然媽媽把你腦袋瓜一敲說：「你這個不孝子，明明我生了你，竟然說不是我生的。」可是等媽媽進了正覺同修會學法了，正好問她：「媽媽！今天我問您，我眞的是您生的嗎？」這時媽媽就不敢答了，因爲媽媽只是提供環境與資源而已，這兒子、女兒都是由他們自己的如來藏來出生的，所以第八阿賴耶識如來藏，才是生命的根本；就如同參禪人說：「參禪的目的，就是要找出父母未生我以前的本來面目，找出來以後就了生脫死了。」現在他們把第八阿賴耶識否定了，說見道不是要找到這個父母未生前的本來面目，竟然還有人信欸！可是我說不奇怪，爲什麼呢？即使喇嘛教那種邪見與邪修、邪證的虛妄法都有人信了，這不奇怪；所以天下沒有最愚癡的人，只有更愚癡的人，因爲愚癡的人講出來的法，還有更愚癡的人信，就是這樣啊！

那麼張先生既然否定了生命的根源，說大乘的見道不是證得這個生命的根源第八識，他就是誹謗 佛陀說的諸經了；因爲 佛陀在諸經裡面，從初轉法輪就講到這個第八識，明說這第八識出生了名色，出生名色以後又緣於名色，而此第八阿賴耶識同時成爲名色的所緣，才說「**識緣名色，名色緣識**」等諸多聖教；《阿含經》聖教中的文字都還在，都仍然可以查證。然後 佛在《大般若經》也在講這個第八識，說世間與出世間一切法都源於第八識眞如心，所以三十七道品及一切佛法也都攝歸第八識的無所有、無所得、無名相的境界中。

此外，佛門所有出家人每天課誦，早課要唸什麼經？唸《心經》，也就是第八識的「無智亦無得」的聖教；然後晚課唸《阿彌陀經》，去到極樂世界，彌陀世尊教什麼法？還是第八識如來藏阿賴耶識。結果琅琊閣與張志成說大乘見道不是證第八識，想來這一部《不退轉法輪經》他們沒讀過，《大方等如來藏經》沒讀過，《無上依經》沒讀過，《佛說解節經》沒讀過，《解深密經》、《楞伽經》也不用講，更沒讀過；至於在密教部的《楞嚴經》，他們認爲這些大乘經都是後代的佛弟子長期編造出來的，全都不信而加以毀謗，他們的果報就是死後往生到三惡道去。所以如來在諸多大乘經中講了「這樣的人誹謗正法，死後會到哪裡去」，他們都沒讀過，眞的沒讀過！即使你今天逼著他讀，讀完了，他們還是會繼續毀謗說這不是 佛所說的經，繼續堅持大乘見道不是證如來藏阿賴耶識。

我說天下怎麼有這麼笨的人，可是他們還不是最笨的人，因爲還有更笨的人繼續信受他們荒謬的說法。聰明人用膝蓋想一想就知道：「**證悟當然是證生命的根本，生命是從哪裡生出來的，我就是要證那個心；而他們否定，那是他們的事，不關我的事，我繼續要求證這個心；我要依這個眞心一直修行到成佛，因爲諸經都說依於這個心，修行才不會唐捐其功。**」經中也說：不會有哪一個有智慧的人，不相信藉由「**此經**」阿賴耶識修行可以成佛。因爲五陰只能存在一世，不去未來世；如果沒有「**此經**」如來藏執持善淨業種，一切修行就白修了。

這是阿含部《央掘魔羅經》中明明白白講的，可是他們不信聖教量，那你想要救他，沒得救。因爲他們不要被你救，他們自認爲自己已經在岸上了：「**是你們**

正覺同修會這一些人，去證第八阿賴耶識自命爲見道，你們都是大妄語，你們死後都要下地獄；但我們已經上岸了，住在實相般若的意識想像的思想境界中了。」這就是他們心中的想法，只是不講出來罷了。所以就像一個大學教授遇見了三歲娃兒，跟他講不清楚，那你怎麼辦？你只能找一個十歲的孩子去跟他講；因爲大學教授已經四、五十歲了，跟他不論怎麼講，總是講不來，也沒耐心跟他講！如果是十歲的孩子，智慧程度跟三歲的孩子比較接近一點，還可以談一談，這大學教授就只能這樣了。

這就是說，阿難希望那一些人聽到以後「則便恐怖令生信解」；可是我們從現在的所見看來，阿難尊者並沒有達到目的，或者我們可以說阿難尊者有達到一部分目的，可能使那些追隨者之中，有三分之二改悔而回到正道中來，但對其餘三分之一的人則沒有達到目的。而這不是現在才如此，你看以前信受喇嘛教的元朝皇帝是怎麼打壓如來藏妙法的；好不容易元朝滅了，換了明朝，可是明朝中葉以後，皇帝與大官們又開始玩喇嘛教的雙身法了；乃至於清朝雍正更大力打壓如來藏阿賴耶識妙法，還寫了一部《揀魔辨異錄》，批評大慧宗杲禪師等證悟者，大力推崇錯悟的、落入離念靈知意識境界中的禪宗魔師，卻不知道他自己才是魔，你說當時的證悟者能怎麼辨？

所以 佛陀說：「如果有人誹謗『此經』阿賴耶識，以及不相信謗『此經』如來藏的果報，他所受的苦痛跟造作五逆罪一樣。」五逆罪在佛門中說是最重的罪，天下人如果看見有誰殺父殺母，一定是千夫所指，大家都指著他罵，官方也要辦他的罪；如果在佛門中謗佛、謗法、謗僧呢？在五逆罪中，他所殺害的父母還只是凡夫，可是佛法僧三寶呢，這可是世出世間最究竟的法、最究竟的聖人，所以只要誹謗佛，例如明明是 佛所說的，他說這不是 佛所說的；明明不是 佛所說的，他堅持說這就是 佛所說的，這就是謗佛；然後把第八識正法否定了就是謗法，弘揚正法的賢聖，他也否定了就是謗僧，這謗三寶的罪所受的痛苦與五逆罪一樣。

如來就用一個譬喻來講：「如果有人用很鋒利的刀子殺害了眾生遍滿整個三千大千世界，」換句話說，整個銀河系的眾生，他全部殺害，不論是人、天人、鬼道、三惡道等有情，他全部都殺害了；這樣的殺害夠多了，如來問說：「阿難啊！你的意下覺得怎麼樣呢？這個人的罪業報應，死後當要往生到什麼地方去呢？」

諸位當然知道這往生處一定是極不可愛的苦異熟果，報在阿鼻地獄；阿難回答說：「這個人的果報一定是往生惡道。」那惡道有三個，這種殺害那麼多有情的人，不會先去當畜生，因爲三惡道的果報，畜生是最輕的果報，當然死後是先到最苦痛的地方；凡是謗三寶者往生之處沒有第二個地方，它叫作阿鼻地獄或是無間地獄，就是身量廣大，而且受苦時是全身沒有間歇之處，沒有一寸身體是不受苦；不但如此，而且受苦時前後沒有間斷的。

我有一天去舊別墅爲了照顧一棵樹，沒覺得自己已經過了七十歲，還覺得自己是六十來歲，所以想要像年輕時一樣，在地上一躍就爬上圍牆，但這回一躍竟然上不去，就掉了下來；但我沒有跌倒，是用腳尖著地下來的，結果沒想到小腿肌肉就撕裂傷，痛得不得了。現在才知道原來撕裂傷是那麼痛，怪不得那個運動員跑到一半突然倒地就動不了，因爲眞的很痛。我後來想，單單這麼一個痛就痛到受不了，如果有人落入無間地獄中，擁有那麼廣大的地獄身，沒有一處不受極重的痛苦，而且是無間斷的廣大痛苦，我心裡想：「那個重罪要怎麼受啊！」可是一旦謗三寶、一旦誹謗「此經」阿賴耶識，立時成爲一闡提人，死後就是得受，受不了也得受。

無間地獄受完了，就沒事了嗎？不是的，無間地獄受完最重報了，再往上一個層次的地獄來受苦，就這樣次第輪受，所有的地獄都受完了之後，才有辦法去鬼道當餓鬼，當餓鬼時也有分很多的等級；鬼道的惡報受完了才能往生來當畜生，畜生也有很多等級，可能先要去當新冠病毒那一類的有情，病毒當完了當細菌，細菌當完了當螞蟻，螞蟻當完了當蚯蚓……等，都得慢慢來，因爲時間很長，那都是無數阿僧祇劫的苦異熟果。可是那些人不怕，他們總是不信而誣衊說：「大乘經講的這些都是後人編造的，不是佛講的；而且地獄只是聖人的施設，用來攝受眾生改邪向善，不是眞的存在，當然死後也沒有那種惡報，所以你們用那個來恐嚇我，沒有用！」世間人都還有一點小智慧說「寧可信其有，不可信其無」，他們是「寧可信其無，絕對不信其有」，所以 如來前幾段經文乃至《佛藏經》中不是說這樣的意思了嗎？說這一些人是一切法無救，不論你用什麼方法都救不了他們的，今天我們也只能接受他們無可救轉的情況了。

佛陀說了：「阿難！你如今應當要這樣子了知：如果有恆河沙的諸佛入涅槃以

後，很多人為了供養諸佛的舍利而造作了塔廟，結果有人惡心去加以焚燒全部毀壞；」諸位想想看，恆河沙數的諸佛，那到底是多少佛？恆河沙比白沙灣的沙要細，大約一比六或一比七，白沙灣的一顆白沙是相當於大約六、七顆的恆河沙，那你想恆河沙有多少？恆河又很長，而且恆河的中游下游都很寬，你到中下游的時候，比如旅遊到了印度瓦拉納西，早上可以去坐恆河中的船，看不到對岸而看日出；你在這邊下了河，坐在船上看著對岸時，看不到對岸；看不到對岸就可以在河面船中看著太陽從恆河水面升上來，這個就是恆河看日出，就在瓦拉納西，因為我去看過，我知道。

那你想，那麼寬的河、那麼長的河，中下游的恆河沙又是那麼細，恆河沙數諸佛到底是有多少佛？只能說恆河沙數佛，因為不可計數。這樣多佛的舍利數目當然更多，依那麼多的舍利而建了舍利塔，結果有人起惡心把它全部焚燒加以毀壞，如來問：「你的意下如何？你覺得這個人應當得到多少的罪報？」阿難回答說：「像這樣的人，他們所受的異熟果報非常的痛苦，那就不可說也聽不下去了。如果有人誹謗『此經』如來藏阿賴耶識，真要說他將來所受的過失罪惡所得到的罪報，也就像是我剛才說的一樣不可聞、不可說；爲什麼這樣呢？因爲這個人是毀壞過去諸佛、未來諸佛、現在諸佛的一切法眼的緣故。」

換句話說，三世諸佛同樣都以「此經」如來藏作爲法眼，同樣都是以實證「此經」阿賴耶識而發起慧眼，名爲見道；就像《大般若經》中 佛所說的，菩薩生起慧眼是因爲證得「此經」如來藏，而現觀祂運行時所顯現出來的眞如法性。那麼證得慧眼以後繼續進修到初地以後有法眼，三地滿心時有天眼，成佛的時候有佛眼。而誹謗「此經」的人，他是毀壞三世諸佛的一切法眼，因爲如果有人聽信他的話，不再信受第八識如來藏阿賴耶識，就永遠不會去求證「此經」如來藏了，意味著他們永遠無法證眞如而不會有慧眼出生；不會有慧眼就不會有法眼，也就沒有未來成佛時的佛眼，所以這個人毀謗第八識說祂不是見道之標的時，就是毀謗抵制了一切人將來會生起的法眼，這個罪太重了。

然而釋印順對 如來此一警告是渾然無知的，也是全然不相信的，所以他到死都沒有懺悔。那他沒有懺悔，天魔有沒有辦法加持他往生到他化自在天去？不可能！因爲天魔波旬也沒有那個威神力，連 佛都辦不到了，天魔怎麼辦得到？天魔距離阿羅漢位還很遠，連阿羅漢都加持不了這類毀謗最勝妙法的惡人，連 佛都作不了，他天魔憑什麼能夠赦免誹謗「**此經**」如來藏的人所造的惡業呢？阿難這個譬喻講得太好了，可是不信者恆不信，你想辦法救他們都沒用，結果就成爲 佛講的**一切法無救**。

這裡就要談到一個定位，這類**一切法無救**的惡人，一生都在努力毀壞眾生的法身慧命，諸位想一想，他們有沒有滿足十信位？爲什麼諸位搖頭？因爲十信位裡面有一個最重要的宗旨，就是對佛法僧三寶以及聖戒產生清淨信，有清淨信的人就會知道佛法僧三寶的最根本是在講什麼。所以你別看到一般學佛人就想度他進正覺，那是不可能的，因爲他們修的十信位功德還不滿足。怎麼樣叫作十信位滿足呢？你考他一句話就夠了：「**你認爲大乘佛法所講的中心主旨是不是在講第八識如來藏**？」你不能問他是講什麼，因爲他可能不懂，你要點出來是不是在講第八識如來藏？他聽了，告訴你說：「**對，就是講第八識如來藏，雖然我沒學過，但我相信這個**。」那你就知道他十信位滿足了。如果他聽你這麼一講，立即跟你諍辯說：「**不是在講這個啦！大乘佛法是在講緣起性空啦！**」而其實他的緣起性空是緣生性空，並不是眞正的緣起性空，那你一聽就知道他的十信位還不滿足，先別接引他進正覺。

所以，接引別人學法的人，最好先問這一句話；如果他信第八識如來藏，你再接引他；要不然接引他進來，學了以後結果他又毀謗第八識，那你其實是害了他。是不是害他呢？你想一想啊！眞是害他。因爲他連十信位都還沒有實修，對於第八阿賴耶識妙法，他完全不信受，就是對眞正的佛、法、僧沒有信；那他對於聖所愛戒，當然也是不信的。所以，我們爲什麼才要做那個磁鐵書籤，上面寫著八個兄弟、畫了圖來顯示八識心王的主要自性，有沒有？那是好事，就在一般人之中盡量發，讓大家種下八識心王的種子。如果沒機會作義工，那你就去製作那樣的書籤或者一般一百八十磅、二百磅的雪銅紙去印出來那個圖案，送給大家去流通，也是修集福德的好方法；因爲八識心王的種子種進眾生的心中以後，他們將來才會信受眞正的大乘法八識論。如果只信六識論，你度他們是沒有用的。

可是六識論者，他們不信自己弘揚推廣六識論就是在毀謗三寶；他們不信，因爲他們是部派佛教聲聞僧等人的遺緒，那我就期待將來《成唯識論釋》流通出來以後，大家就知道：「原來那一些說法都是源自部派佛教時期的聲聞凡夫僧。」他們懂了就會離開那些邪見，如實改正為八識論的知見以後，他們未來世才有因緣得以實證般若；否則不說法眼，他們連慧眼都生不起來；甚至於對佛法僧戒等四不壞信都生不起來，那就永遠在十信位裡面進進退退、進進退退，想要進入到初住位都不可能。

接著，佛陀說「如果看見有受持讀誦這一部經典的人」，請問這一部經典是指什麼？（大眾答：如來藏！）對！正是如來藏阿賴耶識，因為「此經」就是第八識如來藏。但是，有的人聽聞到別人受持如來藏、讀誦如來藏阿賴耶識，就背地裡毀謗說：「這個愚癡人，那是後代佛弟子長期編寫出來的經典，他也信喔！」以前我尚未破參時，去朝聖的時候在遊覽車上，看見有人讀經，我把它借來說：「借我讀一下看看。」，那是《法華經》；結果我一讀就不能罷手（朝聖好像是前後十九天），直到朝聖完的前幾天，我才讀完還給她，真的放不下手。可是，有個人看到我在讀那一部經，他就說：「這個是佛教故事啦，裡面寫的東西，你也信喔！」就這樣跟我講。我當時聽了，就不信他講的，但是當時我也沒有多想：「你這個人是什麼人？」我也沒有多想，我儘管讀我的，不聽他的，我一直到讀完才還給那位師姊。那麼那個人跟我講那一句話，他的行爲就是「誹謗此經」，他說：「這個只是後代人編寫出來的故事，你也信喔！」那就是「誹謗此經」，因爲《法華經》講的就是第八識如來藏，而他們都讀不懂。

如果有人輕笑，譬如說你們有的人來正覺同修會學法，結果有人嘲笑你說：「你爲什麼那麼笨，去正覺學那個自性見外道法，學什麼外道神我！」因爲他們被學術界與釋印順誤導了，都認爲「此經」如來藏就是外道神我。以前早期有些同修被這樣輕笑，後來我開始辨正外道神我是什麼境界，說明他們所說的外道神我全都不離識陰六識；因爲不管他們講的外道神我是上帝或者造物主，或是冥性或神識，那一些神我全都在識陰六識的境界裡面，不外於識陰；而如來藏是能出生識陰六識的第八識阿賴耶，那麼能出生外道神我的阿賴耶識，怎麼會是外道神我呢？所以這十年來，他們不再誹謗第八識爲外道神我。

可是仍然有一部分人繼續毀訾，也就是繼續毀謗第八識如來藏，同時也毀謗弘揚如來藏阿賴耶識的人；而且以前他們在臺灣佛教界都是鼎鼎有名的人，因爲他們對我覺得很不歡喜，套一句俗話就是對我「很不爽」。他們否定第八阿賴耶識，那我就評論他們。本來某一些山頭我是不評論的，可是當我確認他們私底下有作一些抵制正法的動作時，我就不得不開始評論他們了。既然他們都在抵制正法了，我當然要評論，否則我還眞被他們認爲就是他們講的外道神我。因爲他們都說我是破法者，那我就來辨正誰才是破法者。以前想當然耳，他們被我評論了以後一定晚上睡不著、一定很生氣，私下一定不斷的罵我，這是可想而知的事，但我沒有拿到他們晚上睡不著的證據。

可是後來證據陸陸續續就浮出來了，因爲他們的弟子後來總會想：「我出家的目的是爲什麼？爲了法的實證啊！可是如今蕭平實的書中所說法義，已經證明我師父的法錯了。正覺把道理寫得清清楚楚、明明白白，從現量、從比量、從聖教量，三量都講得很清楚了，顯然我師父誤導我了。那我師父一天到晚在罵蕭平實，我要不要繼續追隨師父？我如果繼續追隨，就是在造共業。」所以後來就離開了。離開了以後哪裡不好去，偏偏有因緣就來到正覺學法，於是寫了出來。後來我看了就說：這早在我的判斷之中。

諸位想想看，像他們這樣抵制正法、毀謗三寶的人，他們對於聖戒當然也不重視；所以他們就會繼續教學人不信「此經」第八識，繼續教導他的信徒們說：「不要相信正覺說的什麼第八識如來藏，沒有第八阿賴耶識存在，第八識是如來的方便說，是為了接引那一些怕落入斷滅空的人特地講的，實際上沒有第八識存在。」他們就是這樣繼續誤導眾生。那麼在這種情況下，如果有人從他們那裡離開，來到正覺同修會學法，想要悟了以後去度他的師父同樣也悟入，你贊不贊成？贊成喔？不贊成喔？也有人贊成啊！我就對他說：「你要先想到一個道理，就是他已經毀謗佛法僧到這麼嚴重的地步，《楞伽經》中說這種人叫作一闡提，成為斷善根的惡人了；那你悟後再去度他，這樣有道理嗎？」他是一闡提人喔！這樣想一想就明白了吧！所以有的人說他悟後要回去度他師父，我心裡想：「你師父都是一闡提人了，你還想要度他！」不就是要擔師父的重罪嗎？這就表示什麼？他的智慧還不夠去判斷誰可度、誰不可度。

所以，今天我把這個道理講了，諸位就知道了，度人不能勉強。所以我一開始弘法，就提出來八個字：「來者不拒，去者不追。」我絕對不會去找誰說：「你趕快回來啦！」不會去作這件事情；他們要離開就隨他們的意，我一向是如此。因為既然在正法中實證了以後，還有按部就班可以學不完的無生法忍，而他不想學，他想要保持在證悟的第七住位而求名聞利養，不肯轉依離見聞覺知的無餘涅槃解脫，那我就隨喜吧，因為佛法中絕不勉強他人。諸佛的本質就是第八無垢識，因地名為如來藏阿賴耶識；法的本質也是第八阿賴耶識，佛法所講的法全都是第八識及其所生的前七識，以及八識心王的相應法；佛教僧寶所應學習的當然也就是第八識妙法，實證八識心王的人便叫作勝義僧，還沒有實證的人便稱為三寶弟子或凡夫僧。對於三寶這樣的實質已經有所認知了，也願意實修六度萬行而實證八識心王的人，才是十信位滿足的人。

所以，毀謗「**此經**」阿賴耶識及賢聖的人，本質已經成為一闡提人，而且繼續在教導他人不信「**此經**」第八識，繼續教人家不要信第八阿賴耶識，這樣的人就是要使得信受他的人不得「**讀誦此經**」、不得「**如法受持此經**」。你想，這樣的人，他所成就的業報比殺害三千大千世界所有有情的人、罪更重，比這個罪還更重；像這樣罪這麼重的人，你還要度他開悟「**此經**」如來藏喔？真要度他也可以度，有一個前提，就是你替他擔那個極重業，就是這樣啊！這種事情有時候是現世報的，那就是重罪輕報；如果勉強要去度，成爲後世報的話可就不得了，因爲那個被度的人，悟了以後絕對不信，他會更加擴大力度去抵制正法、誹謗正法，那就是前罪加上後罪。前罪已經夠大了，現在再加上這個後罪，你得要負擔起共業來，那時能怎麼辦？你是有智慧的人，難道還眞的想要跟他一樣去承擔那個極大的罪業嗎？一般人用膝蓋想也說：「我不要去承擔他的罪業。」所以打從十幾年前，我知道他們暗地裡都在修雙身法的時候就死心了、就放棄了，再有誰跟我說：「某個大山頭，那個大和尚也不錯，可以把正法傳給他啦！」我說：「都不要跟我講了，因爲那些人已經是一闡提人，不可能得度的。」

佛陀因此說：「其罪甚重，復多於彼。」他的罪業不是跟殺害三千大千世界中一切眾生的人一樣，而是「復多於彼」，是還要再多過好幾倍！阿難聽了就說：「如果滿足三千大千世界的眾生，他們每一個人都具足十善而住於佛菩提道，」換句話說，已經十信位修學滿足了，可以進入初住位了，「那麼如果有人毀壞這一些人的慧眼的話，會得到多少的罪？」還沒有實修到三住、五住、六住，都還只是十信位滿足的人而已，因爲他講的是「十善住菩提道」，十善業修學圓滿，這是十信位圓滿，他對三寶有具足信了。「如果有人毀壞這一些人的慧眼，會得到多少罪？」佛陀說：「如果有人毀壞這一些人的慧眼，使他們對佛法不能了別何者是法、何者非法；」就是使十信位滿足的人不能了別什麼是對的佛法、什麼是錯的佛法；「那麼這一個邪見者要在未來無量阿僧祇劫中，」不是一個阿僧祇劫，是無量阿僧祇劫中，「每一世所領受的色身一出生就是不見物，眼盲。」正是生盲。

如果有人車禍眼睛受傷了，那還可以眼球移植，然而如果是生盲，那是勝義根的問題；眼勝義根原本就毀壞，所以一出生就不能用的，那叫作生盲，眼球移植都沒有用。所以謗第八阿賴耶識爲外道神我的人，不信第八識如來藏的邪見者，來世將會出生到地獄去；來世爲什麼受苦，他自己也不知道，而他也看不見因果，就是被動地不斷受苦。地獄報一處又一處受完了，來到餓鬼道時也一樣是生盲；那麼餓鬼道中各種痛苦的情況全都領受完了來到畜生道，每一種畜生也都要當過，都要領受所有畜生道中的不同痛苦，但是牠都看不見因果，而且一樣是生盲。你說這種果報怎生得了？這是要無量阿僧祇劫中不停去領受的欸！成佛不過三大阿僧祇劫，而他是要無量阿僧祇劫之中受諸苦惱。且不談那個，就說他剛生到無間地獄去好了，不但是渾身受苦無間，而且受苦的時間也是前後無間，獄卒還時常來挑出他的眼睛；他終於又復原了，獄卒又來挑他的眼睛。「常挑」就是時常而不間斷的來作，只要他的眼睛復原了就來挑他的眼睛，你說這個痛苦怎麼辦，如何能領受？但是十八種地獄報都領受完了，還要往生去餓鬼道中領受種種苦，然後再去畜生道中領受各種畜生的苦，歷經無數的阿僧祇劫之後才能回到人間。

不但如此，那個人是毀壞滿三千大千世界一切有情的命根，這個邪見者是毀壞十信位滿足的眾生的慧眼，這個罪遠比殺害三千大千世界所有人的惡業更重；如果有一個人對於「此經」如來藏所說的各種法，他都生起誹謗的心，只要聽到如來藏阿賴耶識妙法他就毀謗，他只作這件事情，就是每次才一聽到如來藏阿賴耶識，他就大力毀謗。他並沒有去遮止很多人學佛，可是一聽到了「此經」如來藏就毀謗，而且是對少數人，罪已經這麼重了；如果他是寫了毀謗第八阿賴耶識的文章，不斷扭曲大乘佛法的法義，罪一定是更重的，死後難逃無數阿僧祇劫中歷盡三惡道苦痛的果報。就算只是毀謗，當然是心中不信受所以故意毀謗，佛陀說：「這個人的罪跟那個遮障三千大千世界修滿十信位的人的慧眼的罪一樣。」所以《楞伽經》才會說：「如果有人口出謬言、誹謗第八識如來藏阿賴耶識，立刻就成為一闡提人。」才一毀謗第八阿賴耶識，立刻成為斷善根人，那是有道理的，因為一切有情眾生的根本就是如來藏，並且器世間的形成也是由共業有情的如來藏所形成，所以如來藏阿賴耶識是一切法的根本，佛法見道時的實證當然就是要證「此經」如來藏，才會有實相法界的智慧及解脫果可得；因此毀謗「此經」如來藏阿賴耶識的人，他的罪業就非常重。

想想看，「當於無量阿僧祇劫，所受諸身則常生盲；」在三惡道中的每一世受生時，眼根一直都是出生以來就看不見的。而且剛生在地獄中不曉得要過多少劫，每天都是獄卒來挑他的眼睛。這個想起來眞是不能過的日子，可是他們那一些毀謗第八阿賴耶識的人卻必須這樣受生、這樣過極痛苦的日子。你替他們擔心，他們自己從來都不擔心，能怎麼辦？想起來眞的是腳底發涼。可是他們根本不信你說的話，你舉示了聖教量給他們看，他們說：「這個大乘經不是佛講的，我不信。」你舉示了 佛說的死後要無數阿僧祇劫受這長久的極大痛苦，他們說：「沒有地獄，那是聖賢的方便施設，實際上不存在地獄。」所以他們無所忌憚，大力毀謗第八阿賴耶識；誰也沒辦法救他們，所以 佛陀才會說他們「一切法無救」，不論你施設什麼方法來救他們都沒用。接下來，阿難又為我們問了什麼？

經文：【阿難言：「若有菩薩住於菩提，信解此經受持不疑，當趣何所？」佛言：「是名隨順供養諸佛，等無有異。」阿難言：「若復有人不信是經而自誹謗，亦教他人令生誹謗。如此人者，當受何身、受何等苦？」佛言：「止！止！阿難！莫作是問。」阿難言：「唯願世尊，時為解說；令此四眾若有疑惑生不信者，若聞說已，當自悔過，得生信心。」佛言：「若復有人不信是經，向他誹謗，當得十千由旬身，受如是大形，獲無量苦。」阿難言：「是人不慎舌故，復有何相？」佛言：「此人罪報，其舌縱廣一千由旬，以五百億大熱鐵犁而耕其舌；復以五百億大熱鐵丸，雨其舌上。何以故？不慎惡業，誹謗過故，受如是苦。」】

語譯：【阿難尊者又說：「如果有菩薩住於佛菩提道中，信解『此經』如來藏而受持，心中都不懷疑，他將往生到什麼處去？」佛陀說：「這樣的人就叫作隨順

『此經』而供養於諸佛，跟這件事情完全沒有差異。」阿難尊者說：「如果另外有人不信受『此經』而自己去加以誹謗，也教令別人生起同樣誹謗的行爲。像這樣的人，死後應當會領受什麼樣的色身、領受什麼樣的痛苦呢？」佛陀說：「停止啊！停止啊！阿難！你不要再問這個問題了。」阿難尊者說：「我很希望世尊，正在這個最好的時候來爲大家解說這個道理；如今在現場的出家二眾、在家二眾，如果有人心中疑惑而產生不信受『此經』的話，他們聽聞到佛陀的解說以後，應當就會自己去懺悔過罪，對『此經』如來藏便能生起信心。」佛陀說：「如果還有人不信受『此經』如來藏，向他人誹謗『此經』如來藏，他將會得到一萬由旬的色身，領受像這樣廣大的身形，而在地獄中獲得無量的苦受。」阿難尊者說：「這樣的人由於不謹愼舌根的緣故，他還會有別的什麼法相呢？」佛陀說：「這種人的罪報，他的舌頭縱與廣各有一千由旬，然後在這樣廣大的舌頭上面，用五百億支大熱的鐵犁，以如是很大又很熱的鐵犁來耕翻他的舌頭；耕完了以後再用五百億顆很大、很熱的鐵丸，降到他的舌頭上面燙。爲什麼會遭受這個果報呢？因爲他完全都不謹愼自己的惡業，誹謗『此經』如來藏的罪過的緣故，所以要領受這樣重大的苦

果。」】

講義：阿難尊者發大慈心想要救這些人，佛陀也是發大悲心為大家說明這樣的苦果，可是誹謗「**此經**」第八阿賴耶識的人仍然會繼續誹謗，能奈他何？所以我常說造惡業時不必一定要用身體或是用手，以他們這個三寸不爛之舌，就能夠造出很廣大、很深重的惡業了。想想看，不謹慎舌根而誹謗第八識如來藏、或者誹謗弘揚第八阿賴耶識的善知識，那個果報是這麼嚴重。

「**十千由句**」的無間地獄身就是一萬由旬的地獄身，一由旬大約是二十公里；一萬由旬那個地獄中的色身是多麼廣大，我們人類無法想像那個色身有多大，而結果他的無間地獄身就是那麼大。如果是領受快樂的六塵境界，色身廣大就無所謂，可是領受痛苦而且是無間的痛苦，具足五種無間，主要是廣大身、渾身無間的極痛苦受，而且受苦時也是前後不間斷的一直領受下去，沒有休息的時候；像這樣領受極大痛苦時的色身最好是越小越好，結果他卻是這樣的廣大身。並且渾身受苦的時候，他那個舌頭有多大？是「**縱廣一千由句**」，非常大的舌頭，而獄卒從他的口中強拉了出來，然後用很大而且是很熱的鐵犁，又且是五百億個大熱鐵犁，同時在他的舌頭上來回不停去耕。這「**五百億大熱鐵犁**」，同時在他的舌頭上耕過去，每一寸舌頭全都耕過而把舌肉都翻過來了，然後立即又降下「**五百億大熱鐵丸**」，降到大舌頭上那些受傷的地方。

大家想想看，這樣全面而嚴厲的痛苦要怎麼受啊！可是他們不謹慎於惡業，毀謗天下最重要、最根本的第一大法「**此經**」如來藏的過失，未來世下墮無間地獄時，他們廣大身中的舌根要領受這樣的痛苦，這是渾身都在領受痛苦的時候再加上舌根這個痛苦。如果領受到受不了，只有一個辦法就是一死了之；可是一死了之，這個「了」並沒有究竟了，因爲「了」了之後暫時不受苦，可是業風一吹，馬上又活過來，繼續受苦。我們有善根的人一想到這個苦，唯一想到的就是我從今以後要讚歎「**此經**」如來藏（大眾笑…），不敢對第八阿賴耶識一念有疑；而他們不信，繼續毀謗，能奈他何？佛菩薩都有心救人了，可是有的人就是不受救，你想盡辦法都無用，所以 佛陀早說了：「**一切法無救。**」沒有一個辦法可以救他們，所以才告訴阿難尊者說：「**你不要問！你不要問！**」

換句話說，十信位修學滿足的人，都是很重視因果的；也知道佛法大略的意涵是在講什麼，都知道佛法就是在講第八識如來藏，藉著第八識如來藏可以成就解脫果，也可以成就佛菩提果，他們只是還沒有實修六度罷了。那麼這樣修學十信位滿足的人，永遠都不毀謗「**此經**」如來藏，因爲三乘菩提都依如來藏阿賴耶識而有，而且佛法五乘裡面的人乘、天乘也是依阿賴耶識而有，三惡道有情、人間、欲界天、色界天、無色界天，也是依如來藏阿賴耶識而有，顯然此第八識眞如才是一切萬法的根本，修學佛法見道之時要實證的當然就是「**此經**」第八識。

菩薩們造論時也是一樣，不管是《根本論》、《成唯識論》，或者其他實證菩薩所造的論，全都在告訴大家「**一切法唯識**」的道理。聰明人一定會想：「**既然這樣，我就不要誹謗『此經』如來藏，我就反過來，專門讚歎如來藏阿賴耶識。讚歎了以後被人家嘲笑，也沒關係，因爲能消我的業。**」有這麼個好方法消業，爲何不消呢？他們要造業，不是我們的事。你可不能想說：「**那我就不要讚歎第八識，免得他造業。**」不對，你讚歎了，他們雖然造業，但是如來藏阿賴耶識是眞如、是眞實法的道理就種到他們心裡面去了；種久了，有一天捨報前，也許佛菩薩跟他託個夢，他們就懂得趕快懺悔，不但死後不下墮惡道，來世就有因緣可以實證了。

所以讚歎如來藏阿賴耶識，被人家毀謗而消了業，對方死前也懂得懺悔，不是皆大歡喜嗎？要這樣想，這樣叫作兩全其美。你的業障消滅了，他們已經成就了你消業的功德，死前只要懂得懺悔，他們就不墮三惡道了；來世雖然修道學法證眞如會比較慢，但至少他們不再毀謗而種下了未來世證悟般若的因緣。

可是有些人他們眞的要下去三惡道走一遭，經歷很多阿僧祇劫的苦報以後才有辦法改變。這道理在《佛藏經》中 佛都講過了，苦岸比丘那四群人無數劫輪轉三惡道，也奉侍過九十九億尊佛以後，終於值遇了 釋迦牟尼佛，出家修行依舊不得順忍。有的人眞的需要這樣，而苦岸比丘那四群人還會繼續存在人間，只要遇到有人弘揚如來藏妙義，他們就繼續誹謗，又下去三惡道。但是經過三惡道回來的人，心裡面會怕三惡道的痛苦果報，所以有可能死前懺悔。那麼一世一世不斷的誹謗、不斷的懺悔，繼續誹謗、懺悔，每一世都會重複這個過程，所以要得順忍都很難；我認爲這個果報比淪墮三惡道更恐怖，因爲要淪墮三惡道很久。

你想想看，苦岸比丘等人毀謗「此經」阿賴耶識之後，經歷奉侍九十九億佛，是已經無數阿僧祇劫受過苦了，如今來到 釋迦佛座下仍然「不得順忍」。奉侍九十九億佛的時間是非常久遠的，娑婆世界曾經整整六十劫中都沒有出現過一尊佛，也曾經三十劫中都沒有出現過一尊佛。現在是好因緣，這個賢劫有一千尊佛出現，正是學法實證的好時機，所以千萬不要誹謗「此經」阿賴耶識，這一千尊佛都要緊緊的跟隨，好好供養奉事修學；因爲未來再遇到一千尊佛的那一劫，是很久以後的事了。很久以前有過一劫，叫作莊嚴劫，那一大劫中有千佛出世；未來很久以後的星宿劫中，才會再有一千尊佛出現；我們現在賢劫也有一千尊佛，得要好好奉事與修學；因爲未來再有星宿劫時雖然也有一千尊佛，然而那是很久以後的事了。所以趁這個賢劫有一千尊佛時，咱們好好讚歎「此經」如來藏，不管誰怎麼罵、怎麼笑、怎麼抵制都無所謂，我們就是要弘揚「此經」阿賴耶識，讓人家笑罵、抵制，那是消我們的業，何樂而不爲？有人願意爲我們消業，我們就讓他們來幫我們消業；而你把「此經」如來藏的正義種進他們的腦海裡，他們未來很多劫以後終究有一世會發芽。當他們如來藏中的這個種子發芽了，就是他們要滿足十信位的時候了，你就是救了這些人。

所以說舌根千萬要謹愼啊！學佛以後談論什麼事情都還是其次，就是不要毀謗「此經」如來藏阿賴耶識，就是不要毀謗演說如來藏妙法的人，比起毀謗「此經」以及弘揚如來藏妙法者的罪，其他世間惡業的果報再大都算是輕微的，所以謹愼舌根、善護口業很重要。謹愼舌根，接下來就聯想到一個法，在《楞嚴經》講二十五個圓通法門有個舌根的法門，舌根的法門是具足八百功德還是一千二百功德？對！舌根無所不能，和意根是一樣的具足一千二百功德；這是因爲舌根可以說法，淺的、深的、廣的、狹的，從東說到西、從南講到北、從上說到下，都可以把它講清楚，所以舌根具足一千二百功德；而且舌根還能讓人證悟實相般若，既然如此，何不利用這舌根的廣大功德來護持正法，來消滅自己無量劫來的微小而尚未領受的罪業呢？何樂不爲？那麼 佛陀說完後，在座的四眾就聽完了，反應是怎麼樣呢？

經文：**【爾時四眾聞是語已，身毛皆豎，悲泣盈目自投於地，皆共同聲唱如是言：「世尊！若族姓男女如是誹謗當獲斯罪，是故我今代其懺悔，使滅眾苦，不受如是大惡果報。今於佛前及餘十方無量佛前，我等愚冥不自知過，唯有佛眼實見實證**

皆悉懺悔，自今以後不敢重作。猶如嬰兒無所識知，不能曉了分別善根，我今至誠深自咎責；唯願世尊當垂憐愍受我懺悔。」佛言：「善哉！善哉！」是時四衆各言：「我今誠心自歸，所有諸罪悉皆懺悔，不敢覆藏。」佛言：「汝等如是至心懺悔，一切善法無不增長。」爾時阿難白佛言：「世尊！今此衆中有生疑者，得業罪障亦如是耶？」佛時答言：「於此衆中若生疑者，可即懺悔，所有餘罪受報輕微。」阿難言：「云何受罪輕微？」佛言：「是人臨命終時，諸毛孔中皆悉受苦，喻如泥犁等無有異，何以故？能信如來所說言教，及信無量阿僧祇佛，亦自悔過，阿難！是族姓男女則不捨過去、未來、現在一切佛眼，若彼欲見無量阿僧祇佛，即見無量金剛葉蓮華光明遍照殊勝妙相。」

語譯：【這時候佛門四眾聽聞到如來所說的這一些話以後，全身的毛髮都豎了起來，然後為那一些人覺得悲憐，又因為哭泣而讓眼淚充滿了眼眶，接著自投於地，共同而一起發出同樣的聲音，高聲唱出這樣的話來：「世尊！如果有名望的家族種姓，他們其中有男人或女人，像這樣子誹謗『此經』如來藏的人，他們將來所獲得的這種罪惡，由於這樣的緣故我們如今代替他們來懺悔，使他們可以滅除未來要這樣領受的種種痛苦，而可以不受這樣大惡的果報。如今我們於佛前以及其餘十方無量諸佛之前，看見這一些人愚癡暗冥而不知道自己的過失，唯有佛的眼睛如實的看見而且如實的證明了這個罪過，如今我們全部都替他們來懺悔，從今天以後不敢再有這樣毀法謗法的作爲。以前猶如嬰兒對一切諸法無所識知，所以不能通曉、不能了知也不能分別三乘菩提中應該有的善根，如今我們從深心之中至誠深深的自己追究這個責任；唯願世尊您應當垂下憐愍來接受我們大眾的懺悔。」佛陀說：「說得很好啊！很有善根啊！」這時候佛門四眾各個都這樣說：「我如今以至誠心自己歸於三寶，所有的一切各種罪過全部都加以懺悔，再也不敢覆藏。」佛陀讚歎說：「你們大眾像這樣至心的懺悔，一切的善法沒有不增長的。」

這時候阿難尊者稟白佛陀說：「世尊！如今這裡的大眾之中如果有人心中對『此經』生起疑心的人，所得到的罪業，他們將領受的罪障也像是這樣子嗎？」佛陀當場回答說：「在這一些在座的大眾之中，如果有人心中對『此經』如來藏生起疑心的人，可以立即懺悔，所有剩餘的罪業所領受的果報就很輕微了。」這時阿難就請問說：「什麼叫作受罪輕微呢？」佛陀說：「這些當場立即懺悔的人，他們懺悔了之後將來臨命終時，所有的毛孔中全部都會領受痛苦，他們那時的痛苦就好像下墮地獄裡面受苦沒有差別，爲什麼呢？因爲他們後來能信受如來所說『此經』如來藏的言教，以及信受有無量的阿僧祇諸佛，並且也自己從深心中加以悔過，重罪輕報。阿難！這些有名望的族姓男女未來就可以不捨過去一切佛眼，不捨未來、現在一切佛眼，如果他們想要看見無量阿僧祇諸佛，就可以看見無量金剛葉蓮華光明遍照殊勝的勝妙相。」】

講義：在現場有四眾弟子聽聞　如來說法，如來把那些誹謗「此經」如來藏者所受的果報說完了；因爲從很長遠的時間所受的果報，以及這個長遠過程中每一個片段所受的果報都講清楚了，所以四眾聽聞以後「身毛皆豎」，因爲那眞是不可承受的極嚴重、極痛苦的果報，而竟然有人仍然繼續毀謗阿賴耶識如來藏，未來世得要領受那樣不可想像的極痛苦果報，而且不是只有一個人、兩個人，所以大眾爲那一些人設想時只能「悲泣盈目」，因爲救不了他們；而那一些將來會受這種極重痛苦果報的人之中，有許多人都是自己所認識的人，所以心中覺得很痛苦。這時候痛苦到沒辦法接受了，最後就是「自投於地」，他們心中很不捨，所以就講出一些心中所想的話。

也就是說，明知道這一些人死後在未來世中，會領受那樣很長時間的三惡道中巨大而且無間的痛苦果報，所以大家發言爲他們懺悔，希望能滅掉他們未來世中的長劫極重痛苦，心中想的就是爲他們免除掉未來世這樣的大惡果報，因此他們就於 釋迦牟尼佛尊前，以及於十方無量佛前來懺悔。因爲現在住世的佛不是只有 釋迦牟尼佛一位，還有十方無量世界中的佛住持正法，所以設想自己同時於十方無量佛前這樣來懺悔。

但是有個問題，我如果這樣來公開爲那一些誹謗「此經」如來藏的人懺悔，他們會接受嗎？他們一定說：「我又沒有叫你代我懺悔，你是在懺悔什麼？」要不然就說：「你公開懺悔的目的不過是訕笑我罷了！」他們大部分人會這樣講，那麼我代他們懺悔是沒有用的。但如果諸位一起來幫他們懺悔，我想他們會接受，因爲他們現在針對的就是法主我蕭平實，所以我懺悔，他們不會接受。如果諸位私底下代他們懺悔，不是公開的，我想他們會接受，也就是每天晚上各自在家裡佛堂中，跪在佛前爲他們懺悔。如果是像現在這樣大家一起爲他們懺悔，我想他們不會接受，可能反而覺得說：「你們爲我作這一件事情，其實是在丟我的臉，是在羞辱我。」他們可能會這樣想。因爲人的想法百百種、千千種、萬萬種都有，但我知道我爲他們懺悔是不可能的，他們不會接受的。

如果他們有一天誰親自來跟我講，說他們接受我爲他們懺悔，我就會作。但我不會主動去作，因爲我作了，他們一定會說我「假惺惺」。人的想法很難講，所以現在才叫作五濁惡世、末法時代。因此這件事不能勉強，我也不是勉強諸位去作；但是能救一個算一個，不是要救他們回來正覺同修會，而是救他們免墮三惡道就夠了，不用回來正覺同修會。我還是原來的原則：「去者不追。」那麼如果有人在座聽到這裡心中生疑，想要繼續深入理解正法，他還有救；也就是說，他們自己在講經完於佛前懺悔，或者回到家中自己佛堂於佛前懺悔都行；只是懺悔之後還有餘報，也就是捨壽的時候全身毛孔都痛、很難過，但這是現世報，死時報完了，罪就過了，不會下墮三惡道。

我常常說，學佛人之中有人受到什麼果報，我說那是現世報，是佛菩薩慈悲，因爲這一世就報完了。如果留到未來世去，那可不好玩，得要下墮三惡道中歷劫很久，所以信與不信就是在於每個人自己心中去思量、去作決定。如果他們可以眞的悔過，就是不捨過去、未來、現在一切諸佛，因爲過去、未來、現在一切諸佛包含諸位在內，也包含三惡道有情在內，全都是未來佛。如果能夠不捨三世一切諸佛，他們想要見「無量阿僧祇佛」就可以見。請問諸位：「未來佛是不是函蓋在未來的一切諸佛之中？」那麼請問：你看看左鄰右舍是不是未來佛？既然是未來佛，好好看一看他們的如來藏阿賴耶識，有沒有「無量金剛葉蓮華光明遍照殊勝妙相」？是啊！因爲將來成佛以後要怎麼樣的神變，全都是靠這「此經」如來藏的功能來變現的，祂具有無量的功德法相，只是你心地沒有究竟清淨而顯發不出來罷了！

所以你可以看見「無量阿僧祇佛」，凡所見一切有情都叫作佛，他們各個都有自己的如來藏阿賴耶識，而這如來藏的勝妙光明一直都在顯現著。所以爲什麼見道的女眾才剛一悟入，她覺得身上癢癢的一撥下來，一看就說：「原來是蜈蚣菩薩！」她沒有驚慌，還叫那蜈蚣是菩薩；如今想來顯然她叫錯了，應該叫作蜈蚣佛，因爲牠是未來佛。所以見道後一切眾生平等平等、全都一樣，但是修行還沒有清淨之前，如來藏阿賴耶識心中仍然含藏著一些不清淨的種子，應該發揮出來的各種妙功德性就沒有辦法發揮，就只剩下如來藏的總相在那裡發光給你看，祂在告訴你說：「我就是如來藏，就是未來佛。」只是你聽不見，終於證悟之後就聽見了。到達這個地步，《不退轉法輪經》也差不多講完了，這時候釋提桓因也該現身了，我們來看看他作了什麼？

經文：【爾時釋提桓因現長者身，以種種華散諸四衆，唱如是言：「當以此華供養於佛，乃至供養如是經典。」爾時四衆即取諸華以散佛上，變成華蓋，而白佛言：「世尊！以何因緣現是瑞相，今於佛前有是蓮華，及無量恒河沙一切佛前，亦復皆有如是等華？」佛言：「爲說是經功德威力故現此瑞，如是相者當知皆是神力所持。」爾時阿難白佛言：「世尊！佛威神力乃至如是護持法耶？」佛言：「阿難！實我神力護持是法，乃至恒河沙諸佛亦皆護持。」】

語譯：【這時候釋提桓因就變現爲長者之身，以種種的天華散到四眾的頭上來，然後唱出這樣的話，也就是高聲地講出這樣的言語說：「現在大眾應以這些華來供養於一切諸佛，乃至供養這一部宣演第八阿賴耶識的經典。」這時候四眾就接取掉下來的那一些天華，重新散到佛的身上去，然後這些天華就於佛的上方變成一個很大的華蓋，他們就一起稟白佛陀說：「世尊！如今是以什麼樣的因緣而顯現了這樣的瑞相，如今在佛前竟然有這麼多的蓮華，以及無量的恆河沙數一切佛前，也看見同樣有這樣多的天華呢？」佛陀說：「爲了已經演說這一部《不退轉法輪經》的緣故，由這個功德威力所以顯現出這樣祥瑞的景象，像這樣的瑞相當知一定是佛的神力之所加持。」這時候阿難稟白佛陀說：「世尊！佛的威神力乃至於像這樣子來護持正法嗎？」佛陀說：「阿難！確實是我的神力來護持這個正法，不但我的神力護持，乃至恆河沙數諸佛也同樣以威神力來護持這第八識正法。」】

講義：這一段經文，諸位看看，釋提桓因眞的完全聽從 佛陀的教示。既然談到未來一切諸佛，他就散華到一切大眾頭上，從上方飄散下來。他是供養大眾，因爲一切人都是未來佛，所以他作如是供養，並且希望大眾都以這些天華來供養 釋迦如來。大眾看見天上降下這麼多的天華，他們就以這一些天華一起散到 佛的上空來，結果這一些天華合聚而變成了華蓋，就這樣供佛完成了。今天講到這裡。

《不退轉法輪經》上週講到一百零九頁第二段第二行「變成華蓋」，這是說這一部經已經快講完了，所以釋提桓因變現為長者身，以各種天華，從四眾色身上方的天空中散落下來，那麼四眾就以這一些從天而降的諸多天華來奉散於　佛上，之後由於　佛的神力就變成一個華蓋，這個華蓋暫時留存在　佛陀上方虛空中，然而他們不能理解為何這些天華會變成華蓋，於是向　佛陀稟白說：「世尊！到底是什麼樣的因緣而顯現出這樣的瑞相？」因為虛空中突然降下美麗的花朵來，而大家接取奉散於　佛時竟然變成了華蓋，當然不是無因。既然有了這樣的瑞相出來，大眾當然要請示　如來，因這些事情都不會無因而有，所以就來請問為什麼現前有這個瑞相。

又因為他們其中有許多人是有天眼，所以這時候也看見無量恆河沙的一切佛前，同樣也有這樣從天空降下美麗花朵來的事情，因此一併提出來請問，佛當然知道了，於是就說明：「為了我釋迦牟尼佛講解了這一部《不退轉法輪經》的功德所產生的威力，所以顯現出這樣的瑞相來，那麼像這樣的瑞相應當知道都是如來的神力之所加持。」這時候阿難尊者稟白　佛陀說：「世尊！佛的威神之力乃至於像這樣子親自來護持佛法嗎？」佛陀就回答說：「阿難！其實我的威神力護持這個正法，不單單是如此，乃至十方世界恆河沙數的一切諸佛也都以威神之力來護持這第八識正法。」

也許有人想：「爲什麼釋迦牟尼佛講這一部經，十方諸佛就得配合？」當然配合啊！而 釋迦如來也要配合十方諸佛，如果十方諸佛講《不退轉法輪經》時，釋迦如來也會配合的。可是爲什麼要配合？因爲諸佛講的都同樣是這一部經，都是第八阿賴耶識如來藏，以外別無其他的佛法；既然都是這樣，你講的就是我講的，我講的就是祂講的，祂講的就是你講的，十方一切諸佛所講的全都一樣，當然同樣要互相護持，這個道理是很簡單的。所以 如來講這一部經第八識妙法，後末世菩薩出來講這一部經第八識妙法，同樣都是第一義，其他的證悟菩薩聽了當然也要護持，不會出來否定的。

假使有人出來否定，表示那個人必然是凡夫或者異生，不然就是外道，就只有這個可能；因爲如果雙方講的都一樣，他就不可能來否定。這就好像我這一世剛悟時，也沒有去檢查天下善知識，由於心存善念，所以不論人家來問誰，我都說：「有！有悟、有悟！全都有悟。」都這樣讚歎，可是這樣讚歎竟然也會錯了！因為我開始說法時，講的是第八識如來藏阿賴耶識，那他們沒證得阿賴耶識如來藏，講的都是識陰或意識的境界，他們就說：「蕭平實講錯了。」我讚歎他們，而他們每一個都指責我，說我講錯了，於是我想：「這樣不對啊！如果我講的法跟你們的法是同一個，因為你們證悟了，我也證悟了，而實相既然只有一個，不會有兩個、三個，那你們如今都說我悟錯了，就表示你們所謂的開悟內容一定跟我不同。」於是我開始檢查他們，檢查了以後，果然所悟不同，原來他們都沒有證悟。

然而唯一的正法不能被他們一概否定，我就挑那一些大山頭之中私下專門在抵制正覺的，開始指名道姓寫書評論、世諦流布，所以他們對我氣得要死。被我評論上的，大概整整一年之中都會睡不安穩，晚上一定很生氣。白天忙，生氣的機會比較少，除非有人拿了我的書去問他：「人家說您沒悟，師父您怎麼說？」他就氣起來了。除非這樣，否則白天事情忙，忘了生氣，可是到晚上一睡覺的時候，又想起來：「這蕭平實何許人也？不過一個默默無聞的小居士，竟然敢批評大師我！」就好像一句話講的「是可忍，孰不可忍」。可是心裡想一想：「我能公開回應嗎？」把我評論他們的書讀來讀去之後，發現也不行！只好又忍了。不可忍偏偏又忍了，各大山頭都一樣。

因爲我從來不招惹人，可是誰在法義上來招惹了我，我就一一批判，因爲既然他們悟錯了，又來抵制唯一的正法，我當然就得批判他們。很多世以來我都是這樣的，只要不招惹我、不否定我說的 如來正法，就不理會他們；可是他們之中一旦評論我了，就表示他們悟錯了；悟錯了又來抵制正法，當然就要評論，否則正法要怎麼繼續弘傳下去。所以即使有人恐嚇我，我還是一樣加以評論。要評論當代的大師，而且不是只有一位，當然會引起很大的紛爭；而且當年我默默無聞，都沒有什麼名氣，也沒什麼著作，竟然敢評論他們，而且是四大山頭全都評論，乃至連四大山頭的領頭羊釋印順法師，我一樣評論。

後來一不作二不休，反正這一條路走上去就是不歸路，乾脆把破壞佛教的密宗也評斷了，因爲我想起來，這密宗以前在西藏殺害了我們多少同修，人家說君子報仇三年不晚，我菩薩報仇三百年不晚。雖然我們沒有報仇的心態，但是一定要把密宗趕出佛門，不然他們就得要捨棄外道法，回歸佛門的正法；否則佛教老是被密宗吸住脖子，這大動脈的血一直被他們吸個不停，使得他們越來越強壯，而佛教正法則是越來越萎縮，這也不行。

話說回來，密宗爲什麼要抵制我們？也是因爲法不同，所以 如來在經中說：「**正法跟邪法不能兩立，不可能和平共存，因此說邪正相仇。**」意思就是說，互相都把對方看作仇人。如果講的是同一個法就不會互相評論，頂多只有比較淺、比較深的差別，不會互相評論。諸佛既然講的也是第八識如來藏妙法，釋迦如來講這部經及其他各部時也是同樣指稱第八識妙法，當然十方諸佛一樣要護持，這道理是一樣的。所以，沒有人是因爲所證悟的法相同，而爲了名聞利養去否定對方的，因爲如果同樣證得如來藏而轉依了，他們就不會再搞名聞利養了。

所有的名聞利養會跟如來藏有關係嗎？在如來藏的立場，根本沒有所謂法、所謂非法、所謂有情、所謂眾生，何況要搞名聞利養？所以如果有人悟後還去搞名聞利養，表示他並沒有眞正的證悟；就算他有悟了也不是眞悟，因爲他沒有轉依成功，沒有轉依成功就是沒有證悟，這部經最後還會再談到這一點。

所以諸佛神力同樣護持「**此經**」第八阿賴耶識，因爲諸佛之所證同樣是第八識如來藏，沒有別的。諸位將來成佛的時候也是一樣，同樣是弘揚第八阿賴耶識如來藏，不會是第九識，也不會只有七個識或六個識，一樣是八個識。我現在把這個話講在前頭，也許哪一天你成佛的時候說：「**我那時候還沒有成佛，聽過蕭平實老師講這一句話，我心裡有點懷疑，現在不疑了。**」因為不管誰都一樣，有情最多就是八個識，不會是誰再有第九個識，也不會說有誰只有七個識或六個識，除非是低等動物。比如說蚯蚓，蚯蚓有沒有眼識？沒有，有沒有耳識？沒有，牠到底有沒有舌識？有喔？牠也有吃泥土，那牠到底有沒有舌識？蚯蚓到底分別不分別泥土的味道？會喔？有沒有學生物的同修？請問一下學生物學的同修。

所以人類如果生而殘障時，只會少於八個識，不會具足八個識，也不會多於八個識。如果是正常的人，都是八個識，除非他生而眼盲、生而耳聾，那叫作不正常，所以我說正常人都是八個識。既然如此，你講的法、我講的法都一樣，我幹嘛抵制你？你證的是第八阿賴耶識如來藏，而且轉依成功了，你已經無我無我所；而我同樣證悟第八阿賴耶識，也同樣轉依成功了，那我也是無我無我所，那我幹嘛抵制你？這個道理放諸十方三世而皆準。所以如果有人自稱他開悟了，卻還在搞名聞利養，或是在惡評別的善知識，你就知道他沒有悟，道理很簡單！接下來，這部經要圓滿了，阿難總是會請示 如來的，我們看他怎麼請示：

經文：【爾時阿難白佛言：「世尊！此經當何名？斯經云何受持？」佛言：「是經名為『無著果』，無有種種諸雜惡報，如是受持。信行、法行、八輩、須陀洹、斯陀含、阿那含、阿羅漢、辟支佛，解是假名無有眞實，如是受持。名為『捨魔』，如是受持。亦名『六波羅蜜』，如是受持，何以故？阿難！若有如是信解，受持讀誦，書寫此經為他人說，當知是善男子、善女人即是具足六波羅蜜。」】

語譯：【這時候阿難尊者稟白佛陀說：「世尊！『此經』應當要名為什麼經？而這一部經又應當要怎麼樣來受持？」佛陀回答說：「這一部經名為『無所執著的果報』，沒有種種雜亂不好的惡報，要這樣子來受持。至於這部經裡面所講的信行、法行、八輩、須陀洹、斯陀含、阿那含、阿羅漢、辟支佛，應當要瞭解這一些全部都是假名施設的名相，並沒有眞實法，應當要這樣子受持。這部經又名為『捨棄諸魔』，應當像這樣子受持。這部經又名為『六度波羅蜜多』，應當這樣子受持，爲什麼是這樣？阿難啊！如果有人可以像這樣子信受而且勝解，並且能受持『此經』而加以讀誦，還能夠書寫『此經』並且爲別人來解說，應當要知道這樣的善男子、或者善女人就是已經具足六波羅蜜。」】

講義：這就是從不同的層面來瞭解「此經」第八識的性質，阿難尊者既然發願受持諸佛如來的法藏，那麼這一部經典講完了，他當然得要請示 如來這部經叫作什麼經，也當然要請示受持「此經」時到底是要怎麼受持的？所以，佛陀從幾個層面來爲他說明這一部經，或者名爲「無著果」。問題是爲什麼叫作「無著果」？當你證得「此經」如來藏的時候，你就得要轉依祂；轉依不成功時就不能叫作開悟，轉依成功了才叫作開悟。但是當你轉依成功的時候，是憑什麼而轉依？一定有現觀而不是靠思惟想像所得的思想，是現觀「此經」阿賴耶識如來藏的境界中無一法可得，也是現觀「此經」阿賴耶識運行時不斷的顯示出眞如的行相。既然無一法可得，是眞如而於一切境界都是如如不動其心，表示在阿賴耶識如來藏的境界中無佛、無法亦無僧，無有眾生、無有我、無有我所、無有父母、無有子女、無有配偶、無有親戚朋友，什麼都沒有。祂的境界是這樣，你既然轉依於祂的境界，你就解脫了，因為不被一切法所繫縛，你就超脫於一切法，這就是大乘解脫。

其實二乘聖人所證的兩種涅槃，也還是依如來藏這個本來自性清淨涅槃而施設的，因為他們入了無餘涅槃以後，蘊處界入全部消失，不受後有了，那個無餘涅槃中還是這個如來藏的本來自性清淨涅槃，因為不受任何一法的繫縛，所以得解脫；得解脫時就沒有執著了，沒有執著就表示沒有不好的異熟果了。沒有不好的異熟果，表示也沒有未來世可愛的異熟果了，這樣才叫作二乘菩提中的三界生死解脫。可是因為你發了菩薩願，生生世世要行菩薩道，所以依於這樣的解脫功德以及這樣的實相智慧，起惑潤生而再來受生於人間，來世一樣會得到可愛的異熟果，因此身為菩薩沒有流落於街頭的。如果是出家菩薩呢？一樣不會流落於街頭，自然就有寺院可以住，因為他有「無著」的果報，所以各種雜項的、不好的果報都不會存在，更不會成為三惡道的果報，所以這個叫作「無著果」。

證得「此經」阿賴耶識的人，聽聞了「此經」如來藏就如是受持；至於這一部經典從一開始就講的信行、法行、八輩、須陀洹、斯陀含、阿那含、阿羅漢、辟支佛，如來講了很多，可是那一些都是假藉著語言文字來為學人建立的名相，來說明這一些聖者所證的內涵，而這些內涵就是解脫的內涵、智慧的內涵；可是在解脫的境界、智慧的境界中其實一無所有，有智慧但是智慧觀察到自己所轉依的如來藏境界中並無一法可得，這時候「無智亦無得」，就沒有什麼可貪著了，知道一切都是假名。

那麼這時就憑著般若智慧而這樣子受持，如是受持以後表示你已經超脫於相與名的認知，或者說你已經超脫於相與名的覺想，或者說你已經超脫相與名的分別與繫縛；從此以後，相就是相、名就是名，也不用再作分別了，你就超過這個相、名以及分別的境界，這個法就是要這樣子來受持。

然後這一部經典又應該名爲什麼呢？換句話說，證得「此經」以後永遠不落入魔的境界中，還記得〈降魔品〉嗎？如來是怎麼攝受天魔波旬的？如來把這個勝妙法的種子種進他心裡去了，可是天魔波旬一時還聽不懂，以爲 如來是在跟他講事相上的話，所以馬上回復身壯力強，變成一個壯年人一樣身強體壯，率領著魔將魔軍、魔子魔女又回天宮去了。這就是說，菩薩爲了要捨離魔的境界所以要證「此經」阿賴耶識，而魔的境界都在相跟名裡面妄作分別，所以他執著著：「一切欲界的有情都歸我所有。」

你如果是證得「此經」阿賴耶識如來藏了，看見自己如來藏的境界中沒有任何一法，還管什麼有情？被他所管的一切有情們的如來藏，也都同樣解脫於一切法，也沒有什麼可管的，這樣叫作「捨魔」；而天魔波旬聽不懂，所以歡歡喜喜回天宮去了。如果未來劫中，哪一世他突然懂了，他怪不怪佛？（有人答話，聽不清楚。）爲什麼不怪？因爲他知道　如來沒騙他，他當時好像被　如來騙了，可是　如來沒騙他，所以屆時他應該歡喜說：「如來當年就跟我點明了，可是我當年愚癡沒有悟出來；現在我悟了，知道當年如來似乎欺騙我，其實並沒有欺騙。」

可是有的人聽這部經到這時想起來說：「奇怪？這佛法怎麼會這樣？看來七顛八倒欸！如來欺騙了天魔，又說沒有欺騙天魔，這到底怎麼領會啊？」是吧？是啊！還沒有悟或是悟錯的人就是會這樣想，可是其實　如來沒有騙他，而他自己好像是被　如來騙了是他自己的事，所以他歡歡喜喜回天宮去了。於未來劫中，他如果悟了，也會知道　如來沒騙他，是他自己好像被　如來所騙，這叫作愚癡人。但　如來沒騙他，而他自己被　如來騙了，則是他自己的事，所以這叫作「捨魔」。「捨魔」

應當這樣一起總捨，不要一個一個去捨；如果能夠這樣捨魔的話，四魔一起捨；如果不是這樣捨，要一個一個去對付的話，那可就辛苦了！所以「捨魔」的時候，四魔一起捨，從根本上全部捨棄，所以這一部經叫作「**捨魔經**」，應當如是受持。

佛說這一部經又名「**六波羅蜜經**」，應當這樣受持。換句話說，如果不想實修六度，不想從布施度次第進修到第六般若度，就沒資格證悟「**此經**」阿賴耶識如來藏；所以這一部《不退轉法輪經》，也名為「**六波羅蜜經**」。由此可見張志成在網路上宣稱不必修學布施等五度，只要跟他修學就可以實證第六度般若，當然都是虛言假語。再說，如果修了前五度，很精進而不偏廢，但是進修般若度時是隨著六識論的凡夫大師修學的，同樣也無法實證「**此經**」阿賴耶識，不證「**此經**」如來藏時，必定無法現觀第八阿賴耶識如來藏的所在，則無法現觀其運行時的行相，又如何能證眞如？因爲眞如只是第八阿賴耶識運行時，所表現出來的眞實與如如的法相，除了阿賴耶識運行時顯示出來的眞如法性以外，再也沒有別的法是眞如了，所以《成唯識論》說：「**眞如亦是識之實性，故除識性無別有法**。」但張志成竟然捨離第八阿賴耶識的識性而求眞如，另以他法來取代第八識的識性，豈非自創佛法而毀謗正法，因爲他以別法取代第八識的眞如法性，即是破法者。如是證明其完全不懂佛法而自以爲是。

已經說明這一部經典亦名「六波羅蜜經」，然後 佛陀解釋這個理由說：「阿難！如果有人能夠這樣子信解，」也就是說，他對這一部經典所講的「此經」阿賴耶識的意涵可以信受，而且是這樣來生起了勝解，勝解就是如實理解的意思；不但如此還要能受持，受持就是心得決定而不猶豫，盡未來際都信受這個法第八識如來藏，知道這才是正法；並且自己還能夠針對第八識如來藏繼續觀行，每天觀行如來藏——原來如來藏還有這個功能，原來如來藏還有那個特性；這樣就是讀誦，這叫作「讀誦此經」。

接著還能「書寫此經」，怎麼「書寫」呢？這個「書寫」很容易，不要想得太複雜就心裡想說：「我沒有毛筆，又沒有紙、沒有墨、沒有水、沒有硯臺，我怎麼書寫？」都不用！你拿起一支毛筆來就這樣（平實導師以手在空中作寫字的手勢），寫完把那毛筆丟了就行了，這樣就是「書寫」。如果是更詳盡的「書寫」，那就是我們禪三時經過勘驗後，大家坐在禪堂中喝水的體驗了。「書寫」完了，當然要「爲人解說」，不然你「書寫」幹嘛？所以，我每週二來講堂爲大家「書寫此經」阿賴耶識，也是來這裡爲大家講解「此經」如來藏。如來說的你要依教奉行，不能夠聽了以後說：「喔！我知道了、知道了。」結果都沒作。所以，我們親教師們就是依教奉行，每週都來爲諸位「書寫此經、解說此經」。

最後，如來作個結論說：「當知是善男子、善女人即是具足六波羅蜜。」爲什麼下這個結論說「能夠這樣的人才是具足六波羅蜜」？如果不能如是信解、不能受持讀誦、不能書寫此經、不能爲他人解說，他就不具足六波羅蜜。爲什麼竟然這件事情跟六波羅蜜扯在一起了？因爲第六度般若波羅蜜所修學熏習的就是「此經」第八識的妙義，可是要修學滿足般若波羅蜜才能進入加行位，在加行位中要確認說：「你要觀行所取的一切法都是空性如來藏。」請問「所取」中有沒有六塵？有沒有六塵？如果你不在六塵境界中取任何諸法，要怎麼修學佛法以及參禪？你一定是住在六塵境界中才能學法以及參禪，那麼四加行中要修學的就是認定六塵也是你的所取，其他所學的諸法也是你的所取，這些都是空性心第八識如來藏所變現出來的，所以叫作「所取空」，說所取全部都是空性。這不是那些六識論者妄說的「所取全部緣生性空，名爲所取空」，他們是墮入斷滅空了，所修學的所謂佛法就不是 佛陀所說的正法。這就顯示他們所學的四加行，全部都學錯了。

四加行之中又告訴你「能取也是空性」，你們在禪淨班上課，親教師都講過了，說能取的七轉識也是空性，空性就是第八阿賴耶識。可是你又覺得奇怪：「明明我這五色根不是空性，因爲五色根如果是空性，那麼將來我死了，五色根壞了，空性不是跟著壞了嗎？如果五色根是空性，空性不壞，五色根就應該不壞，那我就長壽了，永遠都是長生不死，可是明明就不行啊！但爲什麼聖教中說所取的五色根、所取的六塵也是第八識空性？」這個你得要生起疑情來，去參究。從可以公開宣說的層面來講，七轉識是能取，這能取一切境界的七識覺知心與作主心，其實沒有常住的自性，也沒有自己的自性，所以七識心的自性全部來自第八阿賴耶識所含藏的種子，由第八阿賴耶識中的種子流注出來而暫時存在時，才能有能取的自性，所以從實際理地來說，能取的七轉識當然也是空性中的一部分，所以說「能取空」，因此聖教中說能取的六轉識加上意根同樣都是空性。可是一般人會想：這能取的心明明是在生死中流轉的，怎麼會是空性？這可怪了！當你越覺得怪就越發有疑情，心裡面想著：「無論如何要把如來藏找出來，否則我這個疑解決不了。」這樣下定決心：「我要把加行位修行到底。」

可是問題來了，加行之前，你要先修學第六度般若波羅蜜多；如果學錯了，是惡知識教你的六識論假般若，例如密宗的應成派中觀、自續派中觀，全都是假中觀，只是意識思惟所得的結論，不是實證，所以說是思想；那你就甭學了，因爲不論你再怎麼修學這六度波羅蜜，永遠都不能修學滿足或圓滿。而且在修學般若波羅蜜之前，你得要先學禪定降伏其心的功夫，至少要有未到地定；你也得學習如何靜慮，也就是如何參禪的方法，這些我們在禪淨班中親教師都講解過了。但是你學這靜慮與禪定之前，得要夠精進，如果你的精進心沒有提出來，一天打魚、三天晒網，還能撈到多少魚？

那麼眞正可以精進的人一定都會修好前三度，一定能對眾生生起忍法來，所以眾生有惡也不回報，眾生有善即隨喜之；然後聽到深妙的法永遠不覺得太深，能夠忍受那個深妙的法：「即使聽不懂，我也要聽，要聽到未來會聽懂。」這才叫於法有忍，於法有忍就表示你的忍辱度有修好了。可是忍辱度之前要先持戒，持戒沒修好，動不動就生氣，面對會裡共事的同修時，始終不聽人勸，堅持己見而無法與大眾和合，就來怪正覺、反正覺，想要把正覺推翻；不但如此，他才一聽到深妙法就生氣，一聽到第八識如來藏就罵：「那是外道神我。」你說這個人怎麼能得度？可是能夠受持戒法的人，一定要先去作布施，因為外財不能捨的時候，貪心都還那麼深重時，還想證得自己的內法財喔？沒有這個道理！也就是說，他的心還很慳貪的時候就不是菩薩，就沒有資格得這個法。所以這是有次第性的，這個法就是這麼個性質。那麼如果終於過完加行位，證得「此經」轉依成功，而且能夠勝解、受持、讀誦、書寫此經、為他人說，表示你的六度波羅蜜已經完成了，所以 如來作出這樣的結論。

那我請問諸位，如果有個人告訴你說：「你想要修學佛法來跟我學就好，你來這裡學法都不用修福德，所以不必修學前五度，同樣可以得法。」你信不信？因為他連第一度都沒修好了，能修第二度嗎？他的持戒一定也修不好，你們去看這回退轉的人就知道了，觀察琅琊閣閣主以及張志成等人的持戒有持得好嗎？福德就不用談了！從這裡你就可以……有一句成語叫作什麼貫通？（有人說：舉一反三）

舉一反三，還有一個什麼貫通？融會貫通啦！我現在連成語都不會了，只有佛法。這樣貫通　佛所說的這些道理時，你就能融會貫通：佛爲什麼說這樣的人可以具足六波羅蜜。因爲表示他是一步一步把每一度都如實履踐，一步一步都親自走過來，這樣他才有資格來到這個地步。

所以，如果有人悟後藉這個法去牟利，我就瞧不起這種人；因爲我把這個法送給大家，我還出錢來護持；他們是來得這個法，竟然藉這個法去牟利，天下有這個道理嗎？這表示他們都「不肖」，也都不是菩薩。不是菩薩而說他們證悟了，其誰能信？有智慧的人用膝蓋想一想就知道了，如果你的膝蓋能想。這不必用腦袋，因爲　如來已經跟我們講這麼白了，我們就要懂。那接著下來，阿難又有問題來問了：

經文：【阿難言：「云何受持、讀誦、書寫此經、爲他人說，即得具足六波羅蜜？」佛言：「若善男子、善女人等，有能信解此經典者，即具足檀波羅蜜；於此法中不生疑惑，是名具足尸波羅蜜；堪受此經，是名具足羼提波羅蜜；能於此經心不退沒，

是名具足毘離耶波羅蜜；信樂此經心不散亂，是名具足禪波羅蜜；諦了此經無分別想，是名具足般若波羅蜜。是故此經與六波羅蜜相應，亦名『一切諸佛所說不退法輪廣博嚴淨』。」阿難言：「是經名字不可得聞，何況得見？初、中、後善，具足受持。」佛言：「如是！如是！實如汝說。」

語譯：【阿難尊者又請示說：「爲什麼佛陀您說受持、讀誦、書寫此經、爲他人說，就可以具足六波羅蜜呢？」佛陀說：「如果善男子、善女人等，有人能信解此經的話，他就已經具足布施波羅蜜了；如果對於這一個法不產生疑惑，他就是具足持戒波羅蜜；如果他的心性堪能接受『此經』，他就是具足忍辱波羅蜜；如果他對於『此經』心中永遠不退不沒，他就是具足精進波羅蜜；如果他能信樂『此經』而心中都沒有散亂，他就是具足禪波羅蜜；如果對於『此經』很清楚了知而沒有分別之想，他就是具足般若波羅蜜。所以演說『此經』如來藏的這一部經典與六波羅蜜相應，因此也可以名爲『一切諸佛所說不退法輪廣博嚴淨經』。」阿難尊者回答說：「這樣一部經的名字尚且不可能聽聞了，何況可以親自遇見呢？這部經初說良善、中間所說也是良善、後面所說同樣是良善，應該要具足受持。」佛

說：「如是！如是！眞的像你所說的這樣。」】

講義：現在，佛陀解說爲什麼「**此經**」第八識具足六波羅蜜，似乎跟我剛剛講的不一樣，有沒有不一樣？爲什麼沒有？你們倒是很厲害，知道沒有不一樣。我是從修行的事相來說：如果「**此經**」可以這樣爲人宣說，他就是具足六波羅蜜；如來是從理上來講，從一念心中來說，能夠如是受持爲人解說，他就是具足六波羅蜜。一念心中就具足六波羅蜜了。這個道理就是說，如果你能夠信受，而且對於「**此經**」阿賴耶識的道理生起了勝解，表示你心中對世間財乃至對自己的五蘊身心已經布施出去了。布施出去了，是什麼意思？表示自己已經「自殺」成功了：知道自己五陰身心全部都是假的，都是暫有的；既然五陰身心是假的，何必爲了這個五陰身心所擁有的我所去追求世間法，所以就不再去追求世間的名利、身分、地位等等，當然更不會去貪求三寶之財。這是必然的道理，因爲已經把自己五陰都給捨了、布施出去了，確實認定自己是虛假的，那就是布施五陰出去了；如是布施了我貪或者說布施了我愛，所以布施波羅蜜多成就。

如果有人還像釋印順一般，確認五陰身心的自己是眞實的，所以落入意識或離念靈知中，他絕對不可能布施出去；你們看現在退轉的這一批人，他們不正是這樣嗎？而他們對如來藏一定不相應，因爲如來藏離我、我所。所以想要證阿賴耶識如來藏，又放不下五陰身心時，就會老是覺得自己很厲害說：「天下善知識我都不看在眼裡，所以不管那些善知識有沒有誤導眾生，我只要看不順眼的，就要把他打倒。」這樣的人都住在五陰身心的境界中，他們沒有把五陰身心布施出去。如果眞正布施出去的人，一定會去簡擇：「誤導眾生的，我都把他打倒；沒有誤導眾生的，我都爲他護持。」應當這樣！但他不是，「凡是看不順眼的，我不管你是不是善知識，我就把你打倒。」那表示他很看重五陰的我所。既是看重五陰的我所，顯然他對布施沒有修行成功，還把五陰自己抓得緊緊的。有的人這幾天爲我抱怨，因爲我聽說各班上課有放了會員大會我那些講話的影音，有的人爲我抱怨說：「喔！導師您眞的好委屈喔！」我說：「我不委屈，因爲我生來就是要被糟蹋的，有什麼好委屈的，因爲我對世間法都已經捨了。」這個不算什麼，往世被殺死的事都沒提了，這還算什麼？眞的不算什麼！

接著，於此法心中不生疑惑，這叫作具足持戒波羅蜜。請問諸位：受菩薩戒的時候，是不是有一條不謗三寶的重戒？三寶裡面的法是指什麼？第八阿賴耶識如來藏。這阿賴耶識又叫作如來藏，祂有另一個名稱叫作菩薩藏。那麼四十八輕戒裡面也有一條戒是說什麼呢？說不可以否定大乘、毀謗大乘；有一條輕戒這樣規定。還有優婆塞戒中一條輕戒規定如果四十里內有人演說大乘法，而那個法是你應該要修學的，就要去聽聞修學。這些戒如果持好了，還會否定第八識喔？因爲諸經都在講第八阿賴耶識，那他否定此識時也就是否定「此經」如來藏，就會公開說「**大乘見道不是證第八識**」，顯然張先生對菩薩戒也沒有受持好，請他重新再去修學菩薩戒吧！如果能夠出世爲人解說「此經」如來藏阿賴耶識，就表示他持戒沒問題，因爲他能安忍於大乘三寶，就會崇隆大乘三寶，那就符合菩薩戒的規範，所以他心中對「**此經**」如來藏絲毫都不疑心，這樣叫作「**具足尸波羅蜜**」。

接著，我常常說的第三住位修忍，這個忍有兩種忍，叫作生忍與法忍。於惡眾生要能忍，於深妙法也要能忍，具足這兩個忍才說你忍辱波羅蜜修好了。現在如果有善男子、善女人堪受「**此經**」阿賴耶識，他的能力、他的心性都可以領受「**此經**」、可以受持「**此經**」如來藏，這就表示他的忍辱波羅蜜修好了。如果像張先生這樣否定第八阿賴耶識，以離念靈知來指認為阿賴耶識，說阿賴耶識能分別五塵，離念時就是無分別，這表示他對於第八阿賴耶識不能生忍，就是對「**此經**」阿賴耶識所顯示出來的實相般若沒有修學好。如果這三度修好了，其實還是同一念心，因為同樣是意識心在一念之間具足這三度。

接下來，能夠於「**此經**」阿賴耶識正法「**心不退沒**」，就是說打從證得「**此經**」如來藏以後，不管經過多少年、經過幾世到現在，還是心心無間的信受奉持而不退沒，依舊認定「**此經**」如來藏作為一切法的所依，這表示他已經能現觀一切法是如何從第八識心中出生的了，他已經現觀「**此經**」阿賴耶識是萬法的根源。因為如果沒有「**此經**」如來藏，你修學佛法談什麼三大阿僧祇劫？根本就不可能去到未來世，還修什麼三大阿僧祇劫成佛。

說得淺白一點，沒有第八識常住不壞時，你這一世根本就不可能出生與存在，還想要怎麼修行成佛？所以，要談一世又一世努力學佛很精進，根本就不可能了。可是你能夠信受而且永遠受持「**此經**」阿賴耶識，心心無間而無懷疑、永遠不退沒，這樣一世又一世、一劫又一劫，就像 如來授記那些諸大弟子們說已經很多劫

以來追隨　如來學佛了，全都是受持「此經」而叫作「心不退沒」，這樣才能表示很精進。我們講這一部經典也超過兩年了，諸位聽到現在「心不退沒」，應該說你差不多要具足精進波羅蜜多了；不然聽不了兩年，聽上兩個月就離開了。那麼如果已經實證「此經」了呢？繼續修學熏習聽受「此經」第八識的法義，當然更是「具足毘離耶波羅蜜」。

接下來再講，能夠信受而且愛樂「此經」如來藏，心中都不散亂，不管別人怎麼說：「哎呀！如來藏是外道神我。」你依舊信受阿賴耶識如來藏，絲毫都不動搖。這表示你已經在靜慮這一度修學很久了，所以能夠分辨出來；因爲你已經觀行過了、確認過了：「如果不是『此經』阿賴耶識如來藏，我不會有五色根出生，不論扶塵根或勝義根都不會出生；然後也不會有六塵出生，當五色根、六塵不會出生時，那麼我的七轉識又如何能出生與存在呢？」當你這樣現前觀行而證實了以後，就很確定說：「『此經』阿賴耶識如來藏，才是我的究竟轉依處。」所以你能夠信受「此經」阿賴耶識，對「此經」如來藏有所愛樂，永遠都不捨棄，這表示你已經具足靜慮波羅蜜了。而且你也有禪定波羅蜜了，爲什麼呢？因爲你對於

「此經」阿賴耶識如來藏，已經心得決定而有定心所了，所以絕對不動搖，這樣就是「具足禪波羅蜜」。

同樣這個意識一念之心修學來到第六度，如實的了知「此經」講的就是阿賴耶識，永遠都是依止「此經」如來藏而不作他想，因爲很清楚知道「此經」如來藏從來無分別，「既然我轉依阿賴耶識如來藏了，那麼我對一切富人或貧賤者，對一切高官或者販夫走卒，都不加以分別，平等看待。」應當如是，這就是「無分別想」。所以有人要來跟你求法，你只觀察他的因緣能不能得法，不從他的身分、地位、貧富去作觀察。所以，以前也有高官找過我，那時他已經退休下來了，但畢竟曾經當過高官。在臺灣的高官，什麼地位算是高官？問問諸位，部長算不算高官？算！那麼如果當過五院的院長呢？比如說監察院長也夠高了吧？可是我依然不隨便放手。本來就是這樣啊！你沒有因緣得這個法就是沒因緣，如果有因緣得這個法，不用是大富長者，也不用是高官，照樣得這個法，就像諸位。也就是說，我們不從那些世間相去作分別，我們轉依「此經」阿賴耶識如來藏的平等性，只看來學的人得法的因緣到了沒有，如果該明年得法就明年得法，該明天得法就明天得法，該去年得法、該十年前得法，就去年、十年前得法，就這樣只看因緣，不看身分地位，因為般若是平等性，本來就應該是這樣。

如果打開後門：「你想要開悟的話就得禪三前，提前（錢）來見。」如果是直爽的人就想：「喔！我要提早去見他。」不是的！是要提著錢來見，官場就有這一句話。那麼如果來請問的人說：「那麼開悟明心到底要供養您多少錢？」他就罵你：「我告訴你，提前來見啦！你講什麼錢！」其實他正在罵你的提前來見就是錢，是孔方兄！但是都不明說，還要撇清，這就是官場作官的方便善巧。可是咱們不來這一套，儘管你是高官，我照樣不放手。如果你是個高官，可是你證悟的因緣到了，我就放手，就這麼簡單。如果提錢來供養我，對不起，我永遠拒收。這一段經文中，如來這樣從理上來講一心之中具足六波羅蜜，跟我前面一段事相講的修行前後過程的事相，都符合六波羅蜜多、具足六波羅蜜多，道理其實沒有差別。

那麼這樣解釋完了，如來說：「由於這個緣故，所以這一部經典跟六波羅蜜相應。」如果有人誹謗「此經」阿賴耶識，就是誹謗六度中的般若度，而說他可以證得般若波羅蜜，佛法中沒這回事！所以修學這一部經時一定要跟「六波羅蜜相應」，如果沒有實修六度波羅蜜多的人，他不可能證得「此經」阿賴耶識如來藏。所以如果有人告訴你：「跟著我學就好，不用去正覺，正覺還要修六度，首先就要布施，來我這裡不用布施，你一定可以得法。」能不能得法？能啊！得世間法，也就是玄學！玄學就是思想，就像釋印順的思想一樣是世間法，學佛人根本就不需要去加以研討；然而實證的法是出離三界外的法，不在三界中，就像那些說戲的人講說：「跳出三界外，不在五行中。」如來藏眞的是這樣；除此以外，沒有任何一法可以是在三界外，也沒有一法可以是超脫於五行的，唯有「此經」如來藏阿賴耶識。

所以，如來作了一個結論說：「這一部經又叫作『一切諸佛所說不退法輪廣博嚴淨經』。」也就是說，經由「此經」如來藏的實證而越學越廣博、越學越莊嚴、越學越清淨，而且是「一切諸佛」所說的。那爲什麼叫作「不退法輪」？明明有人在你蕭平實指導下證悟「此經」阿賴耶識還退轉了呢？怎麼會叫作「不退法輪」？那是因爲他只從這一世來看，如果你從長遠的無量世來看，每一個人修學「此經」阿賴耶識以後，最後都會走向成佛之道。正在走向這一條路時總是退退進進，但最後是永遠不退，最後終究成佛，怎麼不叫「不退法輪」呢？

所以學佛不要只看一世，如果只看一世，那些人或那些大師們都會氣死了，也許得要撞牆死。因爲他想：「這蕭平實學佛不過五年就悟了、就出來弘法；又沒有人指導他，他憑什麼悟？他又沒有剃髮出家，憑什麼悟？我少小出家，現在八十幾歲了都還悟不了，氣死我了！」也許想不開時兩腿一蹬就走人了。對啊！想起來眞的會氣死人；因爲他只看一世，當然要氣死了。可是如果看過去的無量世，心想：「人家一大阿僧祇劫前就走過了，我才不過學佛幾劫。」就不會氣死人。所以說不論誰，學了這個第八識妙法以後，他遲早都是不會退轉的；因爲只要這個種子種進心裡面去，第八識妙法的種子只要在，他終究有一世會回到正法中，再也不退轉就好像諸位一樣。

這時候阿難稟白說：「世尊！您說的這一部經的名稱，根本不可能聽聞得到，」因爲佛教界在學佛的人，請你們問問看，有多少人聽聞過這一部經的名字？不說如來藏經，說這個「一切諸佛所說不退法輪廣博嚴淨經」，誰聽過？沒有人聽過啦！如果要親見「此經」阿賴耶識呢？更沒機會了，所以有機會聽聞「此經」第八識，是很勝妙的事，不要當作一般事。如果你能親見「此經」阿賴耶識，這更不得了！表示你修學佛法以來，不是只有經過一佛二佛三佛四佛、五六九佛，而是已經奉侍經歷過很多佛，才可能證悟不退；否則幫你證悟了，還保證退轉。

阿難尊者說的是老實話，所以他讚歎說這一部經一開始講就很勝妙，這部經中段的部分也很勝妙，後段的部分也很勝妙，因此說「初、中、後善」，所以應當具足來受持。換句話說，受持 如來所說的經，不可以受持局部；釋印順就是受持局部，他所喜歡的就受持，其他不喜歡的就全部否定，說這些都不是 如來講的。他連《阿含經》都是這樣抉擇的，並不是完全受持。如果對於 佛所說的經典不能全部受持，表示這個人心態有問題，他一定不是真正的菩薩。所以阿難這樣講完了，佛陀說：「就像是這樣啊！就像是這樣啊！真的就像你所說的這樣子。」那麼阿難又怎麼說呢？

經文：【阿難言：「得聞此經，是人生死餘幾所耶？」佛言：「若人得聞《不退法輪廣博嚴淨方等經》名，此人生死餘則千劫。」阿難言：「若聞此經名字，信解能

受、發菩提心，是人功德當住何地？」佛言：「若有得聞是經名者，則受阿耨多羅三藐三菩提記，得不退轉地。」爾時四衆前，皆有蓮華座若干種色，復有百千萬億種葉；時諸四衆踊躍歡喜，各取此華以奉散佛，而作是言：「我等皆當爲人廣說如是經典，分別顯示使不斷絕。」】

語譯：【阿難尊者又說：「如果有人親自聽聞了『此經』，這個人的生死還剩下多久呢？」佛陀說：「如果有人可以親自聽聞這部《不退法輪廣博嚴淨方等經》的名稱，這個人他未來的生死剩下最多一千劫。」阿難尊者又說：「如果聽聞『此經』的名稱，信受而且起了勝解並且能受持、而發起了菩提心，這個人的功德應當住於什麼樣的境界？」佛陀說：「如果有人可以聽聞『此經』名稱的話，他就會受到無上正等正覺的授記，他可以得到不退轉地。」這時候於四眾之前，突然都有蓮華座，而蓮華座很漂亮，有很多種的顏色，而且每一個蓮華座側面都有百千萬億種的花瓣；這時候四眾踴躍歡喜，大家各自都把面前的蓮華捧起來奉散於佛，大家這麼說：「我等諸人都應當要爲其他的人來廣爲解說像這樣的不退轉經典，而且爲大眾分別顯示其中的道理讓這一部經不會斷絕。」】

講義：現在 如來授記了，這個授記跟諸位有沒有關係？顯然有關，因為諸位聽聞「此經」阿賴耶識，聽我講解二十幾年、或十幾年，少則也有三、五年；再不然聽聞這一部《不退轉法輪經》也聽了兩年出頭了。現在 如來授記，所以阿難問說：「聽聞到『此經』，這個人的生死還剩下多久呢？」如來就說了：「如果聽聞了這一部《不退轉法輪經》，單單聽聞名稱而不退轉，他將來剩下的生死為一千劫。」換句話說，只聽聞到這個名稱沒有懷疑而可以受持，將來了生脫死只要再一千劫，這個跟我隨後要講的《解深密經》的前提有關聯。

阿難就說：「那麼如果聽聞『此經』的名稱以後，而且還能對『此經』瞭解，所以生起信心，對所聽聞的法義雖然還沒有辦法實證，但是心中有勝解，然後就受持『此經』如來藏，發起成佛之心，」發菩提心就是發成佛之心，就是四宏誓願「佛道無上誓願成」等四個大願；發了這個心，「這個人的功德應當住於何地？」佛陀說：「如果有聽聞到這一部經的名稱而能夠信受，生起勝解、能受持、能發成佛之心而願意求證，這個人就受到無上正等正覺的授記，他可以得到不退轉地。」

請問不退轉地是哪一個位階？位不退？還是行不退？這裡說的是位不退，位不退在三賢位中的第七住位。《菩薩瓔珞本業經》說如果有人修學六度波羅蜜多，當他修到第六度般若波羅蜜的時候，有一天「**般若正觀現在前**」，如果有諸佛菩薩、有善知識所攝受護持，可以出到第七住常住不退。這表示什麼呢？表示他能夠信受而且生起勝解、能夠受持的話，他就可以住到第七住位不退轉地。那你想想看，有多少人學佛，心中總是渺渺茫茫，一天到晚抱怨：「**三藏十二部經浩如煙海，無從得入。**」而你已經知道說：「**我要入這個般若波羅蜜多，就是要證『此經』阿賴耶識如來藏。**」知道了，你會不會努力去求證？會！努力求證的結果，有一天證了就不退轉。所以 佛說能夠受持這一部經的人，不必再幾生，也許這一世就得不退轉地了，最多十生、百生便證入不退轉地，也不是千劫了。可是如果他不信，表示他學佛以來時間還很短，他的福德不足以支持他證悟，他的性障依舊深重也沒有資格可以證悟，佛陀講的就是這個道理。所以如果對於「**此經**」的名稱可以如實理解，生起了勝解，不但信受還要勝解，那最多十百千生，一定可以證悟「**此經**」住於不退轉地，因為證得「**此經**」時就是無上正等正覺。

所以這時候四眾面前，「**皆有蓮華座若干種色**」，就是佛菩薩坐的蓮華座；這些蓮華座側面有好多葉（葉是指花瓣），有好多的花瓣，「**百千萬億種葉**」。譬如說，你看菊花，有的菊花不過是一、二十瓣；可是你們去看臺北市士林官邸每年展出菊花，那個菊花有的很多瓣，看起來就是很美、很莊嚴。現在說這個蓮華座的花瓣有「**百千萬億種葉**」，表示什麼？說它很勝妙；這一定是演說「**此經**」的功德感生出來，所以四眾踴躍歡喜就取了這些很莊嚴的蓮華供養於 佛。

請大家理解一下，蓮華座比較像荷花，可是荷花的花瓣很少。荷花，花開的時候裡面就有蓮臺，你們吃的蓮子就是在那個蓮臺裡面；它是花開的時候蓮臺就有了，所以它是花果同時；我們把這種蓮花叫作荷花，可能印度把它也叫作蓮華，不是一般水面上的蓮華，因爲那種蓮華沒有蓮臺、也沒有蓮子。但荷花的花瓣很少，可是佛菩薩坐的蓮華座花瓣很多；其實荷花也叫作蓮華，要不然它爲什麼長了蓮子？否則長了蓮子就不叫蓮子，應該叫荷子了；可是它叫蓮子，所以它顯然也是蓮華。因爲這些蓮華座太莊嚴，所以大家就取上面的蓮花來供養 如來，散於 佛的上空而發了願：「**我們全部都會爲人廣說這一部經典，分別顯示使不斷絕。**」他們發願要爲人廣說這一部經典，那麼請問：他們有沒有悟？一定是悟了才能夠爲人廣說如是經典，要不然就會胡說亂扯了。好，接下來呢？

經文：【爾時世尊熙怡微笑，作天伎樂，香風時來其氣芬馥；多有諸天於虛空中，亦作無量種種天樂，雨諸天香：細末栴檀、沈水膠香、閻浮檀金末及諸銀末，摩尼寶網羅覆其上；及五種色曼陀羅華、摩訶曼陀羅華，曼殊沙華、摩訶曼殊沙華，迦迦羅華、摩訶迦迦羅華，一切優鉢羅華、拘物頭華、芬陀利華，及香瓔珞塗香末香；一切諸天所有供養，遍滿虛空。地上人民，亦整衣服散華供養。復有諸餘眾生，皆以臂腳寶環手釧，解頸諸瓔無量寶冠，以奉上佛。復有諸餘眾生，以其金銀散於佛上。復有諸餘眾生心皆歡喜，出大音聲唱言：「善哉！善哉！」及諸象馬出和雅音，虛空諸鳥隨類音聲以用供養；地獄眾生皆得暫樂，畜生眾生更相愛念如父母想，閻羅王界一切眾生亦暫受樂，餓鬼眾生皆悉得除飢渴苦惱。爾時天、龍、夜叉、乾闥婆、阿脩羅、迦樓羅、緊那羅、摩睺羅伽、人非人等，各受快樂，更相慈愍猶如父子。】

語譯：【這時候世尊很自在、很歡喜的微笑，所以天上就奏起伎樂來了，然後就有一陣又一陣的香風飄來，那個風的氣味很芬芳、很濃郁；而且還有很多的諸天在虛空中，也演奏了無量的種種天樂，並且降下種種天界的香來：例如細末栴檀、沈水膠香、閻浮檀金末以及各種的銀末，而且有摩尼寶網羅覆於這一些香的上面；並且還有五種顏色的曼陀羅華、摩訶曼陀羅華，曼殊沙華、摩訶曼殊沙華，迦迦羅華、摩訶迦迦羅華，一切優鉢羅華、拘物頭華、芬陀利華，以及香瓔珞塗香末香都從天上降下來；一切諸天所有這一類的供養，遍滿了虛空之中。而地上的人民，也整理他們的衣服然後對如來散華供養。接著還有其餘的眾生，都以他們的手臂上或腳上的寶環或者手釧，並且解下了頸項上的各種瓔珞或者頭上的寶冠無量，用來奉上於佛。還有其餘的眾生，各以金銀散於佛陀之上。又有其他的眾生心裡都很歡喜，發出了大音聲高聲唱言說：「眞是太好了！眞是太好了！」而且還有其他的象與馬發出了令人聽起來歡喜的聲音，虛空中也有各種鳥類隨著牠們不同種類的音聲發出來、用來供養如來；這時候地獄裡的眾生都暫時得到了快樂而不受苦，而且畜生之中牠們也互相愛念猶如父母之想，都不再有殘害之心；至於閻羅王界所管的一切餓鬼眾生、地獄眾生等，也都暫時受樂，所以餓鬼眾生全部都離開餓鬼的苦異熟果，所以除去了飢渴的苦惱。這時候天、龍、夜叉等八部護法以及人非人等，全部都領受快樂，互相看待的時候都更加慈愍好像父子之間一般。】那麼接下來，阿難又說什麼？

經文：【爾時阿難白佛言：「世尊！如來今者，以何因緣而微笑耶？」爾時佛告阿難：「一切四眾：比丘、比丘尼、優婆塞、優婆夷，天、龍、夜叉、乾闥婆、阿脩羅、迦樓羅、緊那羅、摩睺羅伽、人非人等，若於今世後世聞此經者，皆得不退轉於阿耨多羅三藐三菩提；能爲他人廣說是經無所損減，亦如我今分別解說等無有異。阿難！聞此經已心生信解，即是佛種，何況受持、讀誦、修行。當知是人去一切智利則爲不遠，當得一切智、自然智，是故此經名『不退轉法輪之印』，能爲諸菩薩等作大利益；亦爲一切眾生，發於無上道心因緣；能發心已，便於此經具足成就。阿難！如來以一切智示諸眾生，若復有人雖離佛智，但聞此經，即得自然智及佛智利，亦即受記；是故此經名爲『不退轉法輪廣博嚴淨』，亦名『成就具足善根莊嚴方便爲作利益行大乘者』，阿難當知。」】

語譯：【這時候阿難尊者又稟白佛陀說：「世尊！如來現在，到底是因爲什麼樣的因緣而微笑呢？」這時候佛陀告訴阿難說：「一切四眾就是：比丘、比丘尼、優婆塞、優婆夷，加上天龍八部就是天、龍、夜叉、乾闥婆、阿脩羅、迦樓羅、緊那羅、摩睺羅伽、以及所有的人和非人等等，如果於今世後世聽聞到此經如來藏的人，都可以不退轉於無上正等正覺；凡是能夠爲他人廣說這一部經而沒有損減的人，也如同我如今分別解說而相等沒有差異。阿難！聽聞此經之後心中信受而能生起信解的人，他就是佛菩提的種姓，何況能夠受持、讀誦、修行的人。應當知道像這樣的人距離一切智的利益就已經不遠了，不久的將來就會得到一切智和自然智，由於這個緣故此經如來藏名爲『不退轉法輪之印』，能夠爲諸菩薩等作出大利益來；也可以成爲一切眾生，發於無上道心的因緣；假使能夠發心了以後，便可以在此經的修行上面具足成就。阿難！如來以一切智來示現給諸眾生，如果還有人雖然仍然距離佛智遙遠，但是只要聽聞到此經，他不久以後的將來就可以得到自然智及佛智的利益，也就是領受了授記；由於這個緣故此經名爲『不退轉法輪廣博嚴淨』，也可以名爲『成就具足善根莊嚴方便爲作利益行大乘者』，阿難

你應當如是了知。」】

講義：佛微笑的原因，就是因爲 佛已經觀見某一些人聽聞這一部經如來藏之後，將來一定不退轉，一定實證「此經」。這一些人到底我們現在要哪裡去找？（有人答：正覺。）喔！正覺喔！不用去找，都已經來了。對！就是這樣，這就是 佛的意思，因爲你聽聞「此經」如來藏而能夠不退轉，不管已證或者還沒有證，你都不退轉、不心疑，心中篤定的信受就是「此經」第八識，那你遲早會實證。所以我講這一部經兩年出頭，諸位都不離棄；老實說這樣的經典對佛教界來講很深，可是諸位可以聽到現在，表示諸位是有這個因緣。

爲什麼才一證悟就稱爲一切智、自然智？爲什麼又稱爲佛智？因爲上從諸佛下至諸菩薩，全部都是因爲證悟「此經」如來藏，而將來成佛也靠「此經」如來藏，不靠別的，只有第八識如來藏可以使人依之修行到達佛地。所以你證得的是「此經」如來藏，諸佛如來證得的也是「此經」如來藏而改名無垢識，因此證得「此經」如來藏而生起的智慧，就叫作「佛智」；只是說現在菩薩證悟「此經」所得的智慧沒有像佛地那麼廣博、那麼深利，但其實是同樣一種智慧；而這種智慧是自然而有的不從外來，只要你證悟了，就知道原來這個是「自然智」，「佛智」也是這個，一切種智也是這個，一切智智也是這個智慧，隨著修證的高下差別，它有許多種名稱。

如果懂得這個道理了，對於「此經」就把祂叫作「不退轉法輪廣博嚴淨」，因爲藉由「此經」的實證，修行到達佛地時確實是可以廣博，也確實可以嚴淨。如果這樣信受再也不退轉的人，就可以把「此經」叫作「成就具足善根莊嚴方便爲作利益行大乘者」；換句話說，如果不是行大乘的人，就沒有因緣證得「此經」，唯有行大乘法而具足六度的人，才有因緣證得「此經」，如來就這樣吩咐說：「阿難當知。」好，接下來呢？

經文：【爾時如來廣說是經，無量菩薩皆得成就無生法忍；無量無邊阿僧祇等億數衆生，皆悉得住不退轉於阿耨多羅三藐三菩提。佛說經已，文殊師利、舍利弗、阿難等，及諸四衆比丘、比丘尼、優婆塞、優婆夷，天、龍、夜叉、乾闥婆、阿脩羅、迦樓羅、緊那羅、摩睺羅伽、人非人等，皆大歡喜，頂受奉行，作禮而去。】

語譯：【這時候如來廣說這一部經已經圓滿了，所以有無量的菩薩全部都得以成就無生法忍；還有無量無邊阿僧祇等億數的眾生，全部都住於不退轉無上正等正覺的境界中。佛陀說完這部經典之後，文殊師利、舍利弗、阿難等人，以及諸四眾就是比丘、比丘尼、優婆塞、優婆夷，還有天龍八部以及人非人等，大眾都很歡喜，頂受奉行，然後向佛禮拜之後離去。】

講義：如來在這一部經中有沒有指點了無生法忍的內容？有沒有？沒有啊！什麼地方講了無生法忍？明明就是沒有講啊！可是為什麼有「**無量菩薩皆得成就無生法忍**」？這就是我以前講過很多次的道理，本來他們就可以入地了，可是有的人對於入地要證阿羅漢果，他們心中有點捨不下，因為三界畢竟還是有一點可愛，心中捨不下，沒有辦法下定決心去取證阿羅漢果，也就無法生起無生法忍而入地。有的人已經是阿羅漢了，無生法忍的內容他也懂，可是他仍然想要入涅槃；入地時就得發十個大願，而且這十個大願一旦發了就是盡未來際，等於永遠不能入涅槃，他心裡很猶豫。

但是這兩類人聽完 如來講了這一部《不退轉法輪經》之後，看見這麼大的功德，所以下定決心、心得決定：「該捨三界法就捨三界法，我就取證阿羅漢果了；該發十無盡願，那我就發了。」於是他們心得決定，當下就成就了無生法忍。所以很多人心中猶豫、猶豫、再猶豫，沒有心得決定；就好像禪宗裡面，有的人心中猶豫著：「我證的這個好像是如來藏，可是我不太情願承認，因爲承認了祂，等於我要轉依祂，那麼從此就不能再去領受、去貪著世間法了。」心中不得決定；於是他得要去見善知識，等到善知識舉起棒來把他痛打一番，他終於接受說：「好啦，我就認了。」這一認了就是轉依成功，便叫作開悟，知道嗎？

所以有的人行腳十幾年，心中不得決定，後來看見這位善知識悟的是這個，那位善知識悟的也是這個，十幾年行腳下來所見善知識全都一樣；他十幾年後終於遇到一位善知識，問道：「如何是佛？」一棒就打來，他終於認了；所以伸手把棒子搶過來，往善知識胸前這麼一拄，又把棒子丟了就出門去了。到了晚上，堂頭和尚找了他去，他一進方丈室終於拜師了，就拜他爲幫助自己得法之師了。其實他眞的是從這位善知識修學悟入的嗎？不是，他跟以前十幾個善知識學過而悟入了，只是心中不得決定，無法成就無間道，他還需要一個定心所；而這位善知識幫他定了心，所以他就這樣心心無間的轉依成功而開悟了。這個道理是一樣的，這一些菩薩們得到無生法忍就是這樣來的，可是這一部經裡面沒有講無生法忍；所以你們還在進階班的人，如果心中還在猶豫不敢承擔，聽完這一部經之後應該心得決定了；如果心得決定了，就恭喜你，你不退轉了。

這一品〈安養國品〉講的就是說，其實十方三世一切世界的有情，全都是依靠第八阿賴耶識如來藏來安養的，否則全都不可能受生、出世、存在、長大以及衰老、死亡，輪轉生死不斷，也不可能出家修行證得二乘解脫果，更不可能證得大乘的不可思議勝妙解脫果與智慧；所以眞正的「安養國」指的正是第八阿賴耶識，亦名如來藏等其他多種名稱。這也是在告訴我們說，許多人嚮往著西方極樂世界的成就，以及 彌陀世尊和那個世界中的所有菩薩們，被合稱爲安養世界，其實本質仍然是如來藏第八阿賴耶識、異熟識、無垢識。有智慧的人如實現觀自他的第八識以後，瞭解了這個事實，就明白極樂世界爲何又名安養世界的原因了。好，今天講到這裡。

（全書十輯至此圓滿。）

佛菩提二主要道次第概要表——二道並修，以外無別佛法

佛菩提道——大菩提道

十信位修集信心——一劫乃至一萬劫

遠波羅蜜多

資糧位

初住位修集布施功德（以財施爲主）。
二住位修集持戒功德。
三住位修集忍辱功德。
四住位修集精進功德。
五住位修集禪定功德。
六住位修集般若功德（熏習般若中觀及斷我見，加行位也）。

外門廣修六度萬行

見道位

七住位明心般若正觀現前，親證本來自性清淨涅槃。
八住位起於一切法現觀般若中道。漸除性障。
十住位眼見佛性，世界如幻觀成就。

一至十行位，於廣行六度萬行中，依般若中道慧，現觀陰處界猶如陽焰，至第十行滿心位，陽焰觀成就。

一至十迴向位熏習一切種智；修除性障，唯留最後一分思惑不斷。第十迴向滿心位成就菩薩道如夢觀。

內門廣修六度萬行

初地：第十迴向位滿心時，成就道種智一分（八識心王一一親證後，領受五法、三自性、七種第一義、七種性自性、二種無我法）復由勇發十無盡願，成通達位菩薩。復又永伏性障而不具斷，能證慧解脫而不取證，由大願故留惑潤生。此地主修法施波羅蜜多及百法明門。證「猶如鏡像」現觀，故滿初地心。

二地：初地功德滿足以後，再成就道種智一分而入二地；主修戒波羅蜜多及一切種智。滿心位成就「猶如光影」現觀，戒行自然清淨。

解脫道：二乘菩提

→ 斷三縛結，成初果解脫

→ 薄貪瞋癡，成二果解脫

→ 斷五下分結，成三果解脫

入地前的四加行令煩惱障現行悉斷，成四果解脫，留惑潤生。分段生死已斷，煩惱障習氣種子開始斷除，兼斷無始無明上煩惱。

圓滿成就究竟佛果

近波羅蜜多

修道位

三地：二地滿心再證道種智一分，故入三地。此地主修忍波羅蜜多及四禪八定、四無量心、五神通。能成就俱解脫果而不取證，留惑潤生。滿心位成就「猶如谷響」現觀及無漏妙定意生身。

四地：由三地再證道種智一分故入四地。主修精進波羅蜜多，於此土及他方世界廣度有緣，無有疲倦。進修一切種智，滿心位成就「如水中月」現觀。

五地：由四地再證道種智一分故入五地。主修禪定波羅蜜多及一切種智，斷除下乘涅槃貪。滿心位成就「變化所成」現觀。

六地：由五地再證道種智一分故入六地。此地主修般若波羅蜜多——依道種智現觀十二因緣一一有支及意生身化身，皆自心眞如變化所現，「非有似有」，成就細相觀，不由加行而自然證得滅盡定，成俱解脫大乘無學。

七地：由六地「非有似有」現觀，再證道種智一分故入七地。此地主修一切種智及方便波羅蜜多，由重觀十二有支一一支中之流轉門及還滅門一切細相，成就方便善巧，念念隨入滅盡定。滿心位證得「如犍闥婆城」現觀。

大波羅蜜多

八地：由七地極細相觀成就故再證道種智一分而入八地。此地主修一切種智及願波羅蜜多。至滿心位純無相觀任運恆起，故於相土自在，滿心位復證「如實覺知諸法相意生身」故。

九地：由八地再證道種智一分故入九地。主修力波羅蜜多及一切種智，成就四無礙，滿心位證得「種類俱生無行作意生身」。

十地：由九地再證道種智一分故入此地。此地主修一切種智——智波羅蜜多。滿心位起大法智雲，及現起大法智雲所含藏種種功德，成受職菩薩。

圓滿波羅蜜多

究竟位

等覺：由十地道種智成就故入此地。此地應修一切種智，圓滿等覺地無生法忍；於百劫中修集極廣大福德，以之圓滿三十二大人相及無量隨形好。

妙覺：示現受生人間已斷盡煩惱障一切習氣種子，並斷盡所知障一切隨眠，永斷變易生死無明，成就大般涅槃，四智圓明。人間捨壽後，報身常住色究竟天利樂十方地上菩薩；以諸化身利樂有情，永無盡期，成就究竟佛道。

七地滿心斷除故意保留之最後一分思惑時，煩惱障所攝色、受、想三陰有漏習氣種子全部斷盡。

←

煩惱障所攝行、識二陰無漏習氣種子任運漸斷，所知障所攝上煩惱任運漸斷。

←

斷盡變易生死成就大般涅槃

佛子蕭平實 謹製
（二〇〇九、〇二 修訂）
（二〇一二、〇二 增補）

佛教正覺同修會〈修學佛道次第表〉

第一階段

* ＊以憶佛及拜佛方式修習動中定力。
* ＊學第一義佛法及禪法知見。
* ＊無相拜佛功夫成就。
* ＊具備一念相續功夫—動靜中皆能看話頭。
* ＊努力培植福德資糧，勤修三福淨業。

第二階段

* ＊參話頭，參公案。
* ＊開悟明心，一片悟境。
* ＊鍛鍊功夫求見佛性。
* ＊眼見佛性〈餘五根亦如是〉親見世界如幻，成就如幻觀。
* ＊學習禪門差別智。
* ＊深入第一義經典。
* ＊修除性障及隨分修學禪定。
* ＊修證十行位陽焰觀。

第三階段

* ＊學一切種智真實正理—楞伽經、解深密經、成唯識論…。
* ＊參究末後句。
* ＊解悟末後句。
* ＊透牢關—親自體驗所悟末後句境界，親見實相，無得無失。
* ＊救護一切眾生迴向正道。護持了義正法，修證十迴向位如夢觀。
* ＊發十無盡願，修習百法明門，親證猶如鏡像現觀。
* ＊修除五蓋，發起禪定。持一切善法戒。親證猶如光影現觀。
* ＊進修四禪八定、四無量心、五神通。進修大乘種智，求證猶如谷響現觀。

佛教正覺同修會 共修現況 及 招生公告　　2025/6/18

一、共修現況：（請在共修時間來電，以免無人接聽。）

台北正覺講堂 103 台北市承德路三段 277 號九樓 捷運淡水線圓山站旁
Tel..**總機** 02-25957295（晚上）（**分機：九樓**辦公室 10、11；知客櫃檯 12、13。 **十樓**知客櫃檯 15、16；書局櫃檯 14。 **五樓**辦公室 19；知客櫃檯 17、18。**二樓**辦公室 20；知客櫃檯 21。）
Fax..25954493

第一講堂 台北市承德路三段 277 號九樓

禪淨班：週一晚班、週三晚班、週四晚班、週五晚班、週六下午班（共修期間二年半，全程免費。皆須報名建立學籍後始可參加共修，欲報名者詳見本公告末頁。）

進階班：週六早班。

增上班：成唯識論釋：單週六晚班。雙週六晚班（重播班）。17.50～20.50。平實導師講解，2022 年 2 月末開講，預定六年內講完，僅限已明心之會員參加。

禪門差別智：每月第一週日全天　平實導師主講（事冗暫停）。

金剛三昧經　此經說明無相的金剛心即是佛法所說的空性，亦名如來藏、阿賴耶識、異熟識、無垢識，亦名金剛心、非心心、無心相心、不念心、實相心、無住心、眞如。證眞如者方能眞入佛門實修，然一切求證眞如者，要依六度波羅蜜多的實修方能證得；證得第八識眞如之後，即得現觀金剛心空性的本來無生而能出生一切有情與諸行，並現觀金剛心空性本來就有六塵外的本覺性，由證得本覺性而生起無分別智，便能現觀實相法界及判別現象法界諸法的生滅性，獲得實相智慧與解脫功德；由證第八識空性心故便能如實受持三聚淨戒，持續利樂有情同證空性心無生法，自他皆能依於二入六行進修，最後便得成就佛地功德。本經已於 2025 年六月中旬起開講，由平實導師詳解。每逢週二晚上開講，第一至第七講堂都可同時聽聞，歡迎菩薩種性學人，攜眷共同參與此殊勝法會現場聞法，不限制聽講資格。本會學員憑上課證進入第一至第四、第七講堂聽講，會外學人請以身分證件換證進入聽講（此爲大樓管理處安全管理規定之要求，敬請諒解）；第五及第六講堂（B1、B2）對外開放，不需出示任何證件，請由大樓側門直接進入。

第二講堂　台北市承德路三段 267 號十樓

禪淨班：週一晚班。

進階班：週三晚班、週四晚班、週五晚班、週六下午班。禪淨班結業後轉入共修。

增上班：成唯識論釋：單週六晚班，影音同步傳播。雙週六晚班（重播班）

金剛三昧經：平實導師講解。每週二 18：50~20：50 影像音聲即時傳輸。

第三講堂　台北市承德路三段 277 號五樓

增上班：成唯識論釋：單週六晚班，影音同步傳播。雙週六晚班（重播班）

進階班：週一晚班、週三晚班、週四晚班、週五晚班、週六下午班。

金剛三昧經：平實導師講解。每週二 18：50~20：50 影像音聲即時傳輸。

第四講堂　台北市承德路三段 267 號二樓

進階班：週一晚班、週三晚班、週四晚班（禪淨班結業後轉入共修）。

金剛三昧經：平實導師講解。每週二 18：50~20：50 影像音聲即時傳輸。

第五、第六講堂　台北市承德路三段 267 號地下一樓、地下二樓

進階班：週一晚班、週三晚班、週四晚班。

金剛三昧經：平實導師講解。每週二 18：50~20：50 影像音聲即時傳輸。

第五、第六講堂爲**開放式講堂**，不需以身分證件換證即可進入聽講，台北市承德路三段 267 號地下一樓、地下二樓。每逢週二晚上講經時段開放給會外人士自由聽經，請由大樓側面梯階逕行進入聽講。

聽講者請尊重講者的著作權及肖像權，請勿錄音錄影，以免違法；若有錄音錄影被查獲者，將依法處理。

第七講堂　台北市承德路三段 267 號六樓

金剛三昧經：平實導師講解。每週二 18：50~20：50 影像音聲即時傳輸。

正覺祖師堂　大溪區美華里信義路 650 巷坑底 5 之 6 號（台 3 號省道 34 公里處　妙法寺對面斜坡道進入）電話：03-3886110　傳眞：03-3881692 本堂供奉　克勤圓悟大師，專供會員每年四月、十月各兩次精進禪三共修，兼作本會出家菩薩掛單常住之用。開放參訪日期請參見本會公告。教內共修團體或道場，得另申請其餘時間作團體參訪，務請事先與常住確定日期，以便安排常住菩薩接引導覽，亦免妨礙常住菩薩之日常作息及修行。

桃園正覺講堂（第一、第二講堂）：桃園市介壽路 286、288 號 10 樓（陽明運動公園對面）電話：03-3749363（請於共修時聯繫，或與台北聯繫）

禪淨班：週一晚班（1）、週一晚班（2）、週三晚班、週四晚班、週五晚班。

進階班：週三晚班、週四晚班、週五晚班、週六上午班。

增上班：成唯識論釋。雙週六晚班（增上重播班）。

金剛三昧經：平實導師講解。每週二晚上全台同步直播。歡迎會外學人共同聽講，不需出示身分證件。

新竹正覺講堂　新竹市東光路 55 號二樓之一　　電話 03-5724297（晚上）

第一講堂：

禪淨班：週五晚班。

進階班：週三晚班、週四晚班、週六上午班。由禪淨班結業後轉入共修

增上班：成唯識論釋。單週六晚班。雙週六晚班（重播班）。

金剛三昧經：平實導師講解。每週二晚上全台同步直播。歡迎會外學人共同聽講，不需出示身分證件。

第二講堂：

禪淨班：週一晚班、週三晚班、週四晚班、週六上午班。

金剛三昧經：每週二晚上全台同步直播。

第三、第四講堂：裝修完畢，已經啓用。

台中正覺講堂　04-23816090（晚上）

第一講堂　台中市南屯區五權西路二段 666 號 13 樓之四（國泰世華銀行樓上。鄰近縣市經第一高速公路前來者，由五權西路交流道可以快速到達，大樓旁有停車場，對面有素食館）。

禪淨班：週四晚班、週五晚班。

進階班：週一晚班、週三晚班、週六上午班（由禪淨班結業後轉入共修）。

增上班：成唯識論釋。單週六晚班。雙週六晚班（重播班）。

金剛三昧經：平實導師講解。每週二晚上全台同步直播。歡迎會外學人共同聽講，不需出示身分證件。

第二講堂　台中市南屯區五權西路二段 666 號 4 樓

禪淨班：週一晚班、週三晚班。

第三講堂　台中市南屯區五權西路二段 666 號 4 樓

禪淨班：週一晚班。

第四講堂　台中市南屯區五權西路二段 666 號 4 樓

進階班：週一晚班、週三晚班、週四晚班、週五晚班、週六上午班，由禪淨班結業後轉入共修。

金剛三昧經：每週二晚上全台同步直播。

嘉義正覺講堂　嘉義市友愛路 288 號八樓之一　電話：05-2318228

第一講堂：

禪淨班：週四晚班、週五晚班、週六上午班。

進階班：週一晚班、週三晚班（由禪淨班結業後轉入共修）。

增上班：成唯識論釋。單週六晚班。雙週六晚班（重播班）。

金剛三昧經：平實導師講解。每週二晚上全台同步直播。歡迎會外學人共同聽講，不需出示身分證件。

第二講堂　嘉義市友愛路 288 號八樓之二

第三講堂　嘉義市友愛路 288 號四樓之七

禪淨班：週一晚班、週三晚班。

台南正覺講堂

第一講堂　台南市西門路四段 15 號 4 樓　電話：06-2820541（晚上）

禪淨班：週一晚班、週四晚班、週五晚班、週六下午班。

增上班：成唯識論釋。單週六晚班。雙週六晚班（重播班）。

金剛三昧經：平實導師講解。每週二晚上全台同步直播。歡迎會外學人共同聽講，不需出示身分證件。

第二講堂　台南市西門路四段 15 號 3 樓

進階班：週六下午班。

金剛三昧經：每週二晚上全台同步直播。

第三講堂　台南市西門路四段 15 號 3 樓

進階班：週一晚班、週三晚班、週四晚班、週五晚班（由禪淨班結業後轉入共修）。

金剛三昧經：每週二晚上全台同步直播。

高雄正覺講堂　高雄市新興區中正三路 45 號五樓　07-2234248（晚上）

第一講堂（五樓）：

禪淨班：週一晚班、週三晚班、週四晚班、週五晚班、週六上午班。

進階班：週六下午班（由禪淨班結業後轉入共修）。

增上班：成唯識論釋。單週六晚班。雙週六晚班（重播班）。

金剛三昧經：平實導師講解。每週二晚上全台同步直播。歡迎會外學人共同聽講，不需出示身分證件。

第二講堂（四樓）：

進階班：週三晚班、週四晚班（由禪淨班結業後轉入共修）。

金剛三昧經：每週二晚上全台同步直播。

第三講堂（三樓）：

進階班：週四晚班（由禪淨班結業後轉入共修）。

二、招生公告　本會台北講堂及全省各講堂，每逢四月、十月下旬開新班，每週共修一次（每次二小時。開課日起三個月內仍可插班）；**各班共修期間皆爲二年半，全程免費，欲參加者請向本會函索報名表**（各共修處皆於共修時間方有人執事，非共修時間請勿電詢或前來洽詢、請書），**或直接從本會官方網站**(http://www.enlighten.org.tw/newsflash/class)**或成佛之道網站下載報名表**。共修期滿時，若經報名禪三審核通過者，可參加四天三夜之禪三精進共修，有機會明心、取證如來藏，發起般若實相智慧，成爲實義菩薩，脫離凡夫菩薩位。

三、新春禮佛祈福　農曆年假期間停止共修：自農曆新年前七天起停止共修與弘法，正月 8 日起回復共修、弘法事務。新春期間正月初一～初三 9：00～17：00 開放台北講堂、正月初一～初三開放新竹、台中、嘉義、台南、高雄講堂，以及大溪禪三道場（正覺祖師堂），方便會員供佛、祈福及會外人士請書。

密宗四大派修雙身法，是外道性力派的邪法；又以生滅的識陰作為常住法，是常見外道，是假的藏傳佛教。

西藏覺囊巴以他空見弘揚第八識如來藏勝法，才是真藏傳佛教

佛教正覺同修會　弘法行事表　2025/6/18

1、**禪淨班**　以無相念佛及拜佛方式修習動中定力，實證一心不亂功夫。傳授解脫道正理及第一義諦佛法，以及參禪知見。共修期間：二年六個月。每逢四月、十月開新班，詳見招生公告表。

2、**進階班**　禪淨班畢業後得轉入此班，進修更深入的佛法，期能證悟明心。各地講堂各有多班，繼續深入佛法、增長定力，悟後得轉入增上班修學道種智，期能證得無生法忍。

3、**增上班 成唯識論釋**　詳解八識心王的唯識性、唯識相、唯識位，分說八識心王及其心所各別的自性、所依、所緣、相應心所、行相、功用等，並闡述緣生諸法的四緣：因緣、等無間緣、所緣緣、增上緣等四緣，並論及十因五果等。論中闡釋**佛法實證及成就的根本法即是第八識，由第八識成就三界世間及出世間的一切染淨諸法，方有成佛之道可修、可證、可成就，名爲圓成實性**。然後詳解末法時代學人極易混淆的見道位所函蓋的眞見道、相見道、通達位等內容，指正末法時代高慢心一類學人，於見道位前後不斷所墮的同一邪謬處。末後開示修道位的十地之中，各地所應斷的二愚及所應證的一智，乃至佛位的四智圓明及具足四種涅槃等一切種智之眞實正理。由平實導師講述，每逢一、三、五週之週末晚上開示，每逢二、四週之週末爲重播班，供作後悟之菩薩補聞所未聽聞之法。增上班課程僅限已明心之會員參加。未來每逢講完十分之一內容時，便予出書流通；總共十輯，敬請期待。（註：《瑜伽師地論》從 2003 年二月開講，至 2022 年 2 月 19 日已經圓滿，爲期 18 年整。）

4、**金剛三昧經**　此經說明無相的金剛心即是佛法所說的空性，亦名如來藏、阿賴耶識、異熟識、無垢識，亦名金剛心、非心心、無心相心、不念心、實相心、無住心、眞如。證眞如者方能眞入佛門實修，然一切求證眞如者，要依六度波羅蜜多的實修方能證得；證得第八識眞如之後，即得現觀金剛心空性的本來無生而能出生一切有情與諸行，並現觀金剛心空性本來就有六塵外的本覺性，由證得本覺性而生起無分別智，便能現觀實相法界及判別現象法界諸法的生滅性，獲得實相智慧與解脫功德；由證第八識空性心故便能如實受持三聚淨戒，持續利樂有情同證空性心無生法，自他皆能依於二入六行進修，最後便得成就佛地功德。本經已於 2025 年六月中旬起開講，由平實導師詳解。不限制聽講資格。

5、**精進禪三**　主三和尚：平實導師。於四天三夜中，以克勤圓悟大師及大慧宗杲之禪風，施設機鋒與小參、公案密意之開示，幫助會員剋期取證，親證不生不滅之眞實心——人人本有之如來藏。每年四月、十月各舉辦二個梯次；平實導師主持。僅限本會會員參加禪淨班共修期滿，報名審核通過者，方可參加。並另選擇會中定力、慧力、福德三條件皆已具足之已明心會員，給與指引，令得眼見自己無形無相之佛性遍佈山河大地，眞實而無障礙，得以肉眼現觀世界身心悉皆如幻，具足成就如幻觀，圓滿十住菩薩之證境。

6、**阿含經**詳解　選擇重要之阿含部經典，依無餘涅槃之實際而加以詳解，令大眾得以現觀諸法緣起性空，亦復不墮斷滅見中，顯示經中所隱說之涅槃實際—如來藏—確實已於四阿含中隱說；令大眾得以聞後觀行，確實斷除我見乃至我執，證得**見到**眞現觀，乃至**身證**……等眞現觀；已得大乘或二乘見道者，亦可由此聞熏及聞後之觀行，除斷我所之貪著，成就慧解脫果。由平實導師詳解。不限制聽講資格。

7、**精選如來藏系經典**詳解　精選如來藏系經典一部，詳細解說，以此完全印證會員所悟如來藏之眞實，得入不退轉住。另行擇期詳細解說之，由平實導師講解。僅限已明心之會員參加。

8、**禪門差別智**　藉禪宗公案之微細淆訛難知難解之處，加以宣說及剖析，以增進明心、見性之功德，啓發差別智，建立擇法眼。每月第一週日全天，由平實導師開示，僅限破參明心後，復又眼見佛性者參加(事冗暫停)。

9、**枯木禪**　先講智者大師的《小止觀》，後說《釋禪波羅蜜》，詳解四禪八定之修證理論與實修方法，細述一般學人修定之邪見與岔路，及對禪定證境之誤會，消除枉用功夫、浪費生命之現象。已悟般若者，可以藉此而實修初禪，進入大乘通教及聲聞教的三果心解脫境界，配合應有的大福德及後得無分別智、十無盡願，即可進入初地心中。親教師：平實導師。未來緣熟時將於正覺寺開講。不限制聽講資格。

註：本會例行年假，自 2004 年起，改爲每年農曆新年前七天開始停息弘法事務及共修課程，農曆正月 8 日回復所有共修及弘法事務。新春期間正月初一～初三（每日 9：00～17：00）開放台北講堂，方便會員禮佛祈福及會外人士請書。大溪區的正覺祖師堂，開放參訪時間，詳見〈正覺電子報〉或成佛之道網站。本表得因時節因緣需要而隨時修改之，不另作通知。

佛教正覺同修會　贈閱書籍 目錄　　2025/2/10

1.**無相念佛**　平實導師著　回郵 36 元
2.**念佛三昧修學次第**　平實導師述著　回郵 52 元
3.**正法眼藏—護法集**　平實導師述著　回郵 76 元
4.**真假開悟簡易辨正法&佛子之省思**　平實導師著　回郵 26 元
5.**生命實相之辨正**　平實導師著　回郵 31 元
6.**如何契入念佛法門**（附：印順法師否定極樂世界）平實導師著　回郵 26 元
7.**平實書箋**—答元覽居士書　平實導師著　回郵 52 元
8.**三乘唯識**—如來藏系經律彙編　平實導師編　回郵 80 元
（精裝本　長 27 cm　寬 21 cm　高 7.5 cm　重 2.8 公斤）
9.**三時繫念全集**—修正本　回郵掛號 52 元（長 26.5 cm×寬 19 cm）
10.**明心與初地**　平實導師述　回郵 31 元
11.**邪見與佛法**　平實導師述著　回郵 36 元
12.**甘露法雨**　平實導師述　回郵 36 元
13.**我與無我**　平實導師述　回郵 36 元
14.**學佛之心態**—修正錯誤之學佛心態始能與正法相應 孫正德老師著 回郵52元
附錄：平實導師著《**略說八、九識並存…等之過失**》
15.**大乘無我觀**—《悟前與悟後》別說　平實導師述著　回郵 36 元
16.**佛教之危機**—中國台灣地區現代佛教之真相（附錄：公案拈提六則）
平實導師著　回郵 52 元
17.**燈　影**—燈下黑（覆「求教後學」來函等）　平實導師著　回郵 76 元
18.**護法與毀法**—覆上平居士與徐恒志居士網站毀法二文
張正圜老師著　回郵 76 元
19.**淨土聖道**—兼評選擇本願念佛　正德老師著　由正覺同修會購贈 回郵 52 元
20.**辨唯識性相**—對「紫蓮心海《辯唯識性相》書中否定阿賴耶識」之回應
正覺同修會 台南共修處法義組 著　回郵 52 元
21.**假如來藏**—對法蓮法師《如來藏與阿賴耶識》書中否定阿賴耶識之回應
正覺同修會 台南共修處法義組 著　回郵 76 元
22.**入不二門**—公案拈提集錦 第一輯（於平實導師公案拈提諸書中選錄約二十則，
合輯為一冊流通之）平實導師著　回郵 52 元
23.**真假邪說**—西藏密宗索達吉喇嘛《破除邪說論》真是邪說
釋正安法師著　上、下冊回郵各 52 元
24.**真假開悟**—真如、如來藏、阿賴耶識間之關係　平實導師述著　回郵 76 元
25.**真假禪和**—辨正釋傳聖之謗法謬說　孫正德老師著　回郵 76 元
26.**眼見佛性**—駁慧廣法師眼見佛性的含義文中謬說 游正光老師著 回郵 52 元

27.**普門自在**—公案拈提集錦 第二輯（於平實導師公案拈提諸書中選錄約二十則，合輯爲一冊流通之）平實導師著 回郵52元

28.**印順法師的悲哀**—以現代禪的質疑為線索　恒毓博士著　回郵52元

29.**識蘊真義**—現觀識蘊內涵、取證初果、親斷三縛結之具體行門。
—依《成唯識論》及《唯識述記》正義，略顯安慧《大乘廣五蘊論》之邪謬
平實導師著 回郵76元

30.**正覺電子報** 各期紙版本 免附回郵 每次最多函索三期或三本。
（已無存書之較早各期，不另增印贈閱）

31.**遠惑趣道**—正覺電子報般若信箱問答錄 第一輯 回郵52元

32.**遠惑趣道**—正覺電子報般若信箱問答錄 第二輯 回郵52元

33.**正覺教團電視弘法三乘菩提 DVD 光碟（一）**

由正覺教團多位親教師共同講述錄製DVD 8片，MP3一片，共9片。有二大講題：一爲「三乘菩提之意涵」，二爲「學佛的正知見」。內容精闢，深入淺出，精彩絕倫，幫助大眾快速建立三乘法道的正知見，免被外道邪見所誤導。有志修學三乘佛法之學人不可不看。(製作工本費100元，回郵 52元)

34.**正覺教團電視弘法 DVD 專輯（二）**

總有二大講題：一爲「三乘菩提之念佛法門」，一爲「學佛正知見(第二篇)」，由正覺教團多位親教師輪番講述，內容詳細闡述如何修學念佛法門、實證念佛三昧，以及學佛應具有的正確知見，可以幫助發願往生西方極樂淨土之學人，得以把握往生，更可令學人快速建立三乘法道的正知見，免於被外道邪見所誤導。有志修學三乘佛法之學人不可不看。(一套17片，工本費160元。回郵 76元)

35.**喇嘛性世界**—揭開假藏傳佛教譚崔瑜伽的面紗　張善思 等人合著
由正覺同修會購贈 回郵52元

36.**假藏傳佛教的神話**—性、謊言、喇嘛教　張正玄教授編著
由正覺同修會購贈 回郵52元

37.**隨 緣**—理隨緣與事隨緣　平實導師述　回郵52元。

38.**學佛的覺醒**　正枝居士 著　回郵52元

39.**意識虛妄經教彙編**—實證解脫道的關鍵經文　正覺同修會編印　回郵36元

40.**邪箭囈語**—破斥藏密外道多識仁波切《破魔金剛箭雨論》之邪說
陸正元老師著　上、下冊回郵各52元

41.**真假沙門**—依 佛聖教闡釋佛教僧寶之定義
蔡正禮老師著　俟正覺電子報連載後結集出版

42.**真假禪宗**—藉評論釋性廣《印順導師對變質禪法之批判及對禪宗之肯定》以顯示真假禪宗
附論一：凡夫知見 無助於佛法之信解行證
附論二：世間與出世間一切法皆從如來藏實際而生而顯
余正偉老師著　俟正覺電子報連載後結集出版　回郵未定

★ 上列贈書之郵資，係台灣本島地區郵資，大陸、港、澳地區及外國地區，請另計酌增（大陸、港、澳、國外地區之郵票不許通用）。尚未出版之書，請勿先寄來郵資，以免增加作業煩擾。

★ 本目錄若有變動，唯於後印之書籍及「成佛之道」網站上修正公佈之，不另行個別通知。

函索書籍請寄：佛教正覺同修會　103 台北市承德路 3 段 277 號 9 樓
台灣地區函索書籍者請附寄郵票，無時間購買郵票者可以等值現金抵用，但不接受郵政劃撥、支票、匯票。大陸地區得以人民幣計算，國外地區請以美元計算（請勿寄來當地郵票，在台灣地區不能使用）。欲以掛號寄遞者，請另附掛號郵資。

親自索閱：正覺同修會各共修處。　★請於共修時間前往取書，餘時無人在道場，請勿前往索取；共修時間與地點，詳見書末正覺同修會共修現況表（以近期之共修現況表爲準）。

註：正智出版社發售之局版書，請向各大書局購閱。若書局之書架上已經售出而無陳列者，請向書局櫃台指定洽購；若書局不便代購者，請於正覺同修會共修時間前往各共修處請購，正智出版社已派人於共修時間送書前往各共修處流通。 郵政劃撥購書及 大陸地區 購書，請詳別頁正智出版社發售書籍目錄最後頁之說明。

成佛之道 網站：http://www.a202.idv.tw　正覺同修會已出版之結緣書籍，多已登載於 成佛之道 網站，若住外國、或住處遙遠，不便取得正覺同修會贈閱書籍者，可以從本網站閱讀及下載。

＊＊ 假藏傳佛教修雙身法，非佛教 ＊＊

正覺口袋書 目錄

2024/12/11

1.**如何契入念佛法門**　平實導師著　回郵 26 元
2.**明心與初地**　平實導師述著　回郵 31 元
3.**生命實相之辨正**　平實導師述著　回郵 31 元
4.**真假開悟簡易辨正法＆佛子之省思**　平實導師著　回郵 26 元
5.**現代人應有的宗教觀**　蔡正禮老師著　回郵31 元
6.**確保您的權益**—器官捐贈應注意自我保護　游正光老師 著　回郵31 元
7.**甘露法門—解脫道與佛菩提道**　佛教正覺同修會著　回郵 31 元
8.**概說密宗(一)**—認清西藏密宗(喇嘛教)的底細　正覺教育基金會著　回郵 36 元
9.**概說密宗(二)**—藏密觀想、明點、甘露、持明的真相
正覺教育基金會著回郵 36 元
10.**概說密宗(三)**—密教誇大不實之神通證量　正覺教育基金會著　回郵 36 元
11.**概說密宗(四)**—密宗諸餘邪見(恣意解釋佛法修證上之名相)之一
正覺教育基金會著　回郵 36 元
12.**概說密宗(五)**—密宗之如來藏見及般若中觀　正覺教育基金會著　回郵36 元
13.**概說密宗(六)**—無上瑜伽之雙身修法　正覺教育基金會著　回郵 36 元
14.**成佛之道**　正覺教育基金會著　回郵 36 元
15.**淨土奇特行門**—禪淨法門之速行道與緩行道　正覺教育基金會著　回郵 36 元
16.**如何修證解脫道**　正覺教育基金會著　回郵 36 元
17.**淺談達賴喇嘛之雙身法**—兼論解讀「密續」之達文西密碼
正覺教育基金會著　回郵 36 元
18.**密宗真相**—來自西藏高原的狂密　正覺教育基金會著　回郵 36 元
19.**導師之真實義**　正禮老師著　回郵 36 元
20.**如來藏中藏如來**　正覺教育基金會著　回郵 36 元
21.**觀行斷三縛結**—實證初果　正覺教育基金會著　回郵 36 元
22.**破羯磨僧真義**　佛教正覺同修會著　回郵 36 元
23.**一貫道與開悟**　正覺教育基金會著　回郵 36 元
24.**出家菩薩首重**—虛心求教 勤求證悟　正覺教育基金會著　回郵 36 元
25.**博愛 —愛盡天下女人**　正覺教育基金會著　回郵 36 元
26.**邁向正覺(一)**　作者趙玲子等合著　回郵 36 元
27.**邁向正覺(二)**　作者張善思等合著　回郵 36 元
28.**邁向正覺(三)**　作者許坤田等合著　回郵 36 元
29.**邁向正覺(四)**　作者劉俊廷等合著　回郵 36 元
30.**邁向正覺(五)**　作者林洋毅等合著　回郵 36 元
31.**繫念思惟念佛法門**　正覺教育基金會著　回郵 36 元

32.**邁向正覺(六)**　作者倪式谷等合著　回郵 36 元
33.**廣論之平議(一)~(七)**—宗喀巴《菩提道次第廣論》之平議
作者正雄居士　每冊回郵 36 元
34.**俺曚你把你哄**—六字大明咒揭密　作者正玄教授　回郵 36 元
35.**如何契入念佛法門(中英日文版)**　平實導師著　回郵 36 元
36.**明心與初地(中英文版)**　平實導師述著　回郵 36 元
37.**您不可不知的事實**—揭開藏傳佛教真實面之報導(一)
正覺教育基金會著　回郵 36 元
38.**外道羅丹的悲哀(一)~(三)**—略評外道羅丹等編《佛法與非佛法判別》之邪見 正覺教育基金會著　每冊回郵 36 元
39.**與《廣論》研討班學員談心**　正覺教育基金會著　回郵 36 元
40.**證道歌略釋**　平實導師著　回郵 36 元
41.**甘願做菩薩**　郭正益老師　回郵 36 元
42.**恭祝達賴喇嘛八十大壽**—做賊心虛喊抓賊~喇嘛不是佛教徒
張正玄教授著　回郵 36 元
43.**從一佛所在世界談宇宙大覺者**　高正齡老師著　回郵 36 元
44.**老去人間萬事休，應須洗心從佛祖**—達賴權謀，可以休矣
正覺教育基金會編印　回郵 36 元
45.**表相歸依與實義歸依**—真如為究竟歸依處
正覺同修會編印　回郵 36 元
46.**我為何離開廣論？**　正覺同修會編印　回郵 36 元
47.**三乘菩提之佛典故事(一)**　葉正緯老師講述　回郵 36 元
48.**佛教與成佛—總說**　師子苑居士著　回郵 36 元
49.**三乘菩提概說(一)**　余正文老師講述　回郵 36 元
50.**一位哲學博士的懺悔**　泰洛著　回郵 36 元
51.**三乘菩提概說（二）**　余正文老師講述　回郵 36 元
52.**三乘菩提之佛典故事(二)**　郭正益老師講述　回郵 36 元
53.**尊師重道**　沐中原著　回郵 50 元
54.**心經在說什麼？**　平實導師講述　回郵 36 元
55.**佛典故事集**　正覺教育基金會編　回郵 36 元
56.**正覺總持咒的威德力**　游宗明老師等　回郵 36 元

正智出版社 籌募弘法基金發售書籍目錄　　2025/7/11

1.**宗門正眼**—公案拈提 第一輯 重拈　平實導師著　500 元
因重寫內容大幅度增加故，字體必須改小，並增爲 576 頁 主文 546 頁。比初版更精彩、更有內容。初版《禪門摩尼寶聚》之讀者，可寄回本公司免費調換新版書。免附回郵，亦無截止期限。（2007 年起，每冊附贈本公司精製公案拈提〈超意境〉CD 一片。市售價格 280 元，多購多贈。）

2.**禪淨圓融**　平實導師著　200 元（第一版舊書可換新版書。）

3.**真實如來藏**　平實導師著　400 元

4.**禪—悟前與悟後**　平實導師著　上、下冊，每冊 250 元

5.**宗門法眼**—公案拈提 第二輯　平實導師著　500 元
（2007 年起，每冊附贈本公司精製公案拈提〈超意境〉CD 一片）

6.**楞伽經詳解**　平實導師著　全套共 10 輯　每輯 250 元

7.**宗門道眼**—公案拈提 第三輯　平實導師著　500 元
（2007 年起，每冊附贈本公司精製公案拈提〈超意境〉CD 一片）

8.**宗門血脈**—公案拈提 第四輯　平實導師著　500 元
（2007 年起，每冊附贈本公司精製公案拈提〈超意境〉CD 一片）

9.**宗通與說通**—成佛之道 平實導師著 主文 381 頁 全書 400 頁售價 300 元

10.**宗門正道**—公案拈提 第五輯　平實導師著　500 元
（2007 年起，每冊附贈本公司精製公案拈提〈超意境〉CD 一片）

11.**狂密與真密 一～四輯**　平實導師著　西藏密宗是人間最邪淫的宗教，本質不是佛教，只是披著佛教外衣的印度教性力派流毒的喇嘛教。此書中將西藏密宗密傳之男女雙身合修樂空雙運所有祕密與修法，毫無保留完全公開，並將全部喇嘛們所不知道的部分也一併公開。內容比大辣出版社喧騰一時的《西藏慾經》更詳細。並且函蓋藏密的所有祕密及其錯誤的中觀見、如來藏見……等，藏密的所有法義都在書中詳述、分析、辨正。每輯主文三百餘頁　每輯全書約 400 頁　售價每輯 300 元

12.**宗門正義**—公案拈提 第六輯　平實導師著　500 元
（2007 年起，每冊附贈本公司精製公案拈提〈超意境〉CD 一片）

13.**心經密意**—心經與解脫道、佛菩提道、祖師公案之關係與密意　平實導師述　300 元

14.**宗門密意**—公案拈提 第七輯　平實導師著　500 元
（2007 年起，每冊附贈本公司精製公案拈提〈超意境〉CD 一片）

15.**淨土聖道**—兼評「選擇本願念佛」　正德老師著　200 元

16.**起信論講記**　平實導師述著　共六輯　每輯三百餘頁　售價各 250 元

17.**優婆塞戒經講記**　平實導師述著 共八輯 每輯三百餘頁 售價各 250 元

18.**阿含正義**—唯識學探源　平實導師著　共七輯　每輯 300 元

19.**超意境** CD 以平實導師公案拈提書中超越意境之頌詞，加上曲風優美的旋律，錄成令人嚮往的超意境歌曲，其中包括正覺發願文及平實導師親自譜成的黃梅調歌曲一首。詞曲雋永，殊堪翫味，可供學禪者吟詠，有助於見道。內附設計精美的彩色小冊，解說每一首詞的背景本事。每片 280 元。【每購買公案拈提書籍一冊，即贈送一片。】

20.**菩薩底憂鬱** CD 將菩薩情懷及禪宗公案寫成新詞，並製作成超越意境的優美歌曲。 1.主題曲〈菩薩底憂鬱〉，描述地後菩薩能離三界生死而迴向繼續生在人間，但因尚未斷盡習氣種子而有極深沈之憂鬱，非三賢位菩薩及二乘聖者所知，此憂鬱在七地滿心位方才斷盡；本曲之詞中所說義理極深，昔來所未曾見；此曲係以優美的情歌風格寫詞及作曲，聞者得以激發嚮往諸地菩薩境界之大心，詞、曲都非常優美，難得一見；其中勝妙義理之解說，已印在附贈之彩色小冊中。 2.以各輯公案拈提中直示禪門入處之頌文，作成各種不同曲風之超意境歌曲，值得玩味、參究；聆聽公案拈提之優美歌曲時，請同時閱讀內附之印刷精美說明小冊，可以領會超越三界的證悟境界；未悟者可以因此引發求悟之意向及疑情，眞發菩提心而邁向求悟之途，乃至因此眞實悟入般若，成眞菩薩。 3.正覺總持咒新曲，總持佛法大意；總持咒之義理，已加以解說並印在隨附之小冊中。本 CD 共有十首歌曲，長達 63 分鐘。每盒各附贈二張購書優惠券。每片 320 元。

21.**禪意無限** CD 平實導師以公案拈提書中偈頌寫成不同風格曲子，與他人所寫不同風格曲子共同錄製出版，幫助參禪人進入禪門超越意識之境界。盒中附贈彩色印製的精美解說小冊，以供聆聽時閱讀，令參禪人得以發起參禪之疑情，即有機會證悟本來面目而發起實相智慧，實證大乘菩提般若，能如實證知般若經中的眞實意。本 CD 共有十首歌曲，長達 69 分鐘，每盒各附贈二張購書優惠券。每片 320 元。

22.**我的菩提路**第一輯　釋悟圓、釋善藏等人合著　售價 300 元

23.**我的菩提路**第二輯　郭正益等人合著　售價 300 元

（初版首刷至第四刷，都可以寄來免費更換爲第二版，免附郵費）

24.**我的菩提路**第三輯　王美伶等人合著　售價 300 元

25.**我的菩提路**第四輯　陳晏平等人合著　售價 300 元

26.**我的菩提路**第五輯　林慈慧等人合著　售價 300 元

27.**我的菩提路**第六輯　劉惠莉等人合著　售價 300 元

28.**我的菩提路**第七輯　余正偉等人合著　售價 300 元

29.**我的菩提路**第八輯　謝淑貞等人合著　售價 300 元　將於 2025/8/31 出版。

30.**鈍鳥與靈龜**—考證後代凡夫對大慧宗杲禪師的無根誹謗
平實導師著 共 458 頁 售價 350 元
31.**維摩詰經講記** 平實導師述 共六輯 每輯三百餘頁 售價各 250 元
32.**真假外道**—破劉東亮、杜大威、釋證嚴常見外道見 正光老師著 200 元
33.**勝鬘經講記** 兼論印順《勝鬘經講記》對於《勝鬘經》之誤解
平實導師述 共六輯 每輯三百餘頁 售價 250 元
34.**楞嚴經講記** 平實導師述 共 **15** 輯，每輯三百餘頁 售價 300 元
35.**明心與眼見佛性**—駁慧廣〈蕭氏「眼見佛性」與「明心」之非〉文中謬說
正光老師著 共 448 頁 售價 300 元
36.**見性與看話頭** 黃正倖老師 著，本書是禪宗參禪的方法論。
內文 375 頁，全書 416 頁，售價 300 元
37.**達賴真面目**—玩盡天下女人 白正偉老師 等著 中英對照彩色精裝大本 800 元
38.**喇嘛性世界**—揭開假藏傳佛教譚崔瑜伽的面紗 張善思 等人著 200 元
39.**假藏傳佛教的神話**—性、謊言、喇嘛教 正玄教授編著 200 元
40.**金剛經宗通** 平實導師述 共九輯 每輯售價 250 元。
41.**末代達賴**—性交教主的悲歌 張善思、呂艾倫、辛燕編著 售價 250 元
42.**霧峰無霧**—給哥哥的信 辨正釋印順對佛法的無量誤解
游宗明 老師著 售價 250 元
43.**霧峰無霧**—第二輯—救護佛子向正道 細說釋印順對佛法的各類誤解
游宗明 老師著 售價 250 元
44.**第七意識與第八意識？**—穿越時空「超意識」
平實導師述 每冊 300 元
45.**黯淡的達賴**—失去光彩的諾貝爾和平獎
正覺教育基金會編著 每冊 250 元
46.**童女迦葉考**—論呂凱文〈佛教輪迴思想的論述分析〉之謬
平實導師 著 定價 180 元
47.**人間佛教**—實證者必定不悖三乘菩提
平實導師 述，定價 400 元
48.**實相經宗通** 平實導師述 共八輯 每輯 250 元
49.**真心告訴您(一)**—達賴喇嘛在幹什麼？
正覺教育基金會編著 售價 250 元
50.**中觀金鑑**—詳述應成派中觀的起源與其破法本質
孫正德老師著 分為上、中、下三冊，每冊 250 元
51.**藏傳佛教要義**—《狂密與真密》之簡體字版 平實導師 著 上、下冊
僅在大陸流通 每冊 300 元

52.**法華經講義**　平實導師述　共二十五輯　每輯三百餘頁 售價 300 元
53.**西藏「活佛轉世」制度**—附佛、造神、世俗法
許正豐、張正玄老師合著　定價 150 元
54.**廣論三部曲** 郭正益老師著　　定價 150 元
55.**真心告訴您(二)**—達賴喇嘛是佛教僧侶嗎？
—補祝達賴喇嘛八十大壽
正覺教育基金會編著　售價 300 元
56.**次法**—實證佛法前應有的條件
張善思居士著　分爲上、下二冊，每冊 250 元
57.**涅槃**—解說四種涅槃之實證及內涵　平實導師著 上、下冊 各 350 元
58.**佛藏經講義**　平實導師述　共二十一輯 每輯三百餘頁 售價 300 元。
59.**成唯識論**　大唐 玄奘菩薩所著鉅論。重新正確斷句，並以不同字體及標點符號顯示質疑文，令得易讀。全書 288 頁，精裝大本 400 元。
60.**大法鼓經講義**　平實導師述　共六輯 每輯三百餘頁 售價 300 元
61.**成唯識論釋**　詳解大唐玄奘菩薩所著《成唯識論》，平實導師著述。共十輯，每輯內文四百餘頁，12 級字編排，於每講完一輯的分量以後即予出版，2023 年五月底出版第一輯，以後每講完一輯（大約一年）後即出版下一輯，每輯 400 元。
62.**不退轉法輪經講義**　平實導師述 2024 年 1 月 30 日開始出版　共十輯 每二個月出版一輯，每輯 300 元。
63.**中論正義**　釋龍樹菩薩《中論》頌正理。孫正德老師著　共上下二冊
下冊於 2024/7/31 出版 每冊 300 元。
64 **誰是 師子身中蟲**　平實導師述著　2024 年 5 月 30 出版，每冊 110 元。
65.**解深密經講義**　平實導師述 共十二輯　將於《不退轉法輪經講義》出版後整理出版，每輯 300 元。
66.**菩薩瓔珞本業經講義**　平實導師述 約○輯　將於《解深密經講義》出版後整理出版。
67.**金剛三昧經講義**　平實導師述 約○輯　將於《菩薩瓔珞本業經講義》出版後整理出版。
68.**假鋒虛焰金剛乘**—揭示顯密正理，兼破索達吉師徒《般若鋒兮金剛焰》
釋正安法師著 簡體字版 即將出版 售價未定
69.**廣論之平議**—《菩提道次第廣論》與佛法之比較
徐正雄著，共五輯，每輯 300 元。
70.**八識規矩頌**詳解　○○居士 註解　出版日期另訂　書價未定。
71.**中觀正義**—註解平實導師《中論正義頌》
○○法師（居士）著　出版日期未定　書價未定。

72.**中國佛教史**—依中國佛教正法史實而論　○○老師 著　書價未定。
73.**印度佛教史**—法義與考證。依法義史實評論印順《印度佛教思想史、佛教史地考論》之謬說　正偉老師著　出版日期未定　書價未定。
74.**阿含經講記**—將選錄四阿含中數部重要經典全經講解之，講後整理出版。
平實導師述　約二輯　每輯 300 元　出版日期未定
75.**寶積經講記**　平實導師述　每輯三百餘頁 優惠價 300 元　出版日期未定
76.**修習止觀坐禪法要講記**　平實導師述　每輯三百餘頁
將於正覺寺建成後重講、以講記逐輯出版　出版日期未定
77.**無門關**—《無門關》公案拈提　平實導師著　出版日期未定
78.**中觀再論**—兼述印順《中觀今論》謬誤之平議　正光老師著　出版日期未定
79.**輪迴與超度**—佛教超度法會之真義
○○法師（居士）著　出版日期未定　書價未定
80.**《釋摩訶衍論》平議**—對偽稱龍樹所造《釋摩訶衍論》之平議
○○法師（居士）著　出版日期未定　書價未定
81.**正覺發願文**註解—以真實大願為因，得證菩提
正德老師著　出版日期未定　書價未定
82.**正覺總持咒**—佛法之總持　正圜老師著　出版日期未定　書價未定
83.**三自性**—依四食、五蘊、十二因緣、十八界法，說三性三無性
作者未定　出版日期未定
84.**道品**—從三自性說大小乘三十七道品　作者未定　出版日期未定
85.**大乘緣起觀**—依四聖諦七真如現觀十二緣起 作者未定　出版日期未定
86.**三德**—論解脫德、法身德、般若德　作者未定　出版日期未定
87.**真假如來藏**—對印順《如來藏之研究》謬說之平議　作者未定 出版日期未定
88.**大乘道次第**　作者未定　出版日期未定　書價未定
89.**四緣**—依如來藏故有四緣　作者未定　出版日期未定
90.**空之探究**—印順《空之探究》謬誤之平議　作者未定 出版日期未定
91.**十法義**—論阿含經中十法之正義　作者未定　出版日期未定
92.**外道見**—論述外道六十二見　作者未定　出版日期未定

正智出版社有限公司　書籍介紹

禪淨圓融：言淨土諸祖所未曾言，示諸宗祖師所未曾示；禪淨圓融，另闢成佛捷徑，兼顧自力他力，闡釋淨土門之速行易行道，亦同時揭櫫聖教門之速行易行道；令廣大淨土行者得免緩行難證之苦，亦令聖道門行者得以藉著淨土速行道而加快成佛之時劫。乃前無古人之超勝見地，非一般弘揚禪淨法門典籍也，先讀為快。平實導師著 200元。

宗門正眼—公案拈提第一輯：繼承克勤圜悟大師碧巖錄宗旨之禪門鉅作。先則舉示當代大法師之邪說，消弭當代禪門大師鄉愿之心態，摧破當今禪門「世俗禪」之妄談；次則旁通教法，表顯宗門正理；繼以道之次第，消弭古今狂禪；後藉言語及文字機鋒，直示宗門入處。悲智雙運，禪味十足，數百年來難得一睹之禪門鉅著也。平實導師著　500元（原初版書《禪門摩尼寶聚》，改版後補充為五百餘頁新書，總計多達二十四萬字，內容更精彩，並改名為《宗門正眼》，讀者原購初版《禪門摩尼寶聚》皆可寄回本公司免費換新，免附回郵，亦無截止期限）（2007年起，凡購買公案拈提第一輯至第七輯，每購一輯皆贈送本公司精製公案拈提〈超意境〉CD一片，市售價格280元，多購多贈）。

禪—悟前與悟後：本書能建立學人悟道之信心與正確知見，圓滿具足而有次第地詳述禪悟之功夫與禪悟之內容，指陳參禪中細微淆訛之處，能使學人明自真心、見自本性。若未能悟入，亦能以正確知見辨別古今中外一切大師究係真悟？或屬錯悟？便有能力揀擇，捨名師而選明師，後時必有悟道之緣。一旦悟道，遲者七次人天往返，便出三界，速者一生取辦。學人欲求開悟者，不可不讀。　平實導師著。上、下冊共500元，單冊250元。

真實如來藏：如來藏眞實存在，乃宇宙萬有之本體，並非印順法師、達賴喇嘛等人所說之「唯有名相、無此心體」。如來藏是涅槃之本際，是一切有智之人竭盡心智、不斷探索而不能得之生命實相；是古今中外許多大師自以爲悟而當面錯過之生命實相。如來藏即是阿賴耶識，乃是一切有情本自具足、不生不滅之眞實心。當代中外大師於此書出版之前所未能言者，作者於本書中盡情流露、詳細闡釋。眞悟者讀之，必能增益悟境、智慧增上；錯悟者讀之，必能檢討自己之錯誤，免犯大妄語業；未悟者讀之，能知參禪之理路，亦能以之檢查一切名師是否眞悟。此書是一切哲學家、宗教家、學佛者及欲昇華心智之人必讀之鉅著。　平實導師著　售價400元。

宗門法眼—公案拈提第二輯：列舉實例，闡釋土城廣欽老和尚之悟處；並直示這位不識字的老和尚妙智橫生之根由，繼而剖析禪宗歷代大德之開悟公案，解析當代密宗高僧卡盧仁波切之錯悟證據，並例舉當代顯宗高僧、大居士之錯悟證據（凡健在者，爲免影響其名聞利養，皆隱其名）。藉辨正當代名師之邪見，向廣大佛子指陳禪悟之正道，彰顯宗門法眼。悲勇兼出，強捋虎鬚；慈智雙運，巧探驪龍；摩尼寶珠在手，直示宗門入處，禪味十足；若非大悟徹底，不能爲之。禪門精奇人物，允宜人手一冊，供作參究及悟後印證之圭臬。本書於2008年4月改版，增寫爲大約500頁篇幅，以利學人研讀參究時更易悟入宗門正法，以前所購初版首刷及初版二刷舊書，皆可免費換取新書。平實導師著　500元（2007年起，凡購買公案拈提第一輯至第七輯，每購一輯皆贈送本公司精製公案拈提〈超意境〉CD一片，市售價格280元，多購多贈）。

宗門道眼—公案拈提第三輯：繼宗門法眼之後，再以金剛之作略、慈悲之胸懷、犀利之筆觸，舉示寒山、拾得、布袋三大士之悟處，消弭當代錯悟者對於寒山大士……等之誤會及誹謗。　亦舉出民初以來與虛雲和尚齊名之蜀郡鹽亭袁煥仙夫子——南懷瑾老師之師，其「悟處」何在？並蒐羅許多眞悟祖師之證悟公案，顯示禪宗歷代祖師之睿智，指陳部分祖師、奧修及當代顯密大師之謬悟，作爲殷鑑，幫助禪子建立及修正參禪之方向及知見。假使讀者閱此書已，一時尚未能悟，亦可一面加功用行，一面以此宗門道眼辨別眞假善知識，避開錯誤之印證及歧路，可免大妄語業之長劫慘痛果報。欲修禪宗之禪者，務請細讀。平實導師著　售價500元（2007年起，凡購買公案拈提第一輯至第七輯，每購一輯皆贈送本公司精製公案拈提〈超意境〉CD一片，市售價格280元，多購多贈）。

楞伽經詳解：本經是禪宗見道者印證所悟眞僞之根本經典，亦是禪宗見道者悟後起修之依據經典；故達摩祖師於印證二祖慧可大師之後，將此經典連同佛缽祖衣一併交付二祖，令其依此經典佛示金言、進入修道位，修學一切種智。由此可知此經對於眞悟之人修學佛道，是非常重要之一部經典。此經能破外道邪說，亦破佛門中錯悟名師之謬說，亦破禪宗部分祖師之狂禪：不讀經典、一向主張「一悟即成究竟佛」之謬執。並開示愚夫所行禪、觀察義禪、攀緣如禪、如來禪等差別，令行者對於三乘禪法差異有所分辨；亦糾正禪宗祖師古來對於如來禪之誤解，嗣後可免以訛傳訛之弊。此經亦是法相唯識宗之根本經典，禪者悟後欲修一切種智而入初地者，必須詳讀。 平實導師著，全套共十輯，已全部出版完畢，每輯主文約320頁，每冊約352頁，定價250元。

宗門血脈—公案拈提第四輯：末法怪象—許多修行人自以爲悟，每將無念靈知認作眞實；崇尙二乘法諸師及其徒衆，則將外於如來藏之緣起性空—無因論之無常空、斷滅空、一切法空—錯認爲 佛所說之般若空性。這兩種現象已於當今海峽兩岸及美加地區顯密大師之中普遍存在；人人自以爲悟，心高氣壯，便敢寫書解釋祖師證悟之公案，大多出於意識思惟所得，言不及義，錯誤百出，因此誤導廣大佛子同陷大妄語之地獄業中而不能自知。彼等書中所說之悟處，其實處處違背第一義經典之聖言量。彼等諸人不論是否身披袈裟，都非佛法宗門血脈，或雖有禪宗法脈之傳承，亦只徒具形式；猶如螟蛉，非眞血脈，未悟得根本眞實故。禪子欲知 佛、祖之眞血脈者，請讀此書，便知分曉。平實導師著，主文452頁，全書464頁，定價500元（2007年起，凡購買公案拈提第一輯至第七輯，每購一輯皆贈送本公司精製公案拈提〈超意境〉CD一片，市售價格280元，多購多贈）。

宗通與說通：古今中外，錯誤之人如麻似粟，每以常見外道所說之靈知心，認作眞心；或妄想虛空之勝性能量爲眞如，或錯認物質四大元素藉冥性（靈知心本體）能成就吾人色身及知覺，或認初禪至四禪中之了知心爲不生不滅之涅槃心。此等皆非通宗者之見地。復有錯悟之人一向主張「宗門與教門不相干」，此即尙未通達宗門之人也。其實宗門與教門互通不二，宗門所證者乃是眞如與佛性，教門所說者乃說宗門證悟之眞如佛性，故教門與宗門不二。本書作者以宗教二門互通之見地，細說「宗通與說通」，從初見道至悟後起修之道、細說分明；並將諸宗諸派在整體佛教中之地位與次第，加以明確之教判，學人讀之即可了知佛法之梗概也。欲擇明師學法之前，允宜先讀。平實導師著，主文共381頁，全書392頁，只售成本價300元。

宗門正道—公案拈提第五輯：修學大乘佛法有二果須證—解脫果及大菩提果。二乘人不證大菩提果，唯證解脫果；此果之智慧，名爲聲聞菩提、緣覺菩提。大乘佛子所證二果之菩提果爲佛菩提，故名大菩提果，其慧名爲一切種智—函蓋二乘解脫果。然此大乘二果修證，須經由禪宗之宗門證悟方能相應。而宗門證悟極難，自古已然；其所以難者，咎在古今佛教界普遍存在三種邪見：1.以修定認作佛法，　2.以無因論之緣起性空—否定涅槃本際如來藏以後之一切法空作爲佛法，3.以常見外道邪見（離語言妄念之靈知性）作爲佛法。　如是邪見，或因自身正見未立所致，或因邪師之邪教導所致，或因無始劫來虛妄熏習所致。若不破除此三種邪見，永劫不悟宗門眞義、不入大乘正道，唯能外門廣修菩薩行。　平實導師於此書中，有極爲詳細之說明，有志佛子欲摧邪見、入於內門修菩薩行者，當閱此書。主文共496頁，全書512頁。售價500元（2007年起，凡購買公案拈提第一輯至第七輯，每購一輯皆贈送本公司精製公案拈提〈超意境〉CD一片，市售價格280元，多購多贈）。

狂密與眞密：密教之修學，皆由有相之觀行法門而入，其最終目標仍不離顯教經典所說第一義諦之修證；若離顯教第一義經典、或違背顯教第一義經典，即非佛教。西藏密教之觀行法，如灌頂、觀想、遷識法、寶瓶氣、大聖歡喜雙身修法、喜金剛、無上瑜伽、大樂光明、樂空雙運等，皆是印度教兩性生生不息思想之轉化，自始至終皆以如何能運用交合淫樂之法達到全身受樂爲其中心思想，純屬欲界五欲的貪愛，不能令人超出欲界輪迴，更不能令人斷除我見；何況大乘之明心與見性，更無論矣！故密宗之法絕非佛法也。而其明光大手印、大圓滿法教，又皆同以常見外道所說離語言妄念之無念靈知心錯認爲佛地之眞如，不能直指不生不滅之眞如。西藏密宗所有法王與徒眾，都尚未開頂門眼，不能辨別眞僞，以依人不依法、依密續不依經典故，不肯將其上師喇嘛所說對照第一義經典，純依密續之藏密祖師所說爲準，因此而誇大其證德與證量，動輒謂彼祖師上師爲究竟佛、爲地上菩薩；如今台海兩岸亦有自謂其師證量高於　釋迦文佛者，然觀其師所述，猶未見道，仍在觀行即佛階段，尚未到禪宗相似即佛、分證即佛階位，竟敢標榜爲究竟佛及地上法王，誑惑初機學人。凡此怪象皆是狂密，不同於眞密之修行者。近年狂密盛行，密宗行者被誤導者極眾，動輒自謂已證佛地眞如，自視爲究竟佛，陷於大妄語業中而不知自省，反謗顯宗眞修實證者之證量粗淺；或如義雲高與釋性圓…等人，於報紙上公然誹謗眞實證道者爲「騙子、無道人、人妖、癩蛤蟆…」等，造下誹謗大乘勝義僧之大惡業；或以外道法中有爲有作之甘露、魔術……等法，誑騙初機學人，狂言彼外道法爲眞佛法。如是怪象，在西藏密宗及附藏密之外道中，不一而足，舉之不盡，學人宜應愼思明辨，以免上當後又犯毀破菩薩戒之重罪。密宗學人若欲遠離邪知邪見者，請閱此書，即能了知密宗之邪謬，從此遠離邪見與邪修，轉入眞正之佛道。　平實導師著　共四輯　每輯約400頁（主文約340頁）每輯售價300元。

宗門正義—公案拈提第六輯：佛教有六大危機，乃是藏密化、世俗化、膚淺化、學術化、宗門密意失傳、悟後進修諸地之次第混淆；其中尤以宗門密意之失傳，爲當代佛教最大之危機。由宗門密意失傳故，易令 世尊本懷普被錯解，易令 世尊正法被轉易爲外道法，以及加以淺化、世俗化，是故宗門密意之廣泛弘傳與具緣佛弟子，極爲重要。然而欲令宗門密意之廣泛弘傳予具緣之佛弟子者，必須同時配合錯誤知見之解析、普令佛弟子知之，然後輔以公案解析之直示入處，方能令具緣之佛弟子悟入。而此二者，皆須以公案拈提之方式爲之，方易成其功、竟其業，是故平實導師續作宗門正義一書，以利學人。　全書500餘頁，售價500元（2007年起，凡購買公案拈提第一輯至第七輯，每購一輯皆贈送本公司精製公案拈提〈超意境〉CD一片，市售價格280元，多購多贈）。

心經密意—心經與解脫道、佛菩提道、祖師公案之關係與密意。二乘菩提所證之解脫道，實依第八識心之斷除煩惱障現行而立解脫之名；大乘菩提所證之佛菩提道，實依親證第八識如來藏之涅槃性、清淨自性、及其中道性而立般若之名；禪宗祖師公案所證之眞心，即是此第八識如來藏；是故三乘佛法所修所證之三乘菩提，皆依此如來藏心而立名也。此第八識心，即是《心經》所說之心也。證得此如來藏已，即能漸入大乘佛菩提道，亦可因證知此心而了知二乘無學所不能知之無餘涅槃本際，是故《心經》之密意，與三乘佛菩提之關係極爲密切、不可分割，三乘佛法皆依此心而立名故。今者平實導師以其所證解脫道之無生智及佛菩提之般若種智，將《心經》與解脫道、佛菩提道、祖師公案之關係與密意，以演講之方式，用淺顯之語句和盤托出，發前人所未言，呈三乘菩提之眞義，令人藉此《心經密意》一舉而窺三乘菩提之堂奧，迴異諸方言不及義之說；欲求眞實佛智者、不可不讀！主文317頁，連同跋文及序文…等共384頁，售價300元。

宗門密意—公案拈提第七輯：佛教之世俗化，將導致學人以信仰作爲學佛，則將以感應及世間法之庇祐，作爲學佛之主要目標，不能了知學佛之主要目標爲親證三乘菩提。大乘菩提則以般若實相智慧爲主要修習目標，以二乘菩提解脫道爲附帶修習之標的；是故學習大乘法者，應以禪宗之證悟爲要務，能親入大乘菩提之實相般若智慧中故，般若實相智慧非二乘聖人所能知故。此書則以台灣世俗化佛教之三大法師，說法似是而非之實例，配合眞悟祖師之公案解析，提示證悟般若之關節，令學人易得悟入。平實導師著，全書五百餘頁，售價500元（2007年起，凡購買公案拈提第一輯至第七輯，每購一輯皆贈送本公司精製公案拈提〈超意境〉CD一片，市售價格280元，多購多贈）。

淨土聖道—兼評選擇本願念佛：佛法甚深極廣，般若玄微，非諸二乘聖僧所能知之，一切凡夫更無論矣！所謂一切證量皆歸淨土是也！是故大乘法中「聖道之淨土、淨土之聖道」，其義甚深，難可了知；乃至眞悟之人，初心亦難知也。今有正德老師眞實證悟後，復能深探淨土與聖道之緊密關係，憐憫衆生之誤會淨土實義，亦欲利益廣大淨土行人同入聖道，同獲淨土中之聖道門要義，乃振奮心神、書以成文，今得刊行天下。主文279頁，連同序文等共301頁，總有十一萬六千餘字，正德老師著，成本價200元。

起信論講記：詳解大乘起信論心生滅門與心眞如門之眞實意旨，消除以往大師與學人對起信論所說心生滅門之誤解，由是而得了知眞心如來藏之非常非斷中道正理；亦因此一講解，令此論以往隱晦而被誤解之眞實義，得以如實顯示，令大乘佛菩提道之正理得以顯揚光大；初機學者亦可藉此正論所顯示之法義，對大乘法理生起正信，從此得以眞發菩提心，眞入大乘法中修學，世世常修菩薩正行。平實導師演述，共六輯，都已出版，每輯三百餘頁，售價各250元。

優婆塞戒經講記：本經詳述在家菩薩修學大乘佛法，應如何受持菩薩戒？對人間善行應如何看待？對三寶應如何護持？應如何正確地修集此世後世證法之福德？應如何修集後世「行菩薩道之資糧」？並詳述第一義諦之正義：五蘊非我非異我、自作自受、異作異受、不作不受……等深妙法義，乃是修學大乘佛法、行菩薩行之在家菩薩所應當了知者。出家菩薩今世或未來世登地已，捨報之後多數將如華嚴經中諸大菩薩，以在家菩薩身而修行菩薩行，故亦應以此經所述正理而修之，配合《楞伽經、解深密經、楞嚴經、華嚴經》等道次第正理，方得漸次成就佛道；故此經是一切大乘行者皆應證知之正法。平實導師講述，每輯三百餘頁，售價各250元；共八輯，已全部出版。

阿含正義—唯識學探源：廣說四大部《阿含經》諸經中隱說之眞正義理，一一舉示佛陀本懷，令阿含時期初轉法輪根本經典之眞義，如實顯現於佛子眼前。並提示末法大師對於阿含眞義誤解之實例，一一比對之，證實唯識增上慧學確於原始佛法之阿含諸經中已隱覆密意而略說之，證實 世尊確於原始佛法中已曾密意而說第八識如來藏之總相；亦證實 世尊在四阿含中已說此藏識是名色十八界之因、之本—證明如來藏是能生萬法之根本心。佛子可據此修正以往受諸大師（譬如西藏密宗應成派中觀師：印順、昭慧、性廣、大願、達賴、宗喀巴、寂天、月稱、……等人）誤導之邪見，建立正見，轉入正道乃至親證初果而無困難；書中並詳說三果所證的心解脫，以及四果慧解脫的親證，都是如實可行的具體知見與行門。全書共七輯，已出版完畢。平實導師著，每輯三百餘頁，售價300元。

超意境CD：以平實導師公案拈提書中超越意境之頌詞，加上曲風優美的旋律，錄成令人嚮往的超意境歌曲，其中包括正覺發願文及平實導師親自譜成的黃梅調歌曲一首。詞曲雋永，殊堪翫味，可供學禪者吟詠，有助於見道。內附設計精美的彩色小冊，解說每一首詞的背景本事。每片280元。【每購買公案拈提書籍一冊，即贈送一片。】

菩薩底憂鬱CD：將菩薩情懷及禪宗公案寫成新詞，並製作成超越意境的優美歌曲。1.主題曲〈菩薩底憂鬱〉，描述地後菩薩能離三界生死而迴向繼續生在人間，但因尚未斷盡習氣種子而有極深沈之憂鬱，非三賢位菩薩及二乘聖者所知，此憂鬱在七地滿心位方才斷盡；本曲之詞中所說義理極深，昔來所未曾見；此曲係以優美的情歌風格寫詞及作曲，聞者得以激發嚮往諸地菩薩境界之大心，詞、曲都非常優美，難得一見；其中勝妙義理之解說，已印在附贈之彩色小冊中。2.以各輯公案拈提中直示禪門入處之頌文，作成各種不同曲風之超意境歌曲，值得玩味、參究；聆聽公案拈提之優美歌曲時，請同時閱讀內附之印刷精美說明小冊，可以領會超越三界的證悟境界；未悟者可以因此引發求悟之意向及疑情，眞發菩提心而邁向求悟之途，乃至因此眞實悟入般若，成眞菩薩。3.正覺總持咒新曲，總持佛法大意；總持咒之義理，已加以解說並印在隨附之小冊中。本CD共有十首歌曲，長達63分鐘，附贈二張購書優惠券。每片320元。

禪意無限CD：平實導師以公案拈提書中偈頌寫成不同風格曲子，與他人所寫不同風格曲子共同錄製出版，幫助參禪人進入禪門超越意識之境界。盒中附贈彩色印製的精美解說小冊，以供聆聽時閱讀，令參禪人得以發起參禪之疑情，即有機會證悟本來面目，實證大乘菩提般若。本CD共有十首歌曲，長達69分鐘，每盒各附贈二張購書優惠券。每片320元。

我的菩提路第一輯：凡夫及二乘聖人不能實證的佛菩提證悟，末法時代的今天仍然有人能得實證，由正覺同修會釋悟圓、釋善藏法師等二十餘位實證如來藏者所寫的見道報告，已爲當代學人見證宗門正法之絲縷不絕，證明大乘義學的法脈仍然存在，爲末法時代求悟般若之學人照耀出光明的坦途。由二十餘位大乘見道者所繕，敘述各種不同的學法、見道因緣與過程，參禪求悟者必讀。全書三百餘頁，售價300元。

我的菩提路第二輯：由郭正益老師等人合著，書中詳述彼等諸人歷經各處道場學法，一一修學而加以檢擇之不同過程以後，因閱讀正覺同修會、正智出版社書籍而發起抉擇分，轉入正覺同修會中修學；乃至學法及見道之過程，都一一詳述之。**本書已改版印製重新流通**，讀者原購的初版書，不論是第一刷或第二、三、四刷，都可以寄回換新，免附郵費。

我的菩提路第三輯：由王美伶老師等人合著。自從正覺同修會成立以來，每年夏初、冬初都舉辦精進禪三共修，藉以助益會中同修們得以證悟明心發起般若實相智慧；凡已實證而被平實導師印證者，皆書具見道報告用以證明佛法之眞實可證而非玄學，證明佛法並非純屬思想、理論而無實質，是故每年都能有人證明正覺同修會的「實證佛教」主張並非虛語。特別是眼見佛性一法，自古以來中國禪宗祖師實證者極寡，較之明心開悟的證境更難令人信受；至2017年初，正覺同修會中的證悟明心者已近五百人，然而其中眼見佛性者至今唯十餘人爾，可謂難能可貴，是故明心後欲冀眼見佛性者實屬不易。黃正倖老師是懸絕七年無人見性後的第一人，她於2009年的見性報告刊於本書的第二輯中，爲大衆證明佛性確實可以眼見；其後七年之中求見性者都屬解悟佛性而無人眼見，幸而又經七年後的2016冬初，以及2017夏初的禪三，復有三人眼見佛性，希冀鼓舞四衆佛子求見佛性之大心，今則具載一則於書末，顯示求見佛性之事實經歷，供養現代佛教界欲得見性之四衆弟子。全書四百頁，售價300元，已於2017年6月30日發行。

我的菩提路第四輯：由陳晏平等人著。中國禪宗祖師往往有所謂「見性」之言，所言多屬看見如來藏具有能令人發起成佛之自性，並非《大般涅槃經》中 如來所說之眼見佛性。眼見佛性者，於親見佛性之時，即能於山河大地眼見自己佛性，亦能於他人身上眼見自己佛性及對方之佛性，如是境界無法爲尚未實證者解釋；勉強說之，縱使眞實明心證悟之人聞之，亦只能以自身明心之境界想像之，但不論如何想像多屬非量，能有正確之比量者亦是稀有，故說眼見佛性極爲困難。眼見佛性之人若所見極分明時，在所見佛性之境界下所眼見之山河大地、自己五蘊身心皆是虛幻，自有異於明心者之解脫功德受用，此後永不思證二乘涅槃，必定邁向成佛之道而進入第十住位中，已超第一阿僧祇劫三分有一，可謂之爲超劫精進也。今又有明心之後眼見佛性之人出於人間，將其明心及後來見性之報告，連同其餘證悟明心者之精彩報告一同收錄於此書中，供養眞求佛法實證之四眾佛子。全書380頁，售價300元，已於2018年6月30日發行。

我的菩提路第五輯：林慈慧老師等人著，本輯中所舉學人從相似正法中來到正覺同修會的過程，各人都有不同，發生的因緣亦是各有差別，然而都會指向同一個目標——證實生命實相的源底，確證自己生從何來、死往何去的事實，所以最後都證明佛法眞實而可親證，絕非玄學；本書將彼等諸人的始修及末後證悟之實例，羅列出來以供學人參考。本期亦有一位會裡的老師，是從1995年即開始追隨 平實導師修學，1997年明心後持續進修不斷，直到2017年眼見佛性之實例，足可證明《大般涅槃經》中世尊開示眼見佛性之法正眞無訛，第十住位的實證在末法時代的今天仍有可能，如今一併具載於書中以供學人參考，並供養現代佛教界欲得見性之四眾弟子。全書四百頁，售價300元，已於2019年12月31日發行。

我的菩提路第六輯：劉惠莉老師等人著，本輯中舉示劉老師明心多年以後的眼見佛性實錄，供末法時代學人了知明心之異於見性本質，足可證明《大般涅槃經》中世尊開示眼見佛性之法正眞無訛。亦列舉多篇學人從各道場來到正覺學法之不同過程，以及如何發覺邪見之異於正法的所在，最後終能在正覺禪三中悟入的實況，以證明佛教正法仍在末法時代的人間繼續弘揚的事實，鼓舞一切眞實學法的菩薩大眾思之：我等諸人亦可有因緣證悟，絕非空想白思。約四百頁，售價300元，已於2020年6月30日發行。

我的菩提路第七輯：余正偉老師等人著，本輯中舉示余老師明心二十餘年以後的眼見佛性實錄，供末法時代學人了知明心異於見性之本質，並且舉示其見性後與平實導師互相討論眼見佛性之諸多疑訛處；除了證明《大般涅槃經》中世尊開示眼見佛性之法正眞無訛以外，亦得一解明心後尚未見性者之所未知處，甚爲精彩。此外亦列舉多篇學人從各不同宗教進入正覺學法之不同過程，以及發覺諸方道場邪見之內容與過程，最終得於正覺精進禪三中悟入的實況，足供末法精進學人借鑑，以彼鑑己而生信心，得以投入了義正法中修學及實證。凡此，皆足以證明不唯明心所證之第七住位般若智慧及解脫功德仍可實證，乃至第十住位的實證與當場發起如幻觀之實證，於末法時代的今天皆仍有可能。本書約四百頁，售價300元。

我的菩提路第八輯：謝淑貞等人合著，本輯中舉示學員謝淑貞於二十餘年前明心證眞如以後的共修中，快速增上佛菩提道的智慧而令慧力具足，又於二十餘年中不斷修集福德而呈現了上品菩薩性，並於三年中持續不斷依照上師的指示每天看話頭，於今看話頭功夫純熟而定力具足。如是具足眼見佛性所必須的三個條件以後，並獲得　觀音大士的加持與承諾，許其眼見佛性成就如幻觀。於禪三的四天三夜過程中，並依平實上師的指導繼續看話頭同時參究，於幾度參錯的境界中逐漸步向正確的佛性定義；雖於參出正確的佛性定義時並未看見佛性，然經平實上師指示該正確定義後加以引導，終得眼見分明，並指示其見後應如何使眼見的境界全面爆發出來，當場成就第十住位滿心時的現觀——如幻觀，現見山河大地及五陰身心之如幻，成就大乘一分解脫功德。今將眼見佛性之實錄書寫下來刊行於世，以供末法時代所有學人參考，證知實證第十住滿心位的佛法仍然存在於現代，並繼續弘揚之中。今於此書同時載入以前明心者十餘人之見道報告，以供學人建立信心，而能勇猛投入了義正法中精進實修，終能如實進入佛菩提道中，成爲勝義僧中之一分子。

明心與眼見佛性：本書細述明心與眼見佛性之異同，同時顯示了中國禪宗破初參明心與重關眼見佛性二關之間的關聯；書中又藉法義辨正而旁述其他許多勝妙法義，讀後必能遠離佛門長久以來積非成是的錯誤知見，令讀者在佛法的實證上有極大助益。也藉慧廣法師的謬論來教導佛門學人回歸正知正見，遠離古今禪門錯悟者所墮的意識境界，非唯有助於斷我見，也對未來的開悟明心實證第八識如來藏有所助益，是故學禪者都應細讀之。　游正光老師著　　共448頁　售價300元。

見性與看話頭：黃正倖老師的《見性與看話頭》於《正覺電子報》連載完畢，今結集出版。書中詳說禪宗看話頭的詳細方法，並細說看話頭與眼見佛性的關係，以及眼見佛性者求見佛性前必須具備的條件。本書是禪宗實修者追求明心開悟時參禪的方法書，也是求見佛性者作功夫時必讀的方法書，內容兼顧眼見佛性的理論與實修之方法，是依實修之體驗配合理論而詳述，條理分明而且極為詳實、周全、深入。本書內文375頁，全書416頁，售價300元。

鈍鳥與靈龜：鈍鳥及靈龜二物，被宗門證悟者說為二種人：前者是精修禪定而無智慧者，也是以定為禪的愚癡禪人；後者是或有禪定、或無禪定的宗門證悟者，凡已證悟者皆是靈龜。但後者被人虛造事實，用以嘲笑大慧宗杲禪師，說他雖是靈龜，卻不免被天童禪師預記「患背」痛苦而亡：「鈍鳥離巢易，靈龜脫殼難。」藉以貶低大慧宗杲的證量，其實天童宏智禪師從來未曾作如是虛言毀謗，只是信奉離念靈知的後人編造的假說；同時又將天童禪師實證如來藏的證量，曲解為意識境界的離念靈知。自從大慧禪師入滅以後，錯悟凡夫對他的不實毀謗就一直存在著，不曾止息，並且捏造的假事實也隨著年月的增加而越來越多，終至編成「鈍鳥與靈龜」的假公案、假故事。本書是考證大慧與天童之間的不朽情誼，顯現這件假公案的虛妄不實；更見大慧宗杲面對惡勢力時的正直不阿，亦顯示大慧對天童禪師的至情深義，將使後人對大慧宗杲的誣謗至此而止，不再有人誤犯毀謗賢聖的惡業。書中亦舉出大慧與天童二師的證悟內容，證明宗門的所悟確以第八識如來藏為標的，詳讀之後必可改正以前被錯悟大師誤導的參禪知見，日後必定有助於實證禪宗的開悟境界，得階大乘真見道位中，即是實證般若之賢聖。全書459頁，售價350元。

維摩詰經講記：本經係 世尊在世時，由等覺菩薩維摩詰居士藉疾病而演說之大乘菩提無上妙義，所說函蓋甚廣，然極簡略，是故今時諸方大師與學人讀之悉皆錯解，何況能知其中隱含之深妙正義，是故普遍無法為人解說；若強為人說，則成依文解義而有諸多過失。今由平實導師公開宣講之後，詳實解釋其中密意，令維摩詰菩薩所說大乘不可思議解脫之深妙正法得以正確宣流於人間，利益當代學人及與諸方大師。書中詳實演述大乘佛法深妙不共二乘之智慧境界，顯示諸法之中絕待之實相境界，建立大乘菩薩妙道於永遠不敗不壞之地，以此成就護法偉功，欲冀永利娑婆人天。已經宣講圓滿整理成書流通，以利諸方大師及諸學人。全書共六輯，每輯三百餘頁，售價各250元。

真假外道：本書具體舉證佛門中的常見外道知見實例，並加以教證及理證上的辨正，幫助讀者輕鬆而快速的了知常見外道的錯誤知見，進而遠離佛門內外的常見外道知見，因此即能改正修學方向而快速實證佛法。游正光老師著　。成本價200元。

勝鬘經講記：如來藏爲三乘菩提之所依，若離如來藏心體及其含藏之一切種子，即無三界有情及一切世間法，亦無二乘菩提緣起性空之出世間法；本經詳說無始無明、一念無明皆依如來藏而有之正理，藉著詳解煩惱障與所知障間之關係，令學人深入了知二乘菩提與佛菩提相異之妙理；聞後即可了知佛菩提之特勝處及三乘修道之方向與原理，邁向攝受正法而速成佛道的境界中。平實導師講述，共六輯，每輯三百餘頁，售價各250元。

楞嚴經講記：楞嚴經係大乘祕密教之重要經典，亦是佛教中普受重視之經典；經中宣說明心與見性之內涵極爲詳細，將一切法都會歸如來藏及佛性—妙真如性；亦闡釋五陰區宇及五陰盡的境界，作諸地菩薩自我檢驗證量之依據，旁及佛菩提道修學過程中之種種魔境，以及外道誤會涅槃之狀況，亦兼述明三界世間之起源，具足宣示大乘菩提之奧祕。然因言句深澀難解，法義亦復深妙寬廣，學人讀之普難通達，是故讀者大多誤會，不能如實理解佛所說之明心與見性內涵，亦因是故多有悟錯之人引爲開悟之證言，成就大妄語罪。今由平實導師詳細講解之後，整理成文，以易讀易懂之語體文刊行天下，以利學人。全書十五輯，全部出版完畢。每輯三百餘頁，售價每輯300元。

金剛經宗通：三界唯心，萬法唯識，是成佛之修證內容，是諸地菩薩之所修；般若則是成佛之道（實證三界唯心、萬法唯識）的入門，若未證悟實相般若，即無成佛之可能，必將永在外門廣行菩薩六度，永在凡夫位中。然而實相般若的發起，全賴實證萬法的實相；若欲證知萬法的眞相，則必須探究萬法之所從來，則須實證自心如來－金剛心如來藏，然後現觀這個金剛心的金剛性、眞實性、如如性、清淨性、涅槃性、能生萬法的自性性、本住性，名爲證眞如；進而現觀三界六道唯是此金剛心所成，人間萬法須藉八識心王和合運作方能現起。如是實證《華嚴經》的「三界唯心、萬法唯識」以後，由此等現觀而發起實相般若智慧，繼續進修第十住位的如幻觀、第十行位的陽焰觀、第十迴向位的如夢觀，再生起增上意樂而勇發十無盡願，方能滿足三賢位的實證，轉入初地；自知成佛之道而無偏倚，從此按部就班、次第進修乃至成佛。第八識自心如來是般若智慧之所依，般若智慧的修證則要從實證金剛心自心如來開始；《金剛經》則是解說自心如來之經典，是一切三賢位菩薩所應進修之實相般若經典。這一套書，是將平實導師宣講的《金剛經宗通》內容，整理成文字而流通之；書中所說義理，迥異古今諸家依文解義之說，指出大乘見道方向與理路，有益於禪宗學人求開悟見道，及轉入內門廣修六度萬行。已於2013年9月出版完畢，總共9輯，每輯約三百餘頁，售價各250元。

霧峰無霧—給哥哥的信：本書作者藉兄弟之間信件往來論義，略述佛法大義；並以多篇短文辨義，舉出釋印順對佛法的無量誤解證據，並一一給予簡單而清晰的辨正，令人一讀即知。久讀、多讀之後即能認清楚釋印順的六識論見解，與眞實佛法之牴觸是多麼嚴重；於是在久讀、多讀之後，於不知不覺之間提升了對佛法的極深入理解，正知正見就在不知不覺間建立起來了。當三乘佛法的正知見建立起來之後，對於三乘菩提的見道條件便將隨之具足，於是聲聞解脫道的見道也就水到渠成；接著大乘見道的因緣也將次第成熟，未來自然也會有親見大乘菩提之道的因緣，悟入大乘實相般若也將自然成功，自能通達般若系列諸經而成實義菩薩。作者居住於南投縣霧峰鄉，自喻見道之後不復再見霧峰之霧，故鄉原野美景一一明見，於是立此書名爲《霧峰無霧》；讀者若欲撥霧見月，可以此書爲緣。游宗明 老師著 已於2015年出版售價250元。

霧峰無霧第二輯—救護佛子向正道：本書作者藉釋印順著作中之各種錯謬法義提出辨正，以詳實的文義一一提出理論上及實證上之解析，列舉釋印順對佛法的無量誤解證據，藉此教導佛門大師與學人釐清佛法義理，遠離岐途轉入正道，然後知所進修，久之便能見道明心而入大乘勝義僧數。被釋印順誤導的大師與學人極多，很難救轉，是故作者大發悲心深入解說其錯謬之所在，佐以各種義理辨正而令讀者在不知不覺之間轉歸正道。如是久讀之後欲得斷身見、證初果，即不爲難事；乃至久之亦得大乘見道而得證眞如，脫離空有二邊而住中道，實相般若智慧生起，於佛法不再茫然，漸漸亦知悟後進修之道。屆此之時，對於大乘般若等深妙法之迷雲暗霧亦將一掃而空，生命及宇宙萬物之故鄉原野美景一一明見，是故本書仍名《霧峰無霧》，爲第二輯；讀者若欲撥雲見日、離霧見月，可以此書爲緣。游宗明 老師著，已於2019年出版，售價250元。

假藏傳佛教的神話—性、謊言、喇嘛教：本書編著者是由一首名爲「阿姊鼓」的歌曲爲緣起，展開了序幕，揭開假藏傳佛教—喇嘛教—的神秘面紗。其重點是蒐集、摘錄網路上質疑「喇嘛教」的帖子，以揭穿「假藏傳佛教的神話」爲主題，串聯成書，並附加彩色插圖以及說明，讓讀者們瞭解西藏密宗及相關人事如何被操作爲「神話」的過程，以及神話背後的眞相。作者：張正玄教授。售價200元。

達賴真面目—玩盡天下女人：假使您不想戴綠帽子，請記得詳細閱讀此書；假使您不想讓好朋友戴綠帽子，請您將此書介紹給您的好朋友。假使您想保護家中的女性，也想要保護好朋友的女眷，請記得將此書送給家中的女性和好友的女眷都來閱讀。本書爲印刷精美的大本彩色中英對照精裝本，爲您揭開達賴喇嘛的眞面目，內容精彩不容錯過，爲利益社會大衆，特別以優惠價格嘉惠所有讀者。編著者：白志偉等。大開版雪銅紙彩色精裝本。售價800元。

童女迦葉考—論呂凱文〈佛教輪迴思想的論述分析〉之謬：童女迦葉是佛世率領五百大比丘遊行於人間的歷史事實，是以童貞行而依止菩薩戒弘化於人間的大菩薩，不依別解脫戒（聲聞戒）來弘化於人間。這是大乘佛教與聲聞佛教同時存在於佛世的歷史明證，證明大乘佛教不是從聲聞法中分裂出來的部派佛教的產物，卻是聲聞佛教分裂出來的部派佛教聲聞凡夫僧所不樂見的史實；於是古今聲聞法中的凡夫都欲加以扭曲而作詭說，更是末法時代高聲大呼「大乘非佛說」的六識論聲聞凡夫極力想要扭曲的佛教史實之一，於是想方設法扭曲迦葉菩薩爲聲聞僧，以及扭曲迦葉童女爲比丘僧等荒謬不實之論著便陸續出現，古時聲聞僧寫作的《分別功德論》是最具體之事例，現代之代表作則是呂凱文先生的《佛教輪迴思想的論述分析》論文。鑑於如是假藉學術考證以籠罩大衆之不實謬論，未來仍將繼續造作及流竄於佛教界，繼續扼殺大乘佛教學人法身慧命，必須舉證辨正之，遂成此書。平實導師 著，每冊180元。

末代達賴—性交教主的悲歌：簡介從藏傳僞佛教（喇嘛教）的修行核心—性力派男女雙修，探討達賴喇嘛及藏傳僞佛教的修行內涵。書中引用外國知名學者著作、世界各地新聞報導，包含：歷代達賴喇嘛的祕史、達賴六世修雙身法的事蹟，以及《時輪續》中的性交灌頂儀式……等；達賴喇嘛書中開示的雙修法、達賴喇嘛的黑暗政治手段；達賴喇嘛所領導的寺院爆發喇嘛性侵兒童；新聞報導《西藏生死書》作者索甲仁波切性侵女信徒、澳洲喇嘛秋達公開道歉、美國最大假藏傳佛教組織領導人邱陽創巴仁波切的性氾濫，等等事件背後眞相的揭露。作者：張善思、呂艾倫、辛燕。售價250元。

黯淡的達賴—失去光彩的諾貝爾和平獎：本書舉出很多證據與論述，詳述達賴喇嘛不爲世人所知的一面，顯示達賴喇嘛並不是眞正的和平使者，而是假借諾貝爾和平獎的光環來欺騙世人；透過本書的說明與舉證，讀者可以更清楚的瞭解，達賴喇嘛是結合暴力、黑暗、淫欲於喇嘛教裡的集團首領，其政治行爲與宗教主張，早已讓諾貝爾和平獎的光環染污了。 本書由財團法人正覺教育基金會寫作、編輯，由正覺出版社印行，每冊250元。

第七意識與第八意識？——穿越時空「超意識」：「三界唯心，萬法唯識」是佛教中應該實證的聖教，也是《華嚴經》中明載而可以實證的法界實相。唯心者，三界一切境界、一切諸法唯是一心所成就，即是每一個有情的第八識如來藏，不是意識心。唯識者，即是人類各各都具足的八識心王——眼識、耳鼻舌身意識、意根、阿賴耶識，第八阿賴耶識又名如來藏，人類五陰相應的萬法，莫不由八識心王共同運作而成就，故說萬法唯識。依聖教量及現量、比量，都可以證明意識是二法因緣生，是由第八識藉意根與法塵二法為因緣而出生，又是夜夜斷滅不存之生滅心，即無可能反過來出生第七識意根、第八識如來藏，當知不可能從生滅性的意識心中，細分出恆審思量的第七識意根，更無可能細分出恆而不審的第八識如來藏。本書是將演講內容整理成文字，細說如是內容，並已在《正覺電子報》連載完畢，今彙集成書以廣流通，欲幫助佛門有緣人斷除意識我見，跳脫於識陰之外而取證聲聞初果；嗣後修學禪宗時即得不墮外道神我之中，得以求證第八識金剛心而發起般若實智。平實導師 述，每冊300元。

人間佛教——實證者必定不悖三乘菩提：「大乘非佛說」的講法似乎流傳已久，卻只是日本人企圖擺脫中國正統佛教的影響，而在明治維新時期才開始提出來的說法；台灣佛教、大陸佛教的淺學無智之人，由於未曾實證佛法而迷信日本人錯誤的學術考證，錯認為這些別有用心的日本佛學考證的講法為天竺佛教的眞實歷史；甚至還有更激進的反對佛教者提出「釋迦牟尼佛並非眞實存在，只是後人捏造的假歷史人物」，竟然也有少數佛教徒願意跟著「學術」的假光環而信受不疑，亦導致部分台灣佛教界人士，造作了反對中國大乘佛教而推崇南洋小乘佛教的行為，使台灣佛教的信仰者難以檢擇，亦導致一般大陸人士開始轉入基督教的盲目迷信中。在這些佛教及外教人士之中，也就有一分人根據此邪說而大聲主張「大乘非佛說」的謬論，這些人以「人間佛教」的名義來抵制中國正統佛教，公然宣稱中國的大乘佛教是由聲聞部派佛教的凡夫僧所創造出來的。這樣的說法流傳於台灣及大陸佛教界凡夫僧之中已久，卻非眞正的佛教歷史中曾經發生過的事，只是繼承六識論的聲聞法中凡夫僧，以及別有居心的日本佛教界，依自己的意識境界立場，純憑臆想而編造出來的妄想說法，卻已經影響許多無智之凡夫僧俗信受不移。本書則是從佛教的經藏法義實質及實證的現量內涵本質立論，證明大乘佛法本是佛說，是從《阿含正義》尚未說過的不同面向來討論「人間佛教」的議題，證明「大乘眞佛說」。閱讀本書可以斷除六識論邪見，迴入三乘菩提正道發起實證的因緣；也能斷除禪宗學人學禪時普遍存在之錯誤知見，對於建立參禪時的正知見有很深的著墨。平實導師 述，內文488頁，全書528頁，定價400元。

喇嘛性世界—揭開假藏傳佛教譚崔瑜伽的面紗：這個世界中的喇嘛，號稱來自世外桃源的香格里拉，穿著或紅或黃的喇嘛長袍，散布於我們的身邊傳教灌頂，吸引了無數的人嚮往學習；這些喇嘛虔誠地爲大眾祈福，手中拿著寶杵（金剛）與寶鈴（蓮花），口中唸著咒語：「唵．嘛呢．叭咪．吽……」，咒語的意思是說：「我至誠歸命金剛杵上的寶珠伸向蓮花寶穴之中」！「喇嘛性世界」是什麼樣的「世界」呢？本書將爲您呈現喇嘛世界的面貌。當您發現眞相以後，您將會唸：「噢！喇嘛．性．世界，譚崔性交嘛！」作者：張善思、呂艾倫。售價200元。

見性與看話頭：黃正倖老師的《見性與看話頭》於《正覺電子報》連載完畢，今結集出版。書中詳說禪宗看話頭的詳細方法，並細說看話頭與眼見佛性的關係，以及眼見佛性者求見佛性前必須具備的條件。本書是禪宗實修者追求明心開悟時參禪的方法書，也是求見佛性者作功夫時必讀的方法書，內容兼顧眼見佛性的理論與實修之方法，是依實修之體驗配合理論而詳述，條理分明而且極爲詳實、周全、深入。本書內文375頁，全書416頁，售價300元。

實相經宗通：學佛之目的在於實證一切法界背後之實相，禪宗稱之爲本來面目或本地風光，佛菩提道中稱之爲實相法界；此實相法界即是金剛藏，又名佛法之祕密藏，即是能生有情五陰、十八界及宇宙萬有（山河大地、諸天、三惡道世間）的第八識如來藏，又名阿賴耶識心，即是禪宗祖師所說的眞如心，此心即是三界萬有背後的實相。證得此第八識心時，自能瞭解般若諸經中隱說的種種密意，即得發起實相般若——實相智慧。每見學佛人修學佛法二十年後仍對實相般若茫然無知，亦不知如何入門，茫無所趣；更因不知三乘菩提的互異互同，是故越是久學者對佛法越覺茫然，都肇因於尚未瞭解佛法的全貌，亦未瞭解佛法的修證內容即是第八識心所致。本書對於修學佛法者所應實證的實相境界提出明確解析，並提示趣入佛菩提道的入手處，有心親證實相般若的佛法實修者，宜詳讀之，於佛菩提道之實證即有下手處。平實導師述著，共八輯，已於2016年出版完畢，每輯成本價250元。

真心告訴您(一)——達賴喇嘛在幹什麼？這是一本報導篇章的選集，更是「破邪顯正」的暮鼓晨鐘。「破邪」是戳破假象，說明達賴喇嘛及其所率領的密宗四大派法王、喇嘛們，弘傳的佛法是仿冒的佛法；他們是假藏傳佛教，是坦特羅(譚崔性交)外道法和藏地崇奉鬼神的苯教混合成的「喇嘛教」，推廣的是以所謂「無上瑜伽」的男女雙身法冒充佛法的假佛教，詐財騙色誤導眾生，常常造成信徒家庭破碎、家中兒少失怙的嚴重後果。「顯正」是揭發眞相，指出眞正的藏傳佛教只有一個，就是覺囊巴，傳的是 釋迦牟尼佛演繹的第八識如來藏妙法，稱爲他空見大中觀。正覺教育基金會即以此古今輝映的如來藏正法正知見，在眞心新聞網中逐次報導出來，將箇中原委「眞心告訴您」，如今結集成書，與想要知道密宗眞相的您分享。售價250元。

法華經講義：此書爲平實導師始從2009/7/21演述至2014/1/14之講經錄音整理所成。世尊一代時教，總分五時三教，即是華嚴時、聲聞緣覺教、般若教、種智唯識教、法華時；依此五時三教區分爲藏、通、別、圓四教。本經是最後一時的圓教經典，圓滿收攝一切法教於本經中，是故最後的圓教聖訓中，特地指出無有三乘菩提，其實唯有一佛乘；皆因眾生愚迷故，方便區分爲三乘菩提以助眾生證道。世尊於此經中特地說明如來示現於人間的唯一大事因緣，便是爲有緣眾生「開、示、悟、入」諸佛的所知所見——第八識如來藏妙眞如心，並於諸品中隱說「妙法蓮花」如來藏心的密意。然因此經所說甚深難解，眞義隱晦，古來難得有人能窺堂奧；平實導師以知如是密意故，特爲末法佛門四眾演述《妙法蓮華經》中各品蘊含之密意，使古來未曾被古德註解出來的「此經」密意，如實顯示於當代學人眼前。乃至〈藥王菩薩本事品〉、〈妙音菩薩品〉、〈觀世音菩薩普門品〉、〈普賢菩薩勸發品〉中的微細密意，亦皆一併詳述之，可謂開前人所未曾言之密意，示前人所未見之妙法。最後乃至以〈法華大義〉而總其成，全經妙旨貫通始終，而依佛旨圓攝於一心如來藏妙心，厥爲曠古未有之大說也。平實導師述，共有25輯，已於2019/05/31出版完畢。每輯300元。

中觀金鑑—詳述應成派中觀的起源與其破法本質：學佛人往往迷於中觀學派之不同學說，被應成派與自續派所迷惑；修學般若中觀二十年後自以為實證般若中觀了，卻仍不曾入門，甫聞實證般若中觀者之所說，則茫無所知，迷惑不解；隨後信心盡失，不知如何實證佛法；凡此，皆因惑於這二派中觀學說所致。自續派中觀所說同於常見，以意識境界立為第八識如來藏之境界，應成派所說則同於斷見，但又同立意識為常住法，故亦具足斷常二見。今者孫正德老師有鑑於此，乃將起源於密宗的應成派中觀學說，追本溯源，詳考其來源之外，亦一一舉證其立論內容，詳加辨正，令密宗雙身法祖師以識陰境界而造之應成派中觀學說本質，詳細呈現於學人眼前，令其維護雙身法之目的無所遁形。若欲遠離密宗此二大派中觀謬說，欲於三乘菩提有所進道者，允宜具足閱讀並細加思惟，反覆讀之以後將可捨棄邪道返歸正道，則於般若之實證即有可能，證後自能現觀如來藏之中道境界而成就中觀。本書分上、中、下三冊，每冊250元，全部出版完畢。

西藏「活佛轉世」制度—附佛、造神、世俗法：歷來關於喇嘛教活佛轉世的研究，多針對歷史及文化兩部分，於其所以成立的理論基礎，較少系統化的探討。尤其是此制度是否依據「佛法」而施設？是否合乎佛法真實義？現有的文獻大多含糊其詞，或人云亦云，不曾有明確的闡釋與如實的見解。因此本文先從活佛轉世的由來，探索此制度的起源、背景與功能，並進而從活佛的尋訪與認證之過程，發掘活佛轉世的特徵，以確認「活佛轉世」在佛法中應具足何種果德。定價150元。

真心告訴您(二)—達賴喇嘛是佛教僧侶嗎？補祝達賴喇嘛八十大壽：這是一本針對當今達賴喇嘛所領導的喇嘛教，冒用佛教名相、於師徒間或師兄姊間，實修男女邪淫，而從佛法三乘菩提的現量與聖教量，揭發其謊言與邪術，證明達賴及其喇嘛教是仿冒佛教的外道，是「假藏傳佛教」。藏密四大派教義雖有「八識論」與「六識論」的表面差異，然其實修之內容，皆共許「無上瑜伽」四部灌頂為究竟「成佛」之法門，也就是共以男女雙修之邪淫法為「即身成佛」之密要，雖美其名曰「欲貪為道」之「金剛乘」，並誇稱其成就超越於（應身佛）釋迦牟尼佛所傳之顯教般若乘之上；然詳考其理論，則或以意識離念時之粗細心為第八識如來藏，或以中脈裡的明點為第八識如來藏，或如宗喀巴與達賴堅決主張第六意識為常恆不變之真心者，分別墮於外道之常見與斷見中；全然違背 佛說能生五蘊之如來藏的實質。售價300元。

涅槃—解說四種涅槃之實證及內涵：眞正學佛之人，首要即是見道，由見道故方有涅槃之實證，證涅槃者方能出生死，但涅槃有四種：二乘聖者的有餘涅槃、無餘涅槃，以及大乘聖者的本來自性清淨涅槃、佛地的無住處涅槃。大乘聖者實證本來自性清淨涅槃，入地前再取證二乘涅槃，然後起惑潤生捨離二乘涅槃，繼續進修而在七地心前斷盡三界愛之習氣種子，依七地無生法忍之具足而證得念念入滅盡定；八地後進斷異熟生死，直至妙覺地下生人間成佛，具足四種涅槃，方是眞正成佛。此理古來少人言，以致誤會涅槃正理者比比皆是，今於此書中廣說四種涅槃、如何實證之理、實證前應有之條件，實屬本世紀佛教界極重要之著作，令人對涅槃有正確無訛之認識，然後可以依之實行而得實證。本書共有上下二冊，每冊各四百餘頁，對涅槃詳加解說，每冊各350元。

佛藏經講義：本經說明爲何佛菩提難以實證之原因，都因往昔無數阿僧祇劫前的邪見，引生此世求證時之業障而難以實證。即以諸法實相詳細解說，繼之以念佛品、念法品、念僧品，說明諸佛與法之實質；然後以淨戒品之說明，期待佛弟子四衆堅持清淨戒而轉化心性，並以往古品的實例說明歷代學佛人在實證上的業障由來，教導四衆務必滅除邪見轉入正見中，不再造作謗法及謗賢聖之大惡業，以免未來世尋求實證之時被業障所障；然後以了戒品的說明和囑累品的付囑，期望末法時代的佛門四衆弟子皆能清淨知見而得以實證。平實導師於此經中有極深入的解說，總共21輯，已於2022/11/30出版完畢，每輯三百餘頁，售價300元。

大法鼓經講義：本經解說佛法的總成：法、非法。由開解法、非法二義，說明了義佛法與世間戲論法的差異，指出佛法實證之標的即是法——第八識如來藏；並顯示實證後的智慧，如實擊大法鼓、演深妙法，演說如來祕密教法，非二乘定性及諸凡夫所能得聞，唯有具足菩薩性者方能得聞。正聞之後即得依於 世尊大願而拔除邪見，入於正法而得實證：深解不了義經之方便說，亦能實解了義經所說之眞實義，得以證法——如來藏，而得發起根本無分別智，乃至進修而發起後得無分別智；並堅持布施及受持清淨戒而轉化心性，得以現觀眞我眞法如來藏之各種層面。此爲第一義諦聖教，並授記末法最後餘八十年時，一切世間樂見離車童子以七地證量而示現爲凡夫身，將繼續護持此經所說正法。平實導師於此經中有極深入的解說，總共六輯，已於2023/11/30出版完畢，每輯三百餘頁，售價每輯300元。

成唯識論釋：本論係大唐玄奘菩薩揉合當時天竺十大論師的說法加以辨正而著成，攝盡佛門證悟菩薩及部派佛教聲聞凡夫論師對佛法的論述，並函蓋當時天竺諸大外道對生命實相的錯誤論述加以辨正，是由玄奘大師依據無生法忍證量加以評論確定而成爲此論。平實導師弘法初期即已依於證量略講過一次，歷時大約四年，當時正覺同修會規模尚小，聞法成員亦多尚未證悟，是故並未整理成書；如今正覺同修會中的證悟同修已超過六百人，鑑於此論在護持正法、實證佛法及悟後進修上的重要性，已於2022年初重講，並已經預先註釋完畢編輯成書，名爲《成唯識論釋》，總共十輯，每輯目次41頁、序文23頁、每輯內文多達四百餘頁，並將原本13級字縮小爲12級字編排，以增加其內容；於增上班宣講時的內容將會更詳細於書中所說，涉及佛法密意的詳細內容只於增上班中宣講，於書中皆依佛誡隱覆密意而說，然已足夠所有學人藉此一窺佛法堂奧而進入正道、免入岐途。重新判教後編成的〈目次〉已經詳盡判定論中諸段句義，用供學人參考；是故讀者閱完此論之釋，即可深解成佛之道的正確內涵。本書總共十輯，預定每一輯內容講述完畢時即予出版，第一輯於2023年五月底出版，然後每講完一輯（大約一年）後即出版下一輯，每輯定價400元。

不退轉法輪經講義：世尊弘法有五時三教之別，分爲藏、通、別、圓四教之理，本經是大乘般若期前的通教經典，所說之大乘般若正理與所證解脫果，通於二乘解脫道，佛法智慧則通大乘般若，皆屬大乘般若與解脫甚深之理，故其所證解脫果位通於二乘法教；而其中所說第八識無分別法之正理，即是世尊降生人間的唯一大事因緣。如是第八識能仁而且寂靜，恆順眾生於生死之中從無乖違，識體中所藏之本來無漏性的有爲法以及眞如涅槃境界，皆能助益學人最後成就佛道；此謂釋迦意爲能仁，牟尼意爲寂靜，此第八識即名釋迦牟尼，釋迦牟尼即是能仁寂靜的第八識眞如；若有人聽聞如是第八識常住、如來不滅之正理，信受奉行之人皆有大乘實證之因緣，永得不退於成佛之道，是故聽聞釋迦牟尼名號而解其義者，皆得不退轉於無上正等正覺，未來世中必有實證之因緣。如是深妙經典，已由平實導師詳述圓滿並整理成書，於2024/01/30開始每二個月發行一輯，總共十輯，每輯300元。

中論正義：本書是依龍樹菩薩之《中論》詳解而成，《中論》是依第八識眞如心常處中道的自性而作論議，亦是依此眞如心與所生諸法之間的非一非異、非俱非不俱等中道自性而作論議；然而自從 佛入滅後四百餘年的部派佛教開始廣弘之時起，本論已被部派佛教諸聲聞凡夫僧以意識的臆想思惟而作思想層面之解釋，此後的中論宗都以如是錯誤的解釋廣傳天下，積非成是以後便成爲現在佛教界的應成派中觀與自續派中觀的六識論思想，成爲邪見而荼毒廣大學人，幾至全面荼毒之局面。今作者孫正德老師以其所證第八識眞如的中道性現觀，欲救末法大師與學人所墮之意識境界中道邪觀，造作此部《中論正義》，詳解《中論》之正理，欲令廣大學人皆得轉入正見中修學，而後可有實證之機緣成爲實義菩薩，眞可謂悲心深重也。本書分爲上下兩冊，皆已出版，每冊售價300元。

誰是師子身中蟲：本書是平實導師歷年來於會員大會中，闡述佛教界的**師子身中蟲**以及見道正義和見道後進入初地之實修內容的開示，今已全部整理成文字並結集成書，昭告佛教界所有大師與學人，欲普令佛教界所有人都能遠離師子身中蟲，使正法得以廣傳而助益更多佛弟子四眾得以遠離師子身中蟲等人所說之邪見，迴心於如來所說的八識論大乘法教，則大眾依八識論實修後得以實證第八識眞如，實相般若智慧的生起即有可望，亦令天界大得利益。今已出版，每冊110元。

廣論之平議——廣論與佛法之比較：本書對於宗喀巴《菩提道次第廣論》中種種背離佛法正理的邪說與謬誤，依其「傳承、道前基礎、下士道、中士道、上士道、別學後二波羅蜜多」所說之次第與內涵，一一詳加平議辨正，期使修學《廣論》之學人能確實了知宗喀巴所說乃外道邪論，證實其中所有法義自始至終落入五陰(特別是識陰)境界中，不曾外於五陰境界；依之修學，永遠不能脫離五陰我見範圍，而且同於譚崔雙身法外道，加重沈淪於欲界法中。期待佛法學人認清此事實後，速遠離密宗歧途，回歸眞藏傳佛教覺囊巴的第八識佛法正道。本書作者曾在弘傳《菩提道次第廣論》的新竹廣論團體中修學、護持、任教長達八年，深感藏密邪說毒害眾生之甚，故發悲願造此《廣論之平議》以救護眾生、續佛慧命。作者徐義雄，共五輯，每輯300元。

解深密經講義：本經是所有尋求大乘見道及悟後欲入地及完成十地修證者所應詳讀串習的三經之一，即是《楞伽經》、《解深密經》、《楞嚴經》三經中的一經，亦可作為見道真假的自我印證依據。此經是 世尊晚年第三轉法輪時，宣說地上菩薩所應熏修之無生法忍唯識正義經典；經中總說真見道位所見的智慧總相，兼及相見道位所應熏修的七真如等法；亦開示入地應修之十地真如等義理，乃是大乘一切種智增上慧學，以阿陀那識—如來藏—阿賴耶識為成佛之道的主體。禪宗之證悟者，若欲修證初地無生法忍、八地無生法忍乃至十地心者，必須修學《楞伽經、解深密經、楞嚴經》所說之八識心王一切種智。此三經所說正法，方是真正成佛之道；印順法師否定第八識如來藏之後所說萬法緣起性空之法，墮於六識論中而著作的《成佛之道》，乃宗本於密宗外道宗喀巴六識論邪思而寫成的邪見，是以誤會後之二乘解脫道取代大乘真正成佛之道，承襲自古天竺部派佛教聲聞凡夫論師的邪見，尚且不符二乘解脫道正理，亦已墮於斷滅見及常見中，所說全屬臆想所得的外道見，不符本經、諸經中佛所說的正義。平實導師曾於本會郭故理事長往生時，於喪宅中從首七開始宣講此經，於每一七起各宣講三小時，至第十七而快速略講圓滿，作為郭老之往生後的佛事功德，迴向郭老早證八地、速返娑婆住持正法。然為今時後世學人故，重講《解深密經》，以淺顯之語句講畢後整理成文並梓行流通，用供證悟者進道；亦令諸方未悟者，據此經中佛語正義修除邪見，依之速能入道。平實導師述著，總共十二輯，每輯三百餘頁，每輯300元。預定於2025/09/30起，每兩個月出版一輯。

菩薩瓔珞本業經講義：本經是律部經典，依之修行可免誤犯大妄語業。成佛之道總共有五十二階位，前十階位為十信位，是對佛法僧三寶修學正確的定義與信心，如實理解三寶的實質都是依第八識如來藏而成就的；然後轉入四十二個位階修學，才是正式修學佛道，即是十住、十行、十迴向、十地、等覺、妙覺，分別名為習種性、性種性、道種性、聖種性、等覺性、妙覺性，所應修習完成的是銅寶瓔珞、銀寶瓔珞、金寶瓔珞、琉璃寶瓔珞、摩尼寶瓔珞、水精瓔珞，依於如是所應修學的內容及階位而實修，方是真正的成佛之道。此經中亦對大乘菩提的見道提出了判位，名為「第六般若波羅蜜正觀現前」，說明正觀現前時應該如何方能成為真見道菩薩，否則皆必退轉。平實導師述著，全書輯數未定，每輯三百餘頁，預定於《解深密經講義》出版發行圓滿之後逐輯陸續出版。

金剛三昧經講義：此經說明無相的金剛心即是佛法所說的空性，亦名如來藏、阿賴耶識、異熟識、無垢識，亦名金剛心、非心心、無心相心、不念心、實相心、無住心、眞如。證眞如者方能眞入佛門實修，然一切求證眞如者，要依六度波羅蜜多的實修方能證得；證得第八識眞如之後，即得現觀金剛心空性的本來無生而能出生一切有情與諸行，並現觀金剛心空性本來就有六塵外的本覺性，由證得本覺性而生起無分別智，便能現觀實相法界及判別現象法界諸法的生滅性，獲得實相智慧與解脫功德；由證第八識空性心故便能如實受持三聚淨戒，持續利樂有情同證空性心無生法，自他皆能依於二入六行進修，最後便得成就佛地功德。平實導師述著，全書輯數未定，每輯三百餘頁，預定於《菩薩瓔珞本業經講義》出版發行圓滿之後逐輯陸續出版。

修習止觀坐禪法要講記：修學四禪八定之人，往往錯會禪定之修學知見，欲以無止盡之坐禪而證禪定境界，卻不知修除性障之行門才是修證四禪八定不可或缺之要素，故智者大師云「性障初禪」；性障不除，初禪永不現前，云何修證二禪等？又：行者學定，若唯知數息，而不解六妙門之方便善巧者，欲求一心入定，未到地定極難可得，智者大師名之爲「事障未來」：障礙未到地定之修證。又禪定之修證，不可違背二乘菩提及第一義法，否則縱使具足四禪八定，亦不能實證涅槃而出三界。此諸知見，智者大師於《修習止觀坐禪法要》中皆有闡釋。作者平實導師以其第一義之見地及禪定之實證證量，曾加以詳細解析。將俟正覺寺竣工啓用後重講，不限制聽講者資格；講後將以語體文整理出版。欲修習世間定及增上定之學者，宜細讀之。平實導師述著。

阿含經講記——小乘解脫道之修證：數百年來，南傳佛法所說證果之不實，所說解脫道之虛妄，所弘解脫道法義之世俗化，皆已少人知之；阿含解脫道從南洋傳入台灣與大陸之後，所說法義虛謬之事，亦復少人知之；今時台灣全島印順系統之法師居士，多不知南傳佛法數百年來所說解脫道之義理已然偏斜、已然世俗化、已非眞正之二乘解脫正道，猶極力推崇與弘揚。彼等南傳佛法近代所謂之證果者皆非眞實證果者，譬如阿迦曼、葛印卡、帕奧禪師、一行禪師……等人，悉皆未斷我見故。近年更有台灣南部大願法師，高抬南傳佛法之二乘修證行門爲「捷徑究竟解脫之道」者，然而南傳佛法縱使眞修實證，得成阿羅漢，至高唯是二乘菩提解脫之道，絕非究竟解脫，無餘涅槃中之實際尚未得證故，法界之實相尚未了知故，習氣種子待除故，一切種智未實證故，焉得謂爲「究竟解脫」？即使南傳佛法近代眞有實證之阿羅漢，尚且不及三賢位中之七住明心菩薩本來自性清淨涅槃智慧境界，則不能知此賢位菩薩所證之無餘涅槃實際，仍非大乘佛法中之見道者，何況彼等普未實證聲聞果乃至未斷我見之人？謬充證果已屬逾越，更何況是誤會二乘菩提之後，以未斷我見之凡夫知見所說之二乘菩提解脫偏斜法道，焉可高抬爲「究竟解脫」？而且自稱「捷徑之道」？又妄言解脫之道即是成佛之道，完全否定般若實智、否定三乘菩提所依之如來藏心體，此理大大不通也！平實導師爲令修學二乘菩提欲證解脫果者，普得迴入二乘菩提正見、正道中，是故選錄四阿含諸經中，對於二乘解脫道法義有具足圓滿說明之經典，預定未來十年內將會加以詳細講解，令學佛人得以了知二乘解脫道之修證理路與行門，庶免被人誤導之後，未證言證，梵行未立，干犯道禁自稱阿羅漢或成佛，成大妄語，欲升反墮。本書首重斷除我見，以助行者斷除我見而實證初果爲著眼之目標，若能根據此書內容，配合平實導師所著《識蘊眞義》《阿含正義》內涵而作實地觀行，實證初果非爲難事，行者可以藉此三書自行確認聲聞初果爲實際可得現觀成就之事。此書中除依二乘經典所說加以宣示外，亦依斷除我見等之證量，及大乘法中道種智之證量，對於意識心之體性加以細述，令諸二乘學人必定得斷我見、常見，免除三縛結之繫縛。次則宣示斷除我執之理，欲令升進而得薄貪瞋痴，乃至斷五下分結…等。平實導師將擇期講述，然後整理成書。共二冊，每冊三百餘頁。每輯300元。

***喇嘛教修外道雙身法，墮識陰境界，非佛教 ***

***弘揚如來藏他空見的覺囊派才是眞正藏傳佛教 ***

總經銷： 聯合發行股份有限公司

231 新北市新店區寶橋路 235 巷 6 弄 6 號 4F

Tel.02－2917-8022（代表號） Fax.02－2915-6275（代表號）

零售：1.全台連鎖經銷書局：

三民書局、誠品書局、何嘉仁書店

敦煌書店、紀伊國屋、金石堂書局、建宏書局

諾貝爾圖書城、墊腳石圖書文化廣場

2.**台北市：**佛化人生 **大安區**羅斯福路 3 段 325 號 6 樓之 4 台電大樓對面

3.**新北市：**春大地書店 **蘆洲區**中正路 117 號

4.**桃園市：**御書堂 **龍潭區**中正路 123 號

5.**新竹市：**大學書局 **東區**建功路 10 號

6.**台中市：**瑞成書局 **東區**雙十路 1 段 4 之 33 號

佛教詠春書局 **南屯區**永春東路 884 號

文春書店 **霧峰區**中正路 1087 號

7.**彰化市：**心泉佛教文化中心 南瑤路 286 號

8.**高雄市：**政大書城 **前鎮區**中華五路 789 號 2 樓（高雄夢時代店）

明儀書局 **三民區**明福街 2 號

青年書局 **苓雅區**青年一路 141 號

9.**台東市：**東普佛教文物流通處 博愛路 282 號

10.**其餘鄉鎮市經銷書局：**請電詢總經銷**聯合**公司。

11.**大陸地區請洽：**

香港：樂文書店

銅鑼灣店 :香港銅鑼灣駱克道 506 號 2 樓

電話 :(852) 2881 1150 **email: luckwinbs@gmail.com**

廈門：廈門外圖臺灣書店有限公司

地址：廈門市思明區湖濱南路809 號 廈門外圖書城3 樓 郵編：361004

電話：0592-5061658（臺灣地區請撥打 86-592-5061658）

E-mail：JKB118＠188.COM

12.**美國：世界日報圖書部：**紐約圖書部 電話 7187468889#6262

洛杉磯圖書部 電話 3232616972#202

13.**國內外地區網路購書：**

正智出版社 書香園地 http://books.enlighten.org.tw/

（書籍簡介、經銷書局可直接聯結下列網路書局購書）

三民 網路書局 http://www.sanmin.com.tw

誠品 網路書局 http://www.eslitebooks.com

博客來 網路書局 http://www.books.com.tw

金石堂 網路書局　http://www.kingstone.com.tw
聯合 網路書局　http:// www.nh.com.tw

附註：1.請儘量向各經銷書局購買：郵政劃撥需要八天才能寄到（本公司在您劃撥後第四天才能接到劃撥單，次日寄出後第二天您才能收到書籍，此六天中可能會遇到週休二日，是故共需八天才能收到書籍）若想要早日收到書籍者，請劃撥完畢後，將劃撥收據貼在紙上，旁邊寫上您的姓名、住址、郵區、電話、買書詳細內容，直接傳眞到本公司 02-28344822，並來電 02-28316727、28327495 確認是否已收到您的傳眞，即可提前收到書籍。 **2.**因台灣每月皆有五十餘種宗教類書籍上架，書局書架空間有限，故唯有新書方有機會上架，通常每次只能有一本新書上架；本公司出版新書，大多上架不久便已售出，若書局未再叫貨補充者，書架上即無新書陳列，則請直接向書局櫃台訂購。 **3.**若書局不便代購時，可於晚上共修時間向正覺同修會各共修處請購（共修時間及地點，詳閱**共修現況表**。每年例行年假期間請勿前往請書，年假期間請見共修現況表）。 **4.**郵購：郵政劃撥帳號 **19068241**。 **5.**正覺同修會會員購書都以八折計價（戶籍台北市者爲一般會員，外縣市爲護持會員）都可獲得優待，欲一次購買全部書籍者，可以考慮入會，節省書費。入會費一千元（第一年初加入時才需要繳），年費二千元。**6.尚未出版之書籍，請勿預先郵寄書款與本公司，謝謝您！** **7.**若欲一次購齊本公司書籍，或同時取得正覺同修會贈閱之全部書籍者，請於正覺同修會共修時間，親到各共修處請購及索取；**台北市讀者**請洽：103 台北市承德路三段 267 號 10 樓（捷運淡水線 圓山站旁）請書時間：週一至週五爲 18：00~21：00，第一、三、五週週六爲 10：00~21：00，雙週之週六爲 10：00~18：00 請購處專線電話：25957295-分機 14（於請書時間方有人接聽）。

敬告大陸讀者：

大陸讀者購書、索書捷徑（尚未在大陸出版的書籍，以下二個途徑都可以購得，電子書另包括結緣書籍）：

1.廈門外國圖書公司：廈門市思明區湖濱南路 809 號 廈門外圖書城 3F
郵編：361004　電話：0592-5061658　網址：**http://www.xibc.com.cn/**

2.電子書：正智出版社有限公司及正覺同修會在台灣印行的各種局版書、結緣書，已有『**正覺電子書**』陸續上線中，提供讀者於手機、平板電腦上購書、下載、閱讀正智出版社、正覺同修會及正覺教育基金會所出版之電子書，詳細訊息敬請參閱『正覺電子書』專頁：**http://books.enlighten.org.tw/ebook**

關於平實導師的書訊，請上網查閱：

成佛之道　http://www.a202.idv.tw

正智出版社 書香園地　http://books.enlighten.org.tw/

中國網採訪佛教正覺同修會、正覺教育基金會訊息：

http://foundation.enlighten.org.tw/newsflash/20150817_1

http://video.enlighten.org.tw/zh-CN/visit_category/visit10

★ 正智出版社有限公司售書之稅後盈餘，全部捐助財團法人正覺寺籌備處、佛教正覺同修會、正覺教育基金會，供作弘法及購建道場之用；懇請諸方大德支持，功德無量。

★ 聲　明 ★

本社於 2015/01/01 開始調整本目錄中部分書籍之售價，以因應各項成本的持續增加。

＊ 喇嘛教修外道雙身法、墮識陰境界，非佛教 ＊

＊ 弘揚如來藏他空見的覺囊派才是真正藏傳佛教 ＊

售後服務—換書啓事（免附回郵）　2017/12/05

《楞伽經詳解》第三輯初版免費調換新書啓事：茲因 平實導師弘法早期尚未回復往世全部證量，有些法義接受他人的說法，寫書當時並未察覺而有二處（同一種法義）跟著誤說，如今發現已將之修正。茲爲顧及讀者權益，已開始免費調換新書；敬請所有讀者將以前所購第三輯（不論第幾刷），攜回或寄回本公司免費換新；郵寄者之回郵由本公司負擔，不需寄來郵票。因此而造成讀者閱讀、以及換書的不便，在此向所有讀者致上萬分的歉意，祈請讀者大眾見諒！

《楞嚴經講記》第 14 輯初版首刷本免費調換新書啓事：本講記第 14 輯出版前因 平實導師諸事繁忙，未將之重新閱讀而只改正校對時發現的錯別字，故未能發覺十年前所說法義有部分錯誤，於第 15 輯付印前重閱時才發覺第 14 輯中有部分錯誤尚未改正。今已重新審閱修改並已重印完成，煩請所有讀者將以前所購第 14 輯初版首刷本，寄回本公司免費換新（初版二刷本無錯誤），本公司將於寄回新書時同時附上您寄書來換新時的郵資，並在此向所有讀者致上最誠懇的歉意。

《心經密意》初版書免費調換二版新書啓事：本書係演講錄音整理成書，講時因時間所限，省略部分段落未講。後於再版時補寫增加 13 頁，維持原價流通之。茲爲顧及初版讀者權益，自 2003/9/30 開始免費調換新書，原有初版一刷、二刷書籍，皆可寄來本公司換書。

《宗門法眼》已經增寫改版爲 464 頁新書，2008 年 6 月中旬出版。讀者原有初版之第一刷、第二刷書本，都可以寄回本公司免費調換改版新書。改版後之公案及錯悟事例維持不變，但將內容加以增說，較改版前更具有廣度與深度，將更能助益讀者參究實相。

換書者**免附回郵**，亦無截止期限；舊書請寄：111 台北郵政 73-151 號信箱 或 103 台北市承德路三段 267 號 10 樓 正智出版社有限公司。舊書若有塗鴨、殘缺、破損者，仍可換取新書；但缺頁之舊書至少應仍有五分之三頁數，方可換書。所有讀者不必顧念本公司是否有盈餘之問題，都請踴躍寄來換書；本公司成立之目的不是營利，只要能眞實利益學人，即已達到成立及運作之目的。若以郵寄方式換書者，免附回郵；並於寄回新書時，由本公司附上您寄來書籍時耗用的郵資。造成您不便之處，再次致上萬分的歉意。

正智出版社有限公司 啓

免費換書公告

2023/7/15

《法華經講義》第十三輯初版免費調換新書啓事：本書因謄稿、印製等相關人員作業疏失，導致該書中的經文及內文用字將「**親近**」誤植成「清淨」。茲爲顧及讀者權益，自 2017/8/30 開始免費調換新書；敬請所有讀者將以前所購第十三輯初版首刷及二刷本，攜回或寄回本公司免費換新。錯誤更正說明如下：

一、第 256 頁第 10 行~第 14 行：【就是先要具備「**法親近處**」、「**眾生親近處**」；法**親近**處就是在實相之法有所實證，如果在實相法上有所實證，他在二乘菩提中自然也能有所實證，以這個作爲第一個**親近**處——第一個基礎。然後還要有第二個基礎，就是瞭解應該如何善待眾生；對於眾生不要有排斥或者是貪取之心，平等觀待而攝受、親近一切有情。以這兩個**親近**處作爲基礎，來實行其他三個安樂行法。】。

二、第 268 頁第 13 行：【具足了那兩個「**親近處**」，使你能夠在末法時代，如實而圓滿的演述《法華經》時，那麼你作這個夢，它就是如理作意的，完全符合邏輯去完成這個過程，就表示你那個晚上，在那短短的一場夢中，已經度了不少眾生了。

《大法鼓經講義》第一輯初版免費調換二版新書啓事：本書因校對相關人員作業疏失錯失別字，導致該書中的內文 255 頁倒數 5 行有二字錯植而無發現，乃「『**智慧**』的滅除不容易」應更正爲「『**煩惱**』的滅除不容易」。茲爲顧及讀者權益，自 2023/4/1 開始免費調換新書，或請自行更正其中的錯誤之處；敬請所有讀者將以前所購第一輯初版首刷及二刷本，攜回或寄回本公司免費換新。

《涅槃》下冊初版一刷至六刷**免費調換新書啓事**：本書因法義上有少處疏失而重新印製，乃第 20 頁倒數 6 行的「法智忍、法智」更正爲「**法智、類智**」，同頁倒數 4 行的「類智忍、類智」更正爲「**法智忍、類智忍**」；並將書中引文重新標點後重印。敬請讀者攜回或寄回本公司免費換新。

換書者**免附回郵**，郵寄者之回郵由本公司負擔，不需寄來郵票，亦無截止期限；同時對因此而造成讀者閱讀、以及換書的困擾及不便，在此向所有讀者致上最誠懇的歉意，祈請讀者大眾見諒！

正智出版社有限公司 敬啓

國家圖書館出版品預行編目(CIP) 資料

不退轉法輪經講義. 第十輯 / 平實導師述著.-- 初版. --
臺北市: 正智出版社有限公司, 2025.07 面; 公分
ISBN 978-626-97355-8-7(平裝)
ISBN 978-626-98256-2-2(平裝)
ISBN 978-626-98256-5-3(平裝)
ISBN 978-626-7517-00-0(平裝)
ISBN 978-626-7517-04-8(平裝)
ISBN 978-626-7517-06-2(平裝)
ISBN 978-626-7517-09-3(平裝)
ISBN 978-626-7517-12-3(平裝)
ISBN 978-626-7517-14-7(平裝)
ISBN 978-626-7517-19-2(平裝)

1.CST: 經集部
221.733 114009939

不退轉法輪經講義

——第十輯

著 述 者：平實導師
音文轉換：劉惠莉 鄭瑞卿 劉夢瓚
校 對：章乃鈞 孫淑貞 陳介源 王美伶 張善思
出 版 者：正智出版社有限公司
電話：〇二 28327495 28316727（白天）
傳眞：〇二 28344822
111 台北郵政 73-151 號信箱
郵政劃撥帳號：一九〇六八二四一
正覺講堂：總機〇二 25957295（夜間）
總 經 銷：聯合發行股份有限公司
231 新北市新店區寶橋路 235 巷 6 弄 6 號 4 樓
電話：〇二 29178022（代表號）
傳眞：〇二 29156275
初版首刷：二〇二五年七月三十日 二千冊
定 價：三〇〇元